서양이 동양으로 걸어오다

인간과 자연에 대한 동서양의 철학적 관점

서양이 동양으로 걸어오다

[외암사상연구소 편]

철학과현실사

□서 문

서양을 업고 우리는 이제 어디로 걸어갈 것인가

오늘날 한국에서 학문을 한다는 것, 특히 인문학을 한다는 것은 어떤 의미를 갖는가. 우리가 근대 학문을 시작한 지도 어느덧 백 년이 넘었다. 결코 짧다고 할 수 없는 이 기간에 우리는 어떤 학문적 전통을 세웠으며, 어떤 인문학적 업적을 쌓아 왔는가.

20세기를 거치면서 우리는 식민지와 전쟁, 개발 독재, 급속한 도시화와 산업화, 민주화, 경제 위기, 세계화 등 수많은 역사적인 경험을 했다. 백여 년에 걸쳐 이 모든 과정을 이렇게 숨 가쁘게 체험한 민족이나 국가는 세계 역사에서 아마 찾기 어려울 것이다. 이런 역사적 체험들은 이 땅에서 살아온 사람들의 삶 속에 각인되어 수많은 의미들을 만들어냈을 터다. 그런 의미들은 지속적으로 해석되어야 한다. 왜냐하면 그런 해석의 역사가 곧 우리 자신의 정체성이기 때문이다.

그러나 인문학의 위기에 관한 담론이 무성한 오늘날의 현실은 우리의 학문적 전통에 대한 질문을 진지하게 던질 틈도 없이 우리의 호흡을 답답하게 한다. 신자유주의적 세계화가 만들어낸 세계적인 경제 위기 상황은 지난 역사를 돌아보면서 우리 자신의 정체성에 관한 물음에 답할 여유를 앗아가고 있다. 오늘날 한국에서 인문학을 한다는 것은 호사가들의 취미로 여기든가 아니면 궁핍한 현실을 외면하는 돈키호테적 낭만으로 치부된다. 실용성을 내세우는 천박한 정치적 구호는 우리의 삶에 대한, 우리의 도덕적이고 사회적인 의식에 대한 성찰이 경제적인 가치에 훨씬 못 미치는 것이라고 설파한다. 심지어 순수한 학문적 탐구의 최후의 보루라고 할 대학마저도 이미 그와 같은 천박성에 점령당한 지 오래다. 한국의 대학에서 순수학문을 담당하고 있는 학과들은 폐과의 위기에 내몰리고 있으며, 영어 강의라는 미명 아래 한국어로 가장 잘 소통할 수 있는 선생과 학생이 영어로 소통하도록 강요받는 희비극이 연출되고 있다.

21세기 초의 한국은 가진 자들의 탐욕과 갖지 못한 자들의 원한이 부딪혀 만들어내고 있는 갈등을 해소할 방법을 찾지 못하고 있는 것으로 보인다. 이것은 경제적인 위기가 만들어낸 결과이기도 하지만, 무엇보다도 천민자본주의의 의식에서 벗어나지 못한 정신적 미성숙을 보여주는 징표가 아니겠는가. 이런 상황에서 가장 필요한 것은 우리가 한 공동체의 일원으로서 어떤 의식을 가지고 살아가야 하는가, 이 시대를 살아간다고 하는 것이 어떤 의미를 갖는가, 궁극적으로 나의 삶에 의미를 부여하는 것은 무엇인가 하는 근원적인 인문학적 물음에 대한 성찰이다.

결코 짧다고 할 수 없는 근대 학문의 역사를 가졌지만, 불행하게도 우리는 우리에게 고유하다고 할 수 있는 인문학적인 물음의 목록을 제시하기 어려운 형편이다. 그동안 학자들은 외국의 학문을 수입해서 퍼뜨리기에 급급했으며, 자신의 역사와 자신의 정체성에 대한 물음을 스스로 던지고 거기에 답할 여유를 갖지 못했다. 그런 점에서 오늘날 인문학의 위기는 인문학자들이 자초한 측면이 있다. 신채호는 1925년에 쓴 글에서 다음과 같이 한탄한 바 있다.

> "우리 조선 사람은 매양 이해(利害) 이외(以外)에서 진리를 찾으려 하므로, 석가가 들어오면 조선의 석가가 되지 않고 석가의 조선이 되며, 공자가 들어오면 조선의 공자가 되지 않고 공자의 조선이 되며, 무슨 주의가 들어와도 조선의 주의가 되지 않고 주의의 조선이 되려 한다. 그리하여 도덕과 주의를 위하는 조선은 있고 조선을 위하는 도덕과 주의는 없다.
>
> 아! 이것이 조선의 특색이냐, 특색이라면 특색이나 노예의 특색이다. 나는 조선의 도덕과 조선의 주의를 위하여 곡하려 한다."
>
> —신채호, 「낭객(浪客)의 신년만필(新年漫筆)」(1925) 중에서

80여 년이 지난 오늘날에도 신채호의 한탄이 여전히 가슴 아프게 느껴지는 것은 인문학자로서는 참으로 부끄러운 일이기도 하다. 그러나 오늘날의 상황이 그 당시보다 전혀 나아진 바가 없다고 말한다면 지나친 자학에 해당할 것이다. 그동안 한국의 인문학자들은 문학과 역사, 철학 분야에서 나름대로 성과들을 쌓아왔다. 다만 그런 성과들에 대한 반성과 해석의 노력이 여전히 부족할 뿐이다.

신채호의 한탄이 다시 반복되는 일이 없게 하기 위해서는 자생적인 인문학의 토양을 만드는 일이 필요하다. 전혀 다른 역사적, 문화적, 사상적 배경에서 이루어진 추상적인 이론들을 우리의 문제에 억지로 끼워 맞추는 일은 중단되어야 한다. 이 땅에서 인문학이 자립적이며 자율적인 학문이 되도록 하기 위해서는 자립적인 인문학자들이 마음껏 숨쉴 공간을 마련해주

는 일이 무엇보다도 필요할 것이다. 그러나 이런 주장이 외래의 학문이나 이론은 쓸모없는 것이라는 편협한 국수주의적인 생각을 포함해서는 안 될 것이다. 다만 신채호의 지적대로 전통적인 이론과 외국의 최신 이론들을 우리를 위한 이론으로서 재평가하고 재해석하는 작업이 지속적으로 이루어져야 할 것이다.

이번에 우리 연구소에서 기획하여 출간하게 된 이 책은 그와 같은 재평가와 재해석의 작업을 위한 일보라고 할 수 있다. 다양한 인문학의 문제들을 상정할 수 있겠으나, 우리는 우선 가장 포괄적인 문제부터 다루어보기로 했다. 인간과 자연의 문제는 동서 철학의 가장 기본적인 주제 가운데 하나다. 어떤 철학이든 그 저변에는 인간과 자연에 대한 일정한 관점이 깔려 있기 때문이다. 이런 점에서 인간과 자연에 대한 동서양의 철학적 성찰을 한 권의 책으로 엮는다는 것은 의미 있는 일이라고 생각했다. 이 책은 동서양의 철학사에서 문제가 되는 인간관과 자연관의 내용을 분석하고, 그것이 갖는 철학사적 의미를 밝히는 것에 일차적인 목적을 두었다. 아울러 그동안 각각의 개념 틀 안에서 소통 없이 이루어져온 동양과 서양의 담론들을 공동의 장으로 끌어들임으로써 기존의 사유 틀을 그대로 답습하는 것이 아니라 주요한 사상들을 한 권의 책 안에서 비교해가면서 독해할 수 있게 함으로써 독자로 하여금 창의적으로 생각할 수 있는 길을 열어주고자 하였다. 이를 위해 우리는 각 분야의 전문가들인 저자들로 하여금 가급적이면 각 사상의 전문적인 어휘를 그대로 사용하기보다는 서로가 소통할 수 있는 단어와 사례를 통해서 그 사상을 소개함으로써 전문적인 지식이 없는 사람이 읽더라도 사고의 지평을 넓혀나갈 수 있도록 요청했다. 우리가 집필자들에게 요청한 집필 방향은 다음과 같다.

1. 일차적으로 한 시대의 사조를 대표할 만한 인물의 인간관과 자연관의 내용을 살핀다.
2. 그러한 인간관과 자연관이 그의 철학 전체(또는 사조 전체)와 관련하여 어떤 의미가 있는지 드러낸다.
3. 그러한 인간관과 자연관이 갖는 사상사적 의미를 살핀다.
4. 사상사적 의미를 효율적으로 드러내기 위하여 두 사람 또는 두 사조를 비교하는 방식을 취한다.

바쁜 중에도 우리 연구소의 기획 의도에 공감하고 귀중한 원고를 보내주신 집필자들께 감사드린다. 특히 이 책의 기획·편집·출간에 이르기까지 노심초사 진력해주신 김용헌 교수와 이유선 교수께 깊이 감사드린다. 그리고 어려운 인문학 출판의 현실에도 불구하고 출판을 흔쾌히 허락해주신 [철학과현실사] 사장님께 사의를 표한다. 여러분들의 도움으로 결실을 맺게 된 우리 연구소의 이러한 작은 시도가 우리 인문학의 발전에 조금이나마 도움이 되기를 바라마지 않는다.

2009년 2월
외암사상연구소 소장 이 원 직

서양이 동양으로 걸어오다

차 례

차 례

차 례

차 례

차 례

제1부

동양의 인간관과 자연관

제1장
공자와 노자
—자연과 문화 그리고 인간

1. '천인합일'의 이상

학파 간의 세부적인 차이는 무시하고 동양 철학이 지향하는 세계를 뭉뚱그려 하나만 들라고 한다면 '천인합일(天人合一)'을 이야기하는 경우가 많다. '천인합일'은 글자 그대로 자연과 인간의 완벽한 조화를 일컫는다. 따라서 이 용어가 동양 철학의 지향점을 가장 잘 나타내주는 말로 꼽힌다는 것은 '자연과 인간의 조화'가 동양 철학의 중심적인 화두임을 의미한다. 사실 동양 철학에는 이 천인합일 말고도 비슷한 의미를 가지고 있는 용어가 많다.

자연을 합목적적인 도덕적 의미가 관통되고 있는 질서로 보고 인간이 자신의 본성 속에 내장되어 있는 그 질서를 기르고 배양함으로써 궁극적으로 자연과 하나가 되고자 하는 이상을 담은 '천인합덕(天人合德)'이라는 말을 비롯하여, 자연 속에 문화의 위상을 긍정하고 이 양자가 호혜적으로 결합할 때 세계는 비로소 완전성을 획득할 수 있다고 보는 '천인상참(天人相參)', 자연과 인간은 목적론 혹은 기계론적 차원에서 서로 공명 관계에 있기 때문에 일종의 감응 체계를 구성한다고 보는 '천인상감(天人相感)' 그리고 자연과 인간은 리(理)라고 불리는 존재-가치론적인 근본 원리를 공유하고 있으므로 둘 사이에는 아무런 틈새가 없음을 강조하는 '천인무간(天人無間)' 등이 그런 것들이다. 이 용어들은 천인합일이라는 대전제가 사상사의 특정한 문맥에 따라 구체적으로 변용되어간 모습들이라고 해도 좋다.

자연과 인간의 친화성을 긍정하는 동양 철학의 이 같은 시각은, 중국 철학의 요람인 춘추전국시대 사상사를 예로 든다면, 순자(荀子) 계열의 유가나 법가 계통을 제외하고 거의 모든 학파가 공유하는 전통이라고 보아도 무방하다. 순자의 사상은 자연과 인간의 영역을 명확히 나누고 자연의 법칙성을 활용할 줄 아는 인간의 능력을 강조하는 경향이 강하다. 이런 까닭에 자연과 인간의 관계에 대한 순자의 태도는 이 둘의 나뉨을 의미하는 '천인분이(天人分二)'라는 말로 종종 압축되기도 한다. 법가의 경우는 이보다 좀더 극단으로 나아가 자연의 영역을 문화의 영역에서 완전히 축출하는 특성을 보인다. 한비자(韓非子)를 비롯한 법가 사상가들에게 자연은 인간이 본받아야 할 그 무엇이 아니라 객관적인 법칙에 따라 인간의 의지와 무관하게 운행되는 물리 세계다. 이런 까닭에 군주의 통치권에 따라 일사불란하게 규율되는 사회 질서의 구축을 시종일관 고민하였던 이들에게 자연과 인간의 관계는 애초부터 사유의 대상이 되지 않았다. 그 고민은 어디까지나 자연(physis)이 아니라 제도(nomos)의 영역을 대상으로 한 것이었기 때문이다.

이들 순자와 법가 계열의 사상을 제외할 경우, 중국 철학의 기본적인 정서는 대부분은 자연을 본받아야 할 대상으로 상정하는 데 익숙하다. 이는 무엇보다도 각각 공자(孔子)와 노자(老子)로부터 발원하는 중국 사상의 양대 축인 유가(儒家)와 도가(道家)에서 발견되는 특징이기도 하다. 유가와 도가는 비록 바람직한 삶의 내용에 대해서는 서로 입장을 달리하지만 적어도 자연은 이상적인 삶의 모델이라는 점에서는 의견을 같이 한다. 물론 그렇다고 유가와 도가의 자연관이 동일한 것은 아니다. 자연의 본성에 대한 이들의 시각 사이에는 건널 수 없는 틈새가 존재한다. 바람직한 삶에 대한 이들의 상이한 입장은 바로 자연에 대한 그러한 시각 차이에서 비롯된다. 이들의 그러한 갈림길을 제대로 들여다보기 위해서는 중국 고대 사상사를 관통하고 있는 자연관의 흐름을 먼저 개괄해보는 것이 순서다.

2. 중국 고대 자연관의 흐름

예전에는 중국 철학사를 통상 공자에서부터 시작하는 것이 상례였다. 그러나 근래에는 이를 소급하여 주(周)나라 초기부터 시작하거나 아니면 좀더 올려 잡아 상(商)나라 시대에 존재했던 모종의 종교적 전통으로부터 논의를 시작하는 것이 하나의 추세다. 우리가 살펴보려는 중국 고대 자연관의 변천 과정 역시 마찬가지다. 그 탐색의 출발점은 '하늘[天]'에 대한 상나라 사람들의 생각을 더듬는 데에서부터 시작된다. 앞에서 '천인합일'을 이야기할 때 이미 암시되었듯이, 동아시아의 사상 전통에서 '천'은 대체로 자연과 동의어로 쓰인다. 그러므로 자연관의 흐름은 곧 천관(天觀)의 변화와 일치한다.

통상 은(殷)나라라는 이름으로 우리에게 더 많이 알려져 있는 상나라 시대의 종교적 전통 가운데 철학적 사유의 단초로 주목을 받는 것은 조상신 관념이다. 일종의 부족 국가 시대에 해당하는 상나라 통치기에는 모든 부족의 조상들은 죽으면 하늘로 올라가 신이 된다는 관념이 일반적이었다. 이에 따르면, 하늘에는 땅 위에 존재하는 부족의 수만큼 많은 조상신들이 있다. 그런데 이들 조상신의 관계는 평등한 것이 아니라 거기에는 분명한 위계 질서가 존재한다. 다시 말해서, 어떤 부족의 조상신은 다른 부족의 조상신에 비해 더 우월한 지위에 있기도 한 것이다. 그렇다면 그러한 위계 질서의 정점에 자리잡고 있는 조상신을 생각할 수 있을 터인데, 그것이 바로 상부족의 조상신이다. 이런 점에서 상부족의 조상신은 모든 부족의 조상신들 가운데 최고의 지위에 있는 존재, 즉 지고신(至高神)이다.

그런데 당시 천하의 패권을 잡고 있던 상나라의 통치 세력은 이 같은 조상신 관념을 교묘하게 정치적으로 각색하여 자신의 통치권을 정당화시키는 정권 수호용 이데올로기로 차용하였다. 그 이데올로기의 요지는 이렇다. 천하를 다스리는 통치권은 전지전능한 '하늘', 즉 천(天)로부터 주어진다. 우리 상부족이 차지하고 있는 천하의 통치권 역시 임의적으로 획득한 것이 아니라 천으로부터 부여받은 것이다. 그런데 지상을 다스리는 왕조의 통치권에 정당성을 부여하는 그 천을 다스리는 최고의 신은 바로 우리 상부족의 조상신이다. 그러므로 다른 부족을 다스리는 우리 상부족의 통치권은 영원할 수밖에 없다.

이것이 동아시아 정치사에서 왕권 혹은 통치권의 정당성을 설명하는 뿌리 깊은 이론인 천명론(天命論)의 첫 모습이다. 군주의 통치권은 인위적으로 얻거나 잃는 것이 아니라 하늘의 '명령'이라는 필연성의 형식으로 부여되거나 박탈된다는 이론이다. 상부족은 자기들 통치권의 정당성을 이 같은 천명론에 의거해 정당화했다. 동시에 이것은 '하늘'로 대표되는 자연을 바라보는 고대 중국인들의 시각을 읽게 해주는 자료이기도 하다. 의지를 지니고 모든 것을 주재하는 존재로서의 자연에 대한 관념이다. 이런 점에서 상나라 시대의 자연관은 한마디로 '주재천(主宰天)'이라고 부를 수 있다. 이 '주재천'은 의지를 가지고 지상의 일에 관여한다는 점에서 인격적인 존재며, 자기 후손만을 편애한다는 점에서 제한적인 존재다.

그러나 상나라 시대에 확립된 이러한 주채천적인 자연관은 이어지는 주나라 시대로 접어들면서 중대한 변화를 겪는다. 이 과정 역시 통치권의 정당화 문제를 둘러싼 정치적 필요에 의해 이루어졌다. 오늘날 중국 문명의 기본 설계도를 마련한 주나라는 천명론에 기반을 둔 공고한 정권 수호 이데올로기를 갖추고 있던 상나라를 무너뜨리고 탄생한 왕조다. 따라서 주나라는 처음부터 하나의 이데올로기적인 과제를 안고 출발할 수밖에 없었다. 상나라 통치 세력이 선전하던 이데올로기대로 한다면 주나라는 상나라에 부여된 천명을 인위적으로 탈취한, 즉 천명을 거스른 정권일 수밖에 없었기 때문이다.

따라서 주나라 건국 세력의 입장에서는 자신들의 정당성을 변호하고 나아가 그 당위성을 홍보할 수 있는 새로운 이데올로기를 창안하는 것이 그 어떤 정권 유지책보다 급선무였다. 이러한 관심에서 등장하는 것이 이른바 '천명미상(天命靡常)', 즉 천명은 고정된 것이 아니라고 하는 이론이다. 이는 천명은 한 번 주어지면 영원불변한 것이 아니라 상황에 따라 옮겨간다는 주장이다. 주부족이 상부족을 무너뜨리고 천하의 헤게모니를 잡을 수 있던 것은 상부족에게 주어졌던 천명이 회수되어 자신들에게 새롭게 주어졌기 때문이라는 것이다. 즉, 주부족의 집권은 천명을 거스른 행위가 아니라 천명을 충실히 따른 결과라는 논리다.

주나라 건국 세력은 이 같은 논리를 창안함으로써 자신들의 집권을 정당화시키는 데 성공하였다. 하지만 이것은 위험한 정당화였다. 왜냐하면 그것은 묵시적으로 자신들에게 주어진 천명 역시 영원불변한 것이 아니라 경우에 따라서 다시 회수될 수 있다는 점을 인정하는 것이 되기 때문이다. 이러한 위험성을 간파한 주나라 건국 세력은 그 위험성이 현실화되는 것을 방지하기 위한 후속적인 작업에 착수한다. 그것은 천명이 회수되는 조건을 살피고 이것이 현실화되는 상황을 예방하는 방안을 제시하는 것이다. 이렇게 하여 정립된 새로운 이데올로기에 따르면, 천명은 하늘로부터 통치권을 부여받은 왕조가 정치를 그르쳐 나라를 혼란에 빠뜨릴 때 회수된다. 그러면 하늘이 지상의 정치가 범하고 있는 잘잘못을 판단하는 근거는 무엇인가. 그것은 '민심((民心)'이다. 하늘은 현실 정치의 잘잘못을 백성들의 눈을 통해 보고 백성들의 귀를 통해 듣는다는 것이다.

이로부터 중국 정치 사상사에서 가장 주목할 만한 시선의 방향 전환이 이루어진다. 그것은 천상으로부터 지상으로의 방향 전환이다. 상나라 식의 정권 정당화 논리를 따를 때 통치 세력은 하늘에 있는 자신들의 조상신에게만 열과 성을 바치면 된다. 그러나 주나라 식 논리대로라면 그 헌신의 대상은 천상의 조상신이 아니라 지상의 백성들로 바뀐다. 하늘은 명목상의 심판자로 뒤로 물러앉고 백성이 실질적인 주체로서 전면에 등장하는 셈이다. 통치권 유지의 차원에서 볼 때 정치의 실질적인 근본은 하늘의 신이 아니라 땅 위의 백성이며, 따라서 백성을 위하는 정치가 참다운 정치라는 생각이 등장하는 것이다. '민본(民本)' 혹은 '위민(爲民)'이라는 동양 정치 사상의 그 오래된 격률이 탄생하는 순간이다.

이 같은 천명론의 변화는 필수적으로 인간의 지위에 대한 주목할 만한 변화를 함께 수반하였다. 이는 '하늘'로 상징되는 필연성의 영역에 대한 인간의 개입을 의미하기 때문이다. 통치권의 영속성 확보라는 측면에서 군주나 통치 세력은 그저 하늘의 눈치만 살피는 수동적인 존재가 아니라 자신의 의지에 따라 그것을 얼마든지 가능하게 할 수 있는 능동적인 주체로 새롭게 자리매김되는 것이다. 이로부터 그런 능동적 주체로서 거듭나는 데 필요한 조건들에 대한 성찰이 뒤따른다. 그 결과 등장하는 것이 민본 혹은 위민 정치를 가능하게 하는 정치적 자질의 함양이라는 화두다. 그리고 이러한 문제 의식은 자연스럽게 다시 통치 세력이 자신들의 사사로운 욕망을 절제하고 부단히 백성들의 눈높이에 시선을 맞추어나가는 도덕적 수양이라는 현실적인 과제를 이어진다. 사람들의 관심이 밖에 있는 '하늘'이 아니라 인간 자신에게로 전화되는 것이다.

주나라 초기에 등장하는 이와 같은 정치 사상의 방향 전환은 '하늘'에 대한 생각에도 자연스럽게 변화를 가져왔다. 가장 큰 변화는 '하늘'이 여전히 인격적 요소는 지녔으되, 제한적인 존재에서 보편적 존재로 탈바꿈했다는 점이다. 비록 민심을 통해서이기는 하지만 지상의 정치적인 상황에 대해 호불호의 정서적인 표현을 한다는 점에서 이 시기의 '하늘' 역시 인격적 존재인 것은 마찬가지다. 하지만 특정한 부족만을 편애하는 것이 아니라 자격을 갖추었다면 어느 부족이든 천명을 부여하는 존재라는 점에서 주나라 초기에 새로 확립되는 천 관념은 보편적인 존재로서의 성격이 더 강했다.

그런데 이 같은 천 관념은 인지(人知)의 발달에 힘입어 뒤로 갈수록 인격적 요소마저 점차로 탈색되는 경향을 보인다. 이를 대신하여 새로 착색되는 요소는 의미론적 측면이다. 그 결과 '하늘'의 인격성은 도덕적 합목적성이라는 측면으로 이동한다. 현실 정치의 잘잘못에 따라 천명이 옮겨 다닌다는 생각은 자연은 모종의 도덕적 합목적성이 구현되는 세계며, 따라서 세계의 그런 특성에 부응하는 삶과 정치가 곧 올바른 것이라는 생각으로 전환되는 것이다. 이러한 자연관의 등장은 중국 고대 사회가 점차 종교적인 세계관으로부터 인문적인 세계관으로 이행하고 있음을 뜻한다. 이러한 흐름에 따라 자연은 의미의 담지체로 새롭게 자리매김된다. 중국 사상사에서는 주재천 관념에 이어 등장하는 이와 같은 자연관을 의리천(義理天)이라고 부른다. '의미의 담지체로서의 자연'이라는 뜻이다.

의리천 관념에 토대를 둔 자연관은 자연은 가치 중립적인 존재가 아니라 모종의 가치를 끊임없이 구현해가는 존재라는 것을 전제로 한다. 따라서 여기서는 그런 가치가 구현되고 있다는 믿음의 형성 여부가 이 자연관의 지속 여부를 결정한다. 현실을 도덕적 가치의 구현장으로 이끄는 동력인 자연의 합목적성이 그 현실에서 더 이상 확인되지 않을 때 이 자연관은 종말을 고할 수밖에 없다. 이는 현실에서 횡행하는 악을 목도한 사람이 신의 존재에 대해 회의를 품고 마침내 그로부터 등을 돌리는 이치와 같다. 중국 고대사에서 서주(西周) 말기부터 동주(東周)로 넘어오는 시기에 즈음하여 그러한 현상이 나타나기 시작하였다.

동주라는 시대명은 주나라가 견융(犬戎)의 침입으로 수도를 동쪽 낙양 인근으로 옮긴 기원전 771년 이후를 가리키는 용어다. 따라서 이 시기는 초기의 안정을 넘어 실정과 외적의 침입 등으로 주나라 정권의 통치력이 급격히 흔들리던 혼란기다. 이때는 주 왕실의 통치력이 흔들림에 따라 제후의 이반이 심해지고 외적의 침입으로 주나라 천자가 살해되는 등 정치적 변동이 심했다. 이에 따라 민심은 갈수록 피폐해져 거의 되돌릴 수 없는 상황으로 빠져들었다.

의리천에 대한 믿음의 붕괴는 여기에서 발생하기 시작하였다. 기존의 천명론에 따를 때, 정치를 혼란에 빠뜨려 백성의 삶을 궁핍하게 만든 주나라 통치 세력의 천명은 마땅히 회수되어야 한다. 하지만 그런 일은 현실에서 일어나지 않았다. 실제로 중국 고대의 시가를 모아놓은 『시경(詩經)』을 보면, 이 시기에 지어진 시가들 가운데 무도한 정치에도 불구하고 아무런 반응이 없는 하늘을 원망하는 내용이 상당수 발견된다. 이런 상황이라면 자연의 본성에 대한 사람들의 생각은 외길로 내달릴 수밖에 없다. '하늘'은 백성들의 바람과 무관하게 언제나 제 갈 길만 가는 가치 중립적인 존재라는 생각이 그것이다. 다시 말해서, 자연은 인간의 희망과는 관계없이 자체의 고유한 질서 원리에 입각하여 운행되는 물리적 존재일 뿐이라는 것이다. 이로부터 중국 고대 사상사에서 마지막으로 등장하는 자연관이 등장한다. 바로 '자연천(自然天)'이라고 불리는 자연관이다. 이는 자연은 인간의 의지나 바람과 무관하게 운행되는 가치 중립적인 물리적 존재일 뿐이라고 보는 태도다.

중국 고대에 등장하는 이들 세 가지 자연관들은 이후 씨줄과 날줄로 엮이면서 중국 역사를 관통한다. 특히 이 가운데 의리천과 자연천 관념은 춘추시대 이후 유가와 도가라는 주류적인 두 흐름과 결합하면서 중국 사상사를 풍성하게 하였다. 유가와 도가의 발원처로서 중국 사상사의 첫 페이지를 장식하는 공자와 노자의 사상 역시 이들 자연관을 자양분으로 하여 숙성된 사유들이다.

3. 하나의 출발점 : 주례

중국 사상사의 황금기인 춘추전국시대를 수놓는 제자백가의 사상은 바람직한 삶과 그것을 가능하게 해주는 이상적인 정치에 대해 당시의 지식인들이 치열하게 사유한 결과다. 이런 까닭에 여기에는 동서고금의 철학사에서 다루어진 주제들을 거의 그대로 망라한다고 해도 좋을 만큼 다양한 유형의 주제들이 녹아 있다. 이 가운데 이들 제자백가의 실천적 좌표를 가늠하는 데 척도가 되는 기준이 하나 있다. 그것은 '전통'에 대한 이들의 태도다. 특히 주나라 이후 형성되어온 문화적 전통을 계승의 관점에서 접근하느냐 아니며 단절 혹은 극복의 관점에서 접근하느냐에 따라 현실에 대한 대안을 모색하는 이들의 행보는 확연히 갈렸다. 그렇다면 그 '전통'이라는 것의 실체는 무엇일까. 이를 위해서는 주나라 초기의 상황으로 다시 돌아가 사상사의 흐름을 한 번 더 복기해 내려와야 한다.

정권의 영속성을 보장받기 위해서는 하늘이 아니라 백성부터 섬겨야 한다는 주나라 건국 세력의 인식 전환은 앞에서도 언급했듯이 새로운 통치 질서를 창출하는 데 일정한 영향을 미쳤다. 그들은 나라를 단순한 힘에 의한 질서가 아니라 그것까지 수렴하는 새로운 형태의 윤리적 질서로 경영할 수 있기를 바랐다. 이를 위하여 주나라 건국 세력은 이후 동아시아 역사에서 중요한 문화적 인자로 작용하는 핵심적인 두 가지 질서의 틀을 창안해낸다. '종법(宗法)'과 '봉건(封建)'이 그것이다.

'종법'은 특정한 혈연적 관계를 매개로 하는 집단에서 정통성이 행사되고 계승되는 원칙에 대한 일종의 관습법적인 규정이다. 주나라 건국 세력은 이와 관련하여 자기들 부족의 혈연적 정통성은 정부인의 몸에서 난 큰아들, 즉 적장자(嫡長子)

라인을 통해 계승·행사된다는 원칙을 확립하였다. 그러니까 집안의 정통성이 종손에서 종손으로 이어지는, 우리에게 익숙한 장자중심주의의 기원이 바로 이 종법 제도다. 이 원칙을 확립해놓을 경우 자기들 부족의 종손인 천자(天子)의 권위에 대한 통치 집단 내부의 도전을 미연에 방지할 수 있다는 생각이다. 상나라의 경우 왕이 죽으면 동생이 그 권위를 계승하는 형제상속제가 일반적이었다는 점을 고려하면 부자상속제를 근간으로 하는 이 새로운 종법제가 겨냥하는 정치적 효과는 좀 더 분명해진다.

주나라 통치 세력이 창안해낸 또 하나의 문화적 인자인 '봉건'은 천하를 여러 지역으로 분할한 후 중앙만 천자가 다스리고 나머지는 제후를 세워 통치하게 하는 일종의 간접 지배 구조를 가리킨다. 그런데 주나라 때부터 시작된 이 중국식 봉건 제도의 특징은 바로 종법 제도의 근간인 혈연을 그러한 지배 구조의 매개 고리로 활용하였다는 점이다. 천하를 분할한 후 천자가 다스리는 직할지인 수도를 중심으로 천자와 혈연적인 친밀도가 높은 순서에 따라 동심원 구조로 친인척을 제후로 임명하고 그에게 해당 지역의 통치를 전적으로 위임하는 방식이 이에 해당한다. 이렇게 될 경우 자기들 주부족의 종손인 천자를 중심으로 천하의 지배 구조가 종법적 질서의 재현이 될 수 있고, 또 그에 따라 통치권이 그만큼 안정될 수 있다는 생각의 결과다.

그런데 이 같은 제도적 구상이 단순한 구상의 차원에 넘어 구체적인 현실에서 실효적인 효과를 창출해낼 수 있기 위해서는 사회의 구성원들이 그런 정치적 질서를 준수해야 하는 당위로서 받아들게끔 하는 규범적인 장치가 함께 작동해야 한다. 여기서 등장하는 것이 '예(禮)'다. 제도의 근거를 단순한 규약적 합의로부터 도출해내는 것이 아니라 종법과 봉건이 뿌리를 두고 있는 혈연 의식의 경우처럼 인간의 자연적 경향성에서 연역해내고자 하는 경우, 그것은 외부적인 강제보다 내면에서 우러나오는 어떤 자발적 성향에 기반을 둔 규범 체계에 의지할 수밖에 없다. 다시 말해서, 그것은 구성원들 스스로가 사회적 제도를 통해 구축되는 질서를 곧 자신의 삶의 질서와 자연스럽게 일치시키게끔 하는 규범 체계를 필요로 하는 것이다. 이 같은 관심에서 주나라 통치 세력은 혈연 관계를 매개로 하는 사회적 인간 관계의 친소(親疎)에 따라 차등적으로 적용되고 실행되는 의식(儀式)의 체계인 '예'를 자신들이 구상한 지배 구조를 지탱하는 포괄적인 규범으로 정식화시켰다. 혈연적인 친소 관계가 다르면 각각에 적용되는 규범 내용은 실제적으로 다르고 또 당연히 달라야 한다는 바로 그 점에 착안하여 종법과 봉건을 축으로 위계화되는 사회적 인간 관계에 '예'라는 이 차등적인 규범 체계를 적용시킨 것이다. 주나라의 통치 질서를 규범적인 차원에서 정당화시켰던 이 같은 규범 체계를 역사에서는 '주나라의 예', 즉 '주례(周禮)'라고 부른다.

새로운 왕조를 지탱하는 기본적인 규범 체계로 확립된 이후 주례는 규범론적인 측면에서 이후의 중국 역사를 관통하는 중심적인 요소로 작용하였다. 특히 제자백가의 여명기에 해당하는 춘추시대는 곧 예의 시대라고 해도 좋을 정도로 이것은 통치 계층이 수행하는 모든 사회적 행동의 적절성을 평가하는 기준으로 작동하였다. 이 당시의 역사를 기록하고 있는 『춘추좌전(春秋左傳)』의 기사 내용은 당시 통치 계층들 사이에서 사람의 행동을 평가하는 기준으로 가장 빈번하게 거론된 것이 다름 아닌 예라는 점을 잘 보여준다.

이처럼 천명에 대한 새로운 각성을 계기로 싹텄던 주나라 초기의 '인간'에 대한 관심은 같은 시기 정치적 필요에서 확립된 제도적 정치들을 지탱하는 주례라는 규범적 요소와 결합함으로써 인간에 대한 중국 문화 특유의 시선을 조형해낸다. 그것은 곧 '예의 실행자로서의 인간'이다. 인간에 대한 이 같은 시선은 이후 중국 사상사에서 인간됨의 조건을 고찰하는 데 부동의 받침점으로 작용하였다. 중국 철학사의 서두를 장식하는 공자와 노자의 인간 이해 역시 이와 같은 '의례적(儀禮的) 인간'에 대한 긍정과 부정의 반응을 각각 대표한다.

4. 관계를 통해 완성되어가는 인간 : 공자

공자와 노자를 비롯하여 제자백가의 인간 이해를 살피고자 할 때 주의해야 하는 점이 두 가지가 있다. 하나는 이들이 인간의 본질을 해명하는 데에는 관심이 없다는 점이다. 대신 이들은 구체적인 현실에서 요구되는 품성이나 자질, 다시 말해서 삶을 바람직한 모습으로 이끄는 인간학적 요소들에 대해 이야기한다. 이들의 이런 특징은 본질에 대한 물음보다는 현상 그 자체에 대해 더 많은 관심을 기울이는, 이른바 중국적 실용주의에서 비롯된 측면이 강하다.

다른 하나는 이들의 사상에서 사유되는 인간은 보편적인 인간이 아니라는 점이다. 이는 이들만이 아니라 제자백가 철학의 공통된 특징이라고 해도 무방하다. 제자백가 철학이 앞 시대로부터 물려받은 사상사적 과제는 주례의 붕괴로 촉발된 중화 공동체의 위기를 효과적으로 극복할 수 있는 방법론에 대한 모색이라고 보아도 큰 무리는 없다. 제자백가의 철학은 주 왕실의 통제력 상실로 분열된 '천하'를 다시 통일할 수 있는 가장 설득력 있는 방법은 무엇인가 하는 것에 대한 고민의 결과들이다. 따라서 이들이 염두에 두고 있던 자기들 철학의 소비자는 일차적으로 제후와 그 밑에 있는 대부(大夫) 등으로 대표되는 당시의 통치 계층이었지 일반 대중은 아니었다. 인간에 대한 공자와 노자의 사유를 이해하고자 할 때는 이 점을 각별히 유의하여 그 속에 혼재되어 있는 특수성과 보편성의 측면을 구별해낼 줄 알아야 한다.

인간에 대한 공자의 사유는 '예의 실행자'라는 앞 시대로부터 상속받은 인간 이해를 적극적으로 수용하는 데에서 출발한다. 이 점은 공자 학단을 지칭하는 용어인 '유(儒)'를 통해서도 확연히 드러난다. 전통적으로 '유'는 '예의 실행을 돕는 전문가'를 가리키는 말이다. 주나라가 건국된 이후 사회적 규범으로 일반화되기 시작한 주례의 실행을 관장하던 전문가들이 종법과 봉건을 근간으로 하는 통치 질서가 흔들리면서 생활의 근거를 잃고 민간으로 흩어진 것이 이 집단의 모태다. 따라서 공자의 가르침을 계승하는 학단이 '유(儒) 집단의 특성이 강한 학파', 즉 '유가(儒家)'라고 불린다는 것은 이들을 여타의 제자백가와 구별 짓는 가장 특징적인 요소가 곧 예라는 사실을 말해준다.

이 점은 공자 자신의 철학적 문제 의식에도 그대로 드러난다. 공자는 '주례(周禮) 부흥'을 평생의 과제로 삼았다. 그는 주나라의 문화를 찬양하면서 자신은 그것을 따르겠다고 선언하는가 하면, 그 주나라 문화의 핵심 요소인 주례의 기본 틀을 짠 인물로 이야기되는 주공(周公)에 대한 존경과 흠모의 마음을 수시로 나타냄으로써 자신의 그런 문제 의식을 『논어』 곳곳에서 드러낸다. 그뿐 아니라 『춘추좌전』에서 실려 있는 공자에 대한 기사들 역시 한결같이 예에 정통한 군자의 모습으로 그를 그리고 있다는 점에서 공자의 사상과 예는 불가분의 관계가 있다.

인간을 예의 실행자로 인식하는 공자의 시각은 이 문제에 대한 동아시아적인 전통이 흔히 그렇듯이 그가 인간을 관계적 존재로 파악하는 데 익숙함을 의미한다. 공자의 사상 속에서 인간은 전인격적 차원에서든 특정한 기질상의 차원에서든 모종의 완전성을 갖춘 존재로 등장하지 않는다. 공자가 생각하는 인간은 삶을 구성하는 다양한 관계의 그물망을 통과해가면서 부단히 자신을 확장하고 완성해가는 존재다.

그런데 이 문제에서 공자 사상의 독자성은 인간의 그러한 사회화의 과정은 외면적인 예의 학습 못지않게 이에 대한 행위 주체의 내면적인 능동성을 필요로 한다고 본 점이다. 우리는 살아가면서 다양한 인간 관계의 그물망과 만난다. 그리고 그때마다 거기서 요구되는, 이미 확립된 사회적 의례를 배우고 행함으로써 그 망 속으로의 진입을 시도한다. 이때 두 가지 상황을 생각해볼 수 있다. 하나는 요구되는 의례의 형식만 숙지함으로써 외면상으로만 그 관계의 망에 진입하는 경우다. 다른 하나는 형식뿐 아니라 그 의례가 지니고 있는 의미까지도 성찰을 통해 자기화함으로써 외면뿐 아니라 내면적으로도 일체를 이루며 완벽하게 그 관계의 장으로 진입하는 경우다. 공자는 의례의 실천을 통한 삶의 확장은 바로 이러한 내면적인 능동성이 바탕이 될 때 비로소 가능하다고 말한다.

인간의 삶에서 의례는 개인을 공동체로 이끄는 매개면서 동시에 그 개인의 삶을 확장시키는 핵심적인 계기다. 따라서 이 과정의 피드백을 원활히 이루어지려면 밖에서 주어지는 의례의 의미를 안에서 승인하고 성찰하는 내면적인 바탕이 함께 확보되어야 한다. 공자는 이러한 내면적 바탕을 '인(仁)'이라고 부른다. 인은 공동체 속의 개인이 구성원의 일원으로 성공적으로 안착해가는 데 요구되는 자각적이며 능동적인 덕목이다. 이는 이미 확립된 그 공동체의 삶의 의례들을 내면적으로 승인하고 실천하는 구체적인 행위들을 통하여 숙성되며 이를 통하여 다시 그 의례에 생명력을 불어넣는 요소다.

공자가 추구하는 이상적인 인간상인 '군자(君子)'는 이처럼 예와 인을 자신의 몸에서 하나로 융합시킨 사람이다. 공자가 제자들에게 군자유(君子儒)가 되어야지 소인유(小人儒)가 되어서는 안 된다고 하는 이유도 이 맥락에서 이해하면 의미가 확연해진다. '유(儒)'는 앞에서도 말했듯이 예의 실행 전문가를 가리킨다. 따라서 공자의 이 권유는 인간의 삶을 공동체와 연결시켜주는 매개인 의례의 전문가가 되되 그것의 의미를 주체적으로 내면화시킬 수 있는 전문가가 되어야지 외면적 형식에만 숙달된 전문가가 되어서는 진정한 유자(儒者)라고 할 수 없다는 뜻한다.

넓게 보았을 때, 예와 인을 축으로 하는 이상과 같은 인간 이해가 공자 인간관의 핵심을 차지하며, 그가 추구하는 도(道)의 중심 내용 또한 이것으로 구성된다. 하지만 그렇다고 공자의 인간 이해가 모두 해명된 것은 아니다. 거기에는 아직 설명되어야 할 부분이 남아 있다. 그것은 이러한 인간 이해가 현실성을 담보하는 데 필요한 몇 가지 조건에 대한 성찰이다. 그리고 이 성찰은 지금까지 잠시 미루어놓았던 공자의 자연관과 우리를 대면시킨다.

공자가 추구하는 예와 인이 합일되는 영역, 곧 도의 영역은 당위의 영역이다. 그것은 이를 실천하는 주체의 능동성에 따라 그 실현 여부가 결정될 수 있는 영역이기 때문이다. "인간이 도를 넓혀가는 것이지, 도가 인간을 넓히는 것이 아니다"라고 하는 공자의 말은 이에 대한 그의 확신을 보여준다. 이는 공자가 추구하는 도는 자연의 운행 원리라기보다는 사람으로서 마땅히 걸어야 하는 당위의 길, 즉 '인도(人道)'로서의 성격이 더 강하다는 점을 암시한다. 하지만 그런 도의 실현이 개인을 넘어서 사회적 차원으로 확장될 경우 그것이 주체의 능동성에 따라 구현 여부가 결정되는 당위의 영역으로 여전히 남는가 하는 것은 별개의 문제다.

『논어』를 보면, 사회적 차원에서 도의 실현 여부가 인간의 주관적 능동성에만 달려 있지 않다는 암시가 곳곳에 산재해 있다. 그리고 그런 암시는 대부분 '명(命)'이나 '천(天)'이라는 용어와 결부되어 나타난다. 공자에게 '천'의 의미는 복합적이다. 그것은 앞에서 살펴본 '주재천'이라 불리는 종교적인 주재자의 성격을 지니기도 하고, 때로는 '의리천'이라 불리는 의미론적 측면을 가리키기도 한다. 그런가 하면 드물게는 '자연천'의 분위가 묻어나오는 구절도 발견된다.

자신이 아끼던 제자인 안회(顔回)가 요절했을 때 공자는 하늘이 자신을 버렸다고 절규하며 하늘을 원망하였다. 그런가 하면 당시의 실력자 가운데 한 사람이 공자보고 은근히 자기편에 줄을 설 것을 요구하자 하늘에 죄를 지으면 빌 곳도 없다며 거리를 두기도 하였다. 이런 일화 속에 등장하는 하늘은 분명 인간의 일을 관장하고 심판하는 궁극적인 주재자로서의 성격이 강하다. 이는 '하늘'에 대한 인간의 오랜 경외심과 뿌리를 함께하는 주재천적인 자연관이 공자의 사상 속에도 여전히 그림자를 드리우고 있음을 의미한다.

그런데 『논어』를 보면 천이 때로 인간의 의지가 개입하는 영역, 즉 도의 영역과 모종의 호응 관계를 유지하고 있는 듯한 모습으로 나타나기도 한다. 공자는 50대 후반 자신의 뜻을 알아주는 군주를 만나기 위해 제자들을 이끌고 14여 년 간 제후국을 유랑한 적이 있다. 당시 공자는 때로 생명의 위협을 받을 정도로 많은 고난을 겪었는데, 그 가운데 한 번은 광(匡)이라는 지방에서 다른 사람으로 오인을 받아 일행이 포위되어 어려움을 겪은 일이 있다. 그 장면에서 공자는 하늘이 자신이 계승하고자 하는 '이 문화[斯文]'를 후세에 전하고자 하지 않는다면 모를까 그렇지 않다면 광 지방 사람들이 나를 어떻게 하겠느냐며 자신의 소명 의식에 대해 강한 자신감을 피력한다. 후대 유학자들이 이른바 이단과 자신들을 격리시키고자 할 때 단골로 사용하던 '사문(斯文)'이라는 말의 유래이기도 한 이 사건 속에 등장하는 '하늘'은 종교적 권능을 지닌 주재라기보다는 인간의 문화를 통해 모종의 합목적인 의미를 구현해가는 형이상학적 질서라는 성격이 강하다. 요컨대, 전형적인 의리천의 한 형태인 것이다. 자신의 생애를 자전적으로 술회하는 대목에서 공자가 오십에 이르러 비로소 '천명을 알았다[知天命]' 했을 때 등장하는 '천명'의 의미도 이 맥락을 벗어나지 않는다. 그것은 주례에 대한 재해석과 실천을 통해 공동체를 지탱하는 새로운 규범 원리를 확립하려는 자신의 소명 의식을 '하늘'을 끌어들여 정당화시키고자 하는 태도이기 때문이다. 공자의 사상 속에서 자연이 지니고 있는 이런 측면은 그대로 인간의 구축하는 문화의 영역과 연결된다.

하지만 다른 한편으로 『논어』는 공자가 그런 신념이 자신의 바람과 무관하게 어쩔 수 없는 운명의 장벽 앞에서 좌절될지도 모른다는 불안감을 토로하는 모습도 우리에게 전한다. 이런 경우 '천'은 주로 인간의 능동성을 넘어선 필연성의 영역을 가리키는 문맥으로 쓰이는 것이 일반적이다. 이 점에서 본다면, 공자의 생각 속에서 '천'은 '도'와 대비되는 측면이 강하다. 도가 인간이 마땅히 실현해나가야 하는 가치의 영역을 가리킨다면, 천은 그런 인간의 시도를 가능 혹은 불가능으로 귀결시키는, 다시 말해서 인간의 의지로 어떻게 할 수 없는 필연의 영역을 가리키기 때문이다.

전체적인 측면에서 보았을 때, 공자의 사상에서 이처럼 도로 표현되는 능동성의 영역과 천이나 명으로 표현되는 필연성의 영역이 긴장을 유지하며 공존한다. 공자에게서 도는 인간이 마땅히 걸어가야 하는 당위로서의 길이다. 그 길은 '예'의 지속적인 실천과, 그런 의례 행위의 의미를 행위 주체가 스스로 자각하는 '인'이라는 내적 태도의 융합에 의해 달성된다. 하지만 도의 구현을 위한 그런 주체적인 노력이 개체의 차원을 넘어 당대의 현실에서 결실을 맺을 수 있는가 하는 문제는 결국 필연성의 영역으로 넘어가고 만다. 그곳은 당연히 인간의 주관적인 능동성을 넘어서는 영역이다.

하지만 그렇더라도 만약 그 필연성의 영역이 그리는 궤적과 인간의 당위적 실천의 영역이 그리는 궤적이 방향을 같이 한다면 문제될 것은 없다. 위기에 빠졌을 때마다 천명을 거론하는 공자의 태도는 이 일치감에 대한 신념을 전제로 한다. 그러나 공자의 말년의 삶에서 보듯이, 그 일치성에 대한 신념이 무너지면 도의 구현을 향한 유학의 시도는 무력해질 수밖에 없다. 당위적 실천의 영역과 필연성의 영역이 연출하는 이 같은 긴장이 공자의 사상을 관통하는 근본적인 갈등 구도다. 동시에 이것은 공자 사후 중국 전국시대의 유학사를 관통하는 기본적인 갈등 구도이기도 하다. 공자 이후의 유학이 공유하는 최대의 문제 의식은 각자가 몸담고 있는 시대적 환경 속에서 이 두 영역의 관계를 어떻게 정립할 것인가 하는 문제라고 요약할 수 있다.

5. 자연이 걷는 길에 대한 동경 : 노자

공자와 달리 노자의 사상을 떠받치는 자연관은 일관되어 있다. 노자는 자연을 시종일관 객관적 법칙성에 의해 운행되는 물리적 존재로 본다. 이런 점에서 노자의 자연관은 중국 고대의 자연천 관념을 대표한다. 노자가 볼 때, 자연은 인간주의적인 요소는 결코 찾아볼 수없는 가치 중립적인 질서 체계다. 그것은 인간의 희망에 따라 호오를 표출하는 그런 존재가 아니다. 인간과 무관하게 자신이 걸어가는 방식대로 걸어가는 법칙적 세계일 뿐이다. 이 점을 노자는 "천지는 어질지 않다. 만물을 짚강아지로 여길 뿐이다"고 하는 말로 간명하게 표현한다. 짚강아지는 고대에 제사를 지낼 때 살아 있는 개 대용으로 쓰던 짚으로 만든 개 모형으로, 제사가 끝나면 태워버리던 일회용 제수를 가리킨다. 따라서 노자의 말을 글자 그대로 해석하면 천지는 만물을 일회용품으로 여긴다는 것이다. 만약 이 말을 듣고 혹 노자가 바라보는 자연은 '비정하다'고 생각한다면 이것이야말로 인간주의적인 반응임을 알아야 한다. 자연은 그런 인간적인 감정 자체가 아예 없는 물리적 세계라는 것이 노자의 주장이기 때문이다. 따라서 노자의 자연관을 받아들인다는 것은 봄가을의 훈풍뿐 아니라 여름의 폭풍우와 겨울의 눈보라도 완정한 자연 질서의 한 부분으로 기꺼이 받아들이는 것을 의미한다.

흔히 『도덕경(道德經)』이라고도 불리는 『노자』의 가장 큰 문제 의식은 이 같은 가치 중립적인 세계인 자연을 관통하는 법칙성을 통찰해내고 그로부터 인간 사회를 다스리는 통치의 기본 원리로 연역해내는 것이다. 노자가 볼 때, 인간의 고유한 영역이라고 할 수 있는 '문화' 역시 철저하게 전체 자연의 운행 원리의 지배를 받는 영역에 지나지 않는다. '도(道)'라고 불리는 이 질서의 원리는 이런 점에서 공자의 그것과 색깔을 달리한다. 앞에서 보았듯이, 공자의 도는 인문적 가치의 구현을 통해 구축되는 당위의 영역이다. 하지만 노자가 생각하는 도는 기본적으로 인간 사회를 포함하는 전체 자연의 근본적인 운행 원리를 가리킨다. 이런 점에서 그것은 필연의 성격이 더 강하다.

노자의 문제 의식 역시 다른 제자백가와 마찬가지로 '주례(周禮)'의 붕괴로 촉발된 춘추전국이라는 시대적 공간의 규범적 위기를 통치 계층의 입장에서 극복하는 것이라고 이해하는 것이 가장 적절하다. 이는 무엇보다도 『노자』에 짙게 스며 있는 '상(常)', 즉 '항상성'에 대한 관심이 잘 말해준다. '항상성'은 기존의 모든 원칙과 질서가 더 이상 제 기능을 수행하지 못하는 격변하는 현실 속에서 인간과 세계를 아우르는 하나의 불변적인 원리를 통찰해냄으로써, 특히 정치적인 측면에서 그 위기를 극복해보고자 한 관심의 결과다.

그런데 '항상성'에 대한 추구를 노자 철학의 출발점으로 상정할 때 유념할 사항이 하나 있다. 그것은 『노자』에서 '항상성'은 일체의 변화와 단절된 고정적인 불변성을 의미하지는 않는다는 점이다. 『노자』에 나오는 의미 계열을 가지고 말한다면, 그것은 '있음[有]'과 '없음[無]'이라는 두 계열이 시시각각으로 얽히며 연출해내는 역동성을 통해 드러나는 항상성이다. 다시 말해서, 그것은 통상 '만물'로 표현되는 세계 안의 모든 사태들이 생멸 운동을 반복하며 자족적으로 연출해내는 변화들이 결과적으로 연출해내는 항상성이다.

노자의 '도'는 이런 항상적인 질서를 메타적 관점에서 표상하고 있는 은유적 기호다. '되돌아감(혹은 반대로 전화됨)이 도의 움직임[反者, 道之動]'이라고 하는 『노자』의 저 유명한 구절은 '도'로 표상되는 세계의 항상적 질서는 세계 속의 개별적 사태들이 펼치는 다방향적 운동이 서로를 상쇄시키며 끊임없이 드러내는 균형적 질서임을 가리킨다. 따라서 그것은 일차적으로 만물에 대해 초월적이며 규제적이라기보다는 내재적이며 방임적이다. 이것이 바로 노자의 사유 체계에서 '자연'이 도의 상위에 자리잡는 이유다. "도는 (만물의) 스스로 그러한 운동 원리를 본받는다[道法自然]"는 명제로 개괄되는 '자연'과 '도'의 그러한 상호 관계는 노자의 실천 철학을 이해하는 데 중요한 모티프를 제공한다. 왜냐하면 그것은 세계가 항상적 질서를 유지할 수 있는 근본적인 이유를 노자가 어떻게 보고 있으며, 또 그로부터 정치의 근본 원리를 어떻게 도출해내는가를 엿볼 수 있게 해주기 때문이다.

잘 알려진 대로, 『노자』에서 '자연(自然)'은 '스스로(혹은 저절로) 그러하다'는 뜻의 술어로서, 만물의 운동 변화가 지니고 있는 자발적이며 자족적인 성격을 나타내는 용어다. 따라서 이 '자연'을 '도'의 상위에 둔다는 것은 세계가 보여주는 항상적인 질서는 일차적으로 만물의 자발적이며 자족적인 운동인이 아무런 장애 없이 펼쳐질 수 있을 때만 비로소 가능하다는 시각을 함축한다. 이런 까닭에 '자연'이라는 용어는 세계가 보여주는 항상적 질서는 밖으로부터 주어지는 어떤 힘의 결과가 아니라 '만물'로 표현되는 세계 안의 개별적 사태들이 함장하고 있는 내재적인 경향성의 발로라는 생각을 대변한다.

노자는 이처럼 외적인 강제 없이 이루어지는, 즉 '자연'이라는 방식으로 이루어지는 모든 행위를 '무위(無爲)'라고 부른다. '외부에서 주입된 목적 의식에 의해 수행되지 않는 행위'라는 뜻이다. 이 때문에 의미상으로 본다면 『노자』에서 '무위'는 '자연'과 동의어다. 외부에서 주입된 목적 의식에 의해 수행되지 않는 행위는 곧 자신의 내재적인 경향성을 주된 동인으로 하여 수행되는 행위이기 때문이다.

자연에 대한 노자의 이런 생각은 한 지점에서 공자의 그것과 명백히 대비된다. 자연이 드러내는 질서야말로 진정으로 항상적인 질서라는 생각은 자연을 묵시적으로 완벽한 선으로 상정함을 의미한다. 문화는 여기에서 군더더기일 뿐이다. 아니 문화는 어떤 점에서 한쪽 극단으로 치달음으로써 자연의 그런 완벽한 균형적 질서를 흔드는 불순 요인이다. 우리는 이에 대한 가장 비근한 사례를 자연을 파국으로 몰아넣는 근래 인류 문화의 발자취로부터 확인한다. 이 때문에 공자가 재해석을 통해 계승하려는, 문화의 상징인 주례는 노자에게는 오히려 혼란을 조장하는 주범이다. "예는 마음에서 우러나는 진실성이 엷어진 상태며, 혼란의 우두머리"라는 『노자』의 경구로부터 우리는 노자의 그런 생각을 가감 없이 읽어낼 수 있다.

한편, '무위'는 항상적 질서를 담보해주는 '자연'을 가능하게 하는 가장 직접적이며 적극적인 방법이라는 점에서 노자 실천론의 핵심을 차지한다. 즉, 노자 철학에서 '무위'의 실천은 궁극적으로 '자연'이라는 방식으로 구축되는 세계의 항상적 질서와 삶의 패턴을 맞추고자 하는 의지의 표현인 것이다. 노자 사상에서 바람직한 삶에 대한 담론이 차지하고 있는 좌표도 바로 이 지점이다.

앞에서 언급했듯이, 노자가 말하는 바람직한 인격의 주체 역시 일반인이 아니라 통치자다. 이 점은 무엇보다도 노자 수양론의 중심적인 방법론인 '무위'의 실천 주체가 누구인가 하는 것을 통해서도 잘 드러난다. 『노자』에서 '무위'가 언급되고 있는 부분은 직간접적으로 이상적인 통치자인 성인(聖人) 혹은 그 성인이 수행하는 통치 방식이라는 주제와 맞물려 있다.

이에 따르면 '무위'는 이상적인 정치를 담보해주는 통치 방식이며, 나아가 '천하'를 장악할 수 있게 해주는 등의 실효적인 이익을 가져다주는 행위 원칙이다. 권력의 작동 방식 면에서 정치적 불간섭주의로 불릴 수 있는 이 '무위'에 근거한 통치는 실제로는 성인의 통치력에 힘입어 이상적인 정치가 구현되더라도 백성들 모두는 "나 스스로 그렇게 한 것일 뿐이다"라고 말하면서 자신의 삶에 대해 자족적인 포만감을 느끼도록 해주는 정치다. 이 점에서만 보더라도 노자 철학에서 '무위'가 '자연'이라는 가치를 궁극적으로 구현시켜주는 장은 일차적으로 개인의 삶이 아니라 정치의 영역인 것은 확실하다.

『노자』에서 '무위'는 이처럼 우주와 인간 사회가 '자연'에 근거한 질서, 즉 자발적이며 자족적인 질서를 구축해가는 데 중심적인 역할을 수행하는 방법론이다. 이로부터 이상적인 통치자인 '성인'이 갖추어야 되는 인격적인 조건이 자연스럽게 도출된다. 그것은 그런 우주적 질서의 제반 특성을 통찰해내는 능력과 그것을 실천하기 위해 자신을 개조시키는 노력이다.

첫 번째 과제는 자연 질서의 성격을 올바르게 인식하고 그 질서가 구축되어가는 방식을 통찰함으로써 달성된다. 노자는 자기가 말하는 항상성은 만물의 운동이 바로 도로 상징되는 필연의 질서로 복귀하는 것임을 분명히 하고, 이 이치를 통찰해낼 수 있는 실천적 지혜를 요청한다. 노자가 볼 때 진정한 통치자의 자격은 이 실천적 지혜의 획득 여부에 달려 있다. 만약에 이것이 이루어진다면 '도'와 합일될 수 있고, 또 그에 따라 정치적으로 안정적이며 지속적인 질서의 유지가 가능하다. 따라서 안정적이며 지속적인 정치적 질서의 유지는 무엇보다도 시시각각으로 생성 변화하는 만물의 전개 과정에 모종의 필연적 질서가 관통되어 있음을 명확히 인식하는 데에서부터 시작된다.

노자가 만물의 운동이 '필연의 질서'로 귀결된다고 하는 이유는 도가 비록 만물이 자기 원인적인 운동들이 창출해내는 전체성의 질서이기는 하지만, 일단 그렇게 조형된 질서는 역으로 만물의 운동을 하나의 틀로 수렴하는 우주적 형식이기도 하다고 보기 때문이다. 이로부터 도와 만물의 이중적 관계가 드러난다. 만물에 초점을 맞추면 도는 그 만물의 자기 원인적인 운동들의 결과로서 드러나는 후행적인 궤적이지만, 도에 초점을 맞추면 그것은 다방향으로 전개되는 만물의 운동에 일양성을 부여하는 선행적인 형식이 되는 것이다. '도는 항상 아무런 작위가 없으면서도 이루지 못함이 없다[道常無爲而無不爲]'는 유명한 역설은 바로 여기에서 발생한다. 그러므로 '도'는 자연에서 발생하는 개개의 우발성들이 창출해내는 필연성이라고 정의할 수도 있다.

자연의 필연적 질서에 대한 인식이 이루어지면 이어서 요청되는 것은 그 질서가 구축되는 방식을 통찰함으로써 그로부터 구체적인 통치 행위에 적용 가능한 하나의 원리를 도출해내는 일이다. 지금까지 살펴본 대로, 이로부터 도출되는 원리는 곧 '무위'다. 따라서 이상적인 통치자가 되기 위한 노력은 결국 세계의 항상적 질서를 명확하게 통찰해낼 수 있는 명징한 인식능력의 배양과 그 통찰의 결과로 확립된 '무위'라는 규범적 원리를 효과적으로 구현할 수 있는 안팎의 제반 조건들에 대한 진단과 실천으로 집약된다.

이와 관련하여 노자가 강조하는 수양론적 태도는 '비움[虛]'이다. 이것이 강조되는 이유는 노자가 '무위'를 방해하는 핵심적인 요소로 '자기 중심적 경향성[欲]'을 지목하기 때문이다. 노자가 볼 때 '자기 중심적 경향성'은 후천적인 학습의 결과다.

좀더 정확히 말하면, 그것은 유가적인 도그마에 의해 조장된 문화적 욕망이다. 따라서 그것은 '자연'에 반하며, 또 그런 점에서 일탈적이다. 노자가 말하는 '비움'은 그렇게 문화에 의해 훈습된 자기 중심적 경향성을 통치자 스스로 끊임없이 배제시켜나가야 함을 의미로 한다. 만약 그렇지 않다면 표면적으로 '아무런 행위를 하지 않으면서 모든 것을 할 수 있다'는 역설을 논리적으로 충족시킬 방법이 없다.

그러면 이 같은 수양론을 실천했을 때 궁극적으로 조형되는 이상적 통치 인격의 가장 큰 특성은 무엇일까. 그것은 '유연함[柔弱]'이다. 이 유연함은 '자연'이라는 노자 철학의 최고 가치로부터 자연스럽게 연역되는 덕목이기도 하다. 그것은 만물과 '도' 사이에 존재하는 비규제적 관계를 상징하기 때문이다. '도'는 만물의 자기 원인적인 운동을 있는 그대로 수렴하는 데에서 성립한다. 따라서 그것은 자기를 제거하고 타자를 받아들이는 행위의 전범이다. 도는 그렇게 함으로써, 마치 자신을 낮춤으로써 모든 강을 자신에게로 흘러들게 하는 골짜기처럼, 비로소 모든 것을 아우르는 실질적인 주인이 된다. 도의 이런 측면은 무위를 실천함으로써 천하를 수렴하려고 하는 통치자의 입장에서 무엇보다도 갖추어야 하는 자질이 되는 것이다.

『노자』에서 바람직한 통치자에 대한 은유로 종종 '물'이나 '갓난아이'가 등장하는 것은 이 때문이다. 이 가운데 특히 '갓난아이'는 도를 체득한 이상적 인격의 상징으로, 노자가 추구하는 인간상을 상징하는 기표다. '갓난아이'의 가장 큰 특성은 앞에서 말한 '유연함'이다. 하지만 이 '유연함'은 그냥 한갓된 유약함이 아니다. 그것은 '정기(精氣)'로 상징되는 우주적인 기운의 정수를 잃지 않음으로써, 그리하여 그 기운들이 연출하는 우주적인 조화의 질서에 삶의 리듬을 일치시킴으로써 무위적으로 배어나오는 그런 유연함이다.

그런데 이 '유연함'은 타자를 받아들임으로써 거꾸로 그 타자를 실효적으로 지배하려는 정치적 의도의 결과라는 점에서 실제로는 강함을 지향하는 역설의 유연함이다. 노자가 상정하는 이상적인 인격인 '성인'은 이처럼 자신을 비우고 절제시켜 갓난아이처럼 유연하게 만드는 과정을 통하여 모든 것이 귀일하는 바탕이 되는 우주적 질서의 이치를 체득하고 그것을 다시 정치공학적인 측면에서 몸소 실천하는 통치자다. 그렇게 함으로써 그는 가장 소극적인 통치를 통하여 역설적으로 가장 적극적인 통치 효과를 이루어낸다. 마치 도가 그러하듯이, 성인 역시 아무 다스림도 행하지 않지만 결과적으로 다스려지지 않는 것이 없다고 하는 노자의 말은 바로 이 점을 말하는 역설이다.

6. '가지 않은 길'

모든 사상이 그렇듯이, 자연과 인간에 대한 공자와 노자의 시각 역시 일차적으로 시대적인 문맥 속에서 읽혀야 한다. 특히 이들의 인간관을 온전히 이해하는 데 이 점은 항상 필수적이다. 동아시아 지성사에서 차지하는 무게감으로 말미암아 바람직한 삶에 대한 이들의 생각은 종종 그것이 발아하고 숙성된 '춘추전국'이라는 사상사적인 문맥을 떠나 맥락 없이 인용되고 강조되는 경우가 많다. 그 결과 이들의 생각은 언제 어디서나 고통 받는 삶을 치유하는 만병통치약쯤으로 여겨져 왔다. 하지만 지금까지 살펴본 대로, 자연과 인간에 대한 이들의 생각은 일차적으로 종법 제도와 그것을 지탱하던 주례가 붕괴되고 이를 대체할 새로운 규범 체계는 아직 가시화되지 않던, '춘추전국'이라는 중국 고대의 특정한 역사 현실을 토양으로 숙성된 사유다. 그렇다면 공자와 노자의 생각으로부터 시대를 관통하는 보편적인 사유를 이끌어내는 것은 불가능할까. 이 점을 '자연과 문화'라는 틀 속에서 한 번 생각해보자.

『노자』에 "통나무가 흩어져 그릇이 된다. 성인이 이 원리를 이용하면 모든 관직의 우두머리가 될 수 있다. 그러므로 가장 위대한 제도는 쪼개지 않는다[大制不割]고 하는 것이다"는 말이 있다. 여기서 '통나무'는 인간의 손길이 개입되기 전의 자연을 상징한다. 지금까지 살펴보았듯이, 노자는 그런 자연을 그 자체로 완정한 질서를 갖춘 체계로 본다. 반면에 '그릇'은 문화를 상징한다. 문화는 인간이 자연을 가공한 결과물이다. 문화는 마치 통나무에 자귀질을 가해야 그릇이 만들어지듯이 자연에 인공을 가해야 이루어진다. 이것이 문화의 본성이다. 이로부터 인간에게는 숙명적으로 이율배반적인 두 가지 과제가 주어진다. 하나는 자연으로부터 걸어나온 문화라는 굴렁쇠가 쓰러지지 않고 계속 굴러갈 수 있게 하는 것이고, 다른 하나는 그것이 자신의 출발점인 자연의 경계를 아주 벗어나지는 못하게 하는 것이다.

공자의 사유는 기본적으로 앞의 과제에 대한 응답이다. 공자는 자연보다 문화에 더 관심을 기울인다. 그는 자신이 몸담고 있는 공동체를 일구어온 선대의 삶들이 '문화'라는 형식으로 남긴 역사적 경험들이 후대의 삶에 아무런 나침반이 되지 못하고 있는 현실을 목도하면서 이 문제를 해결하지 않는 한 공동체의 미래는 없다는 위기감에 사로잡혔다. 공자는 이 문제를 인간의 삶에 대한 근원적 성찰에서부터 풀어나가고자 했다.

그가 보는 인간의 본질은 더불어 사는 존재다. 인간은 태어나면서부터 다른 사람과의 관계 속에서 삶을 시작한다. 인간은 이를테면 자유주의가 상징하듯이 '자연의 빛'인 이성으로 무장하고 '만인에 대한 만인의 투쟁'이 전개되는 전장에서 고독하게 삶을 시작하는 원자론적인 개인으로 존재하지 않는다. 공자의 관점에서 본다면 그런 가정은 관계에서 출발하는 삶의 실존적 현실을 왜곡한 추상에 지나지 않는다.

『논어』는 인간은 결국 인간과 더불어 살 수밖에 없는 존재라는 것, 따라서 인간의 삶은 결국 공동체를 떠나서 존재할 수 없다는 공자의 신념을 보여주는 일화 하나를 우리에게 전한다. 각색하면 이런 이야기다.

자신의 뜻을 알아주는 군주를 만나기 위해 천하를 떠돌던 시절의 어느 하루, 공자는 수행하는 제자들과 함께 나루터로 향하다가 길을 잃었다. 마침 근처에 밭일을 하는 노인이 보이자 제자 하나를 시켜 나루터로 가는 길을 묻게 하였다. 그러자 노인은 어떤 사람들이냐고 물었다. 제자가 공자의 일행이라고 말하자, 노인은 흙탕물 쓸려가는 듯한 이 혼탁한 세상을 바꿔보겠다며 나서는 그 공자 말이냐고 되물으면서 그라면 나루터 정도는 충분히 알 터인데 뭘 내게까지 와서 묻느냐며 말을 끊고는 괭이질을 계속했다. 제자가 돌아와 내용을 고하자 공자는 잠시 참담한 낯빛으로 서 있다 말했다. 새나 짐승과는 함께 무리를 이루어 살 수 없는 것이니, 사람을 떠나 내가 대체 누구와 더불어 살 수 있다는 말인가라고. 그러면서 덧붙였다. 천하에 도가 구현되고 있다면 내가 굳이 바꾸어보겠다고 나섰겠느냐고.

이 이야기에 나오는 밭일하는 노인은 자연으로부터 받은 개체로서의 삶을 온전히 보존하는 것이야말로 최선의 가치라고 생각하던 당시의 개인주의적 성향의 사상가들을 상징한다. 따라서 공자의 말은 세상은 구제될 수 있다는 생각을 헛된 신념으로 비웃는 이 은둔자들이 추구하는 가치와 대비적인 의미로 읽혀야 한다. 비록 사람의 세상이 혼탁하더라도 그래도 인간이 삶을 기탁해야 하는 곳은 어디까지나 그 사람 사는 세상이어야 한다는 뜻이다. 만약 공자의 이런 신념을 우리가 받아들인다면 바람직한 삶에 대한 논의를 사회적 삶들의 관계맺음의 방식에 대한 주목에서 출발하는 것은 당연하다. 더불어 산다는 것은 곧 자신을 기꺼이 타인들과의 관계의 장으로 밀어넣는 실존적 결단을 전제로 하기 때문이다. 이런 점에서, 바람직한 삶에 대한 공자의 생각은 우리에게 여전히 하나의 계발적인 메시지를 던지는 측면이 있다. 그것은 '더불어 삶'에 대한 이상은 곧 관계 그리고 그 관계를 가능하게 하는 사회적으로 이미 승인된 몸짓들인 의례를 주체적으로 받아들이고 그 의미를 부단히 성찰하는 과정을 통해 도달될 수 있다는 메시지다.

그렇다면 공자를 비웃던 은둔자의 삶은 과연 애로라지 현실을 도피한 개인주의로만 치부해도 되는 것일까. 그의 지적대로 혹시 세상을 구제해보겠다는 우리의 의욕 자체가 세상을 더 꼬이게 만드는 것은 아닐까. 이런 반문 속에는 하나의 가정이 놓여 있다. 그것은 세상은 가만히 놔두면 아무 문제가 없다는 가정이다. 요컨대, 언제나 판을 흩뜨린 것은 자연이 아니라 그 자연으로부터 너무 멀리 걸어나간 문화였다는 문제 의식이다. 만약 이런 진단이 더 솔깃해진다면 우리는 가급적 자연이 걷는 길을 따라 걷는 연습을 해야 할 것이다. 노자가 말하는 '무위'를 실천하는 삶의 진정한 가치는 이 부분에서 빛을 발한다.

이 점을 이해하기 위해서는 먼저 세계에 대한 노자 철학의 기본적인 전제를 우리가 받아들여야 한다. 그 기본적인 전제란 다방향적으로 전개되는 개별적 사태들의 자기 원인적인 운동에도 불구하고 전체 세계는 언제나 뚜렷한 하나의 경향성, 그러니까 앞에서 우리가 시종일관 '항상성'이라고 표현했던 모종의 필연적 질서를 보여준다는 것이다.

그런데 개체와 전체의 관계에 대한 노자의 이런 시각이 맞다면 이로부터 중요한 삶의 지도 원리가 한 가지 연역될 수 있다. 그것은 아마 이런 식으로 정식화될 수 있을 것이다. 세계는 그것을 구성하는 개체들의 자기 원인적인 운동이 창출해내는 필연성이다. 따라서 개체와 전체 사이에는 중층적인 관계가 성립한다. 전체성의 질서는 개체들에 의해 만들어지지만 그렇게 만들어진 전체성의 질서가 다시 개체를 수렴하는 것이다. 이에 따라 다음과 같은 결론이 도출된다. 개체의 경우 최선의 삶은 그 전체성의 질서를 통관하고 자신의 행위 양식을 끊임없이 거기에 맞추어나가는 것이다. 이것이 최선의 삶인 이유는 개체의 입장에서 본다면 그 전체성의 질서는 그가 의식하든 의식하지 못하든 결과적으로 거부할 수 없는 하나의 필연이기 때문이다.

만약 이 같은 결론에 동의한다면 최선의 삶은 자신 속에 있는 비본래적이며 따라서 우연적인 요소들을 최대한 제거하고, 자신의 삶을 오직 그 전체성의 질서와 조응하는 타고난 내적 필연성에만 의거하여 전개시키는 것이 된다. 이로부터 최선의 삶을 위한 하나의 수양론적 규범이 공식화된다. 그것은 자신의 삶이 속해 있는 전체성의 질서를 통관하는 능력을 끊임없이 배양하고 아울러 자신의 행위가 언제나 그 질서와 자연스럽게 조응될 수 있게 꾸준히 노력해나가는 것이다.

우리는 살아가면서 무수한 문제에 부딪히고, 그것을 해결하기 위해 또 무수한 선택과 결단을 한다. 그런데 문제 해결을 위한 특정한 행동을 의식적으로 선택하기 이전에 우리의 의지와 무관하게 우주적인 경향성에 의해 그것은 이미 하나의 특정한 방향으로 기울어가고 있는 것이 사실이라면 그때 우리가 해야 하는 최선의 행동은 무엇일까. 우리의 의지와 무관하게 흘러가는 그 필연적 경향성에 무지함으로써 그에 거슬리는 행동을 선택하는 것이 현명할까, 아니면 그 경향성을 구성하는 모든 요소들을 완벽하게 숙지함으로써 우리의 선택이 '자연스럽게', 다시 말해서 '필연적으로' 그 방향으로 향하도록 하는 것이 현명할까. 노자의 입장에서 본다면 이 문제에 대한 대답은 명확하다. 그런 필연적 경향성을 구성하는 모든 요소들을 숙지할 수 있는 인식 능력을 최대한 키우고 그로부터 얻어지는 통찰에 자신의 선택을 맡기라는 것이다. 노자가 볼 때 세계 안의 모든 개별적 사태들은 자신들이 우발적으로 구축하는 그런 필연성의 질서에 언제나 복속되는 존재이기 때문이다.

이것이 노자의 수양론이 지니고 있는 적극적이며 보편적인 의미가 아닐까. 통치자는 '도'를 실천함으로써 '천하'를 수렴하고자 하지만, 일상적 개인은 그것을 통하여 자신의 삶의 궤적이 우주적 필연성에 자동적으로 일치되는 꿈을 꾸는 것이다. 이것이 아마 통치자가 아니라 '백성'으로 살면서 주제넘게 '도'를 닮으려는 했던 역사 속의 삶들이 꾸었던 꿈일 것이다.

자연과 인간에 대한 공자와 노자의 이 같은 대비적인 생각은 그대로 인간이 자신의 모태인 자연을 떠나 문화의 길로 들어선 이래 줄곧 갈등해온 두 갈래 길을 대표한다. 문화의 위상을 긍정하며 그를 통해 인간다움을 조형해내고 또 거기에 의미를 부여하고자 애써온 것이 하나의 길이라면, 역설적으로 바로 그 문화의 이름으로 행해진 인위와 제도의 폭력성을 직시하고 그 치유책으로 삶을 다시 자연으로 이끌려 한 것이 또 하나의 길이다. 이 갈등은 아마 인간의 역사가 종료되는 순간까지 봉합되지 않을 것이다. 그렇다면 자연과 인간에 대한 공자와 노자의 생각 역시 영원히 화해되지 않을 확률이 높다. 하지만 이 두 길은 지금까지 그래왔듯이 서로에게 '가지 않은 길'로 남음으로써 앞으로도 우리의 삶이 어느 한쪽으로만 외곬으로 뻗어나가는 것을 막아주는 균형추 역할을 할 것이다.

제2장
맹자와 순자
—자연과 인위, 인간성의 두 가지 기원

1. 맹자의 성선설과 순자의 성악설

중국 철학의 역사적 전개 속에서 주희(朱熹 : 1130~1200)와 왕수인(王守仁 : 1472~1529) 사이의 라이벌 관계에 필적하는 거의 유일한 한 쌍의 철학자들로 우리는 맹자(孟子 : 기원전 372~289)와 순자(荀子 : 기원전 310~215)를 주저 없이 꼽을 수 있다. 사실 이들의 '성선설(性善說)'과 '성악설(性惡說)'의 대립은 '성즉리(性卽理)'와 '심즉리(心卽理)'의 대립인 주희와 양명보다 훨씬 선명하게 사람들의 뇌리에 각인된다. 인간이 천성은 착한데 환경과 여건 탓에 악하게 되는 것인지, 아니면 천성은 악한데 교육과 힘든 자기 개조를 통해 선을 이룩하게 되는 것인지, 맹자나 순자가 아니라도 인간의 본성에 대해 조금만 고민해본 사람이라면 누구나 둘 중의 한 입장에 가까운 입장을 택하기 쉽고 그만큼 이들의 성론은 보편적인 호소력을 지니고 있는 것이다.

이 글에서는 이처럼 보편적 호소력을 지니는 이들 '성론(性論)'의 특징을 '인간과 자연'이라는 주제를 통해 접근해보고자 한다. 필자가 생각하기에 '인간과 자연' 또는 '자연과 인간'이라는 한 쌍의 개념으로 중국 고대 사상에 접근하는 것에는 다소 시대착오적인 요소가 있다. 그렇지만 이러한 시대착오성은 동양 철학을 조금이라도 현대의 문제 의식과 관련하여 논의하려 할 경우 거의 필연적으로 발생하는 현상이다. 동양 철학을 단지 박물관에 보관할 구시대의 유물로 취급하지 않는다면 피하지 말고 맞닥뜨려야 할 문제인 것이다. 이에 필자는 '자연과 인간'이란 개념 범주가 어떤 시대착오적 성격을 지닐 수 있는지를 검토하는 것으로 글을 시작할까 한다. 그 다음으로 중국 고대 사상에서 이와 유사한 범주를 적용할 때 반드시 거론되어야 하는 개념들인 '천(天)'과 '성(性)'의 성격을 살펴보고자 한다. 이러한 선행 논의를 배경으로 맹자와 순자의 '성론'에 나타난 인간과 자연의 문제에 대한 인식을 살펴보게 될 것이다. 다소 어설퍼 보이는 문제 의식을 좀더 정교하게 다듬어가는 과정을 통해 맹자와 순자의 성론을 새로운 각도에서 접근해볼 수 있을 것이다.

2. 자연과 인간

산과 들, 강과 바다, 동식물 등은 우리가 흔히 자연이란 말에서 떠올리는 것들이다. 이러한 자연은 인간의 인위적인 조작을 통해 변형되기 이전의 자연물을 보통 지칭하며 인간에 의해 이룩된 문명과 날카로운 대조를 이룬다. 자연물 또는 자연 현상으로서의 자연은 작금에 이르러 인간이 보호하고 보존하며 공존해야 할 대상으로 여겨지고 있는데, 이는 따지고 보면 자연을 인간의 목적과 이익을 위해 봉사하는 대상으로만 여기던 그동안의 인식에 대한 반성에서 비롯된 것이다. 자연과 인간 또는 인간과 자연이란 한 쌍의 개념을 접할 때 우리가 손쉽게 떠올리는 것은 적극적인 주체로서의 인간과 거기에 상대하는 인간의 손길이 미치지 않은 처녀림의 이미지로서의 수동적인 자연이다. 처녀림으로서의 자연은 인간의 수탈의 대상이거나 보존 보호의 대상이 된다. 이처럼 선명히 대조되는 자연과 인간의 관계에 대한 사고 방식은 그 연원을 동양보다는 서구에서 쉽게 찾을 수 있다.

고대 그리스에서 자연은 퓌시스(physis)로 생명 있는 모든 것과 또 이 모든 것을 움직이는 이법 또는 원리라는 두 의미를 동시에 가지고 있었다. 자연철학자들에서 플라톤에 이르게 되면 본격적으로 자연과 이법이 분리되어 이법으로서의 형상이 우선하고 실재적(實在的)인 것이며 질료로서의 자연은 이차적이고 수동적인 대상으로 전락하게 된다. 이후 서구 전통에서 자연은 그 자체 적극적인 주체가 아니라 정신에 대비되는 물질이나 형상에 의해 구현되는 바탕으로서의 수동적인 질료로 여겨진다. 중세의 기독교를 통과하면서 자연은 신에 의해 창조된 피조물이자 인간에게 주어진 신의 선물로 자리매김하게 된다. 근대적 과학의 성립은 자연을 어떤 정신적 요소도 배제된 기계와 같은 물질적 실체로 바라보게 하는 동시에 인간의 필요와 욕구에 따라 사용 가능한 도구적 존재로 여기게 했다. 19세기를 전후로 자연은 살아 있는 유기체며 인간과 신을 매개한다는 낭만주의적 자연관 등 몇몇 다른 형태의 자연관이 출현하였지만 과학 기술 문명과 자본주의적 거대 생산 양식의 결합으로 형성된 시대의 도도한 흐름과 맞물려 있는 유물주의적이며 도구주의적인 자연관과 맞서기에는 역부족이었다.

과학 기술을 통해 인간의 욕구와 필요에 봉사하는 자원으로 자리매김한 자연이 근대 세계 이후 가장 대표적인 자연관이라면 이와 더불어 인간의 존재론적 고향으로 인간과 교감하는 유기체로서의 자연 곧 낭만주의적 자연관의 한 형태도 여전히 우리의 심상에 자리잡고 있는 자연이다. 하지만 '자연 속의 인간'과 같이 인간을 포함한 자연을 전제로 하지 않고 '자연과 인간'처럼 '자연'과 '인간'을 대비적으로 연결시키는 순간 우리는 애초에 언급한 '인간의 인위적 조작 이전의 자연'과 '과학과 문명이 보여주는 작위성 또는 인간적 성취'의 대조로 '자연과 인간'을 읽게 될 가능성이 훨씬 높다.

자연과 인간을 이처럼 첨예하게 대립적인 구도로 파악하게 하는 현대적 관념을 잠시 뒤로 하고 고대 중국의 '인간과 자연'에 대한 사유를 들여다보면 현대적 의미의 첨예한 대립은 보이지 않는다. 인간은 자연의 일부일 뿐 아니라 그 자연은 단순히 인간의 수탈에 수동적으로 몸을 내맡기는 처녀림이 아니라 인간을 비롯한 모든 세상 만물의 근원으로 파악된다. 따라서 현대적인 의미의 '자연과 인간'이란 두 대립적인 항의 설정으로서가 아니라 '자연 속의 인간' 또는 '세상 만물의 근원과 인간과 그 외의 모든 만물'이라는 그림 속에서야 인간과 자연의 관계맺음의 방식을 이해할 수 있는 계기가 주어지게 된다. 따라서 인간의 주체성을 전제로 한 인간성과 이에 대비되는 수동적 자연성으로 읽힐 가능성이 농후한 '인간과 자연'이란 틀로 중국 고대의 사상가인 맹자와 순자의 사상에 접근하는 것은 단지 시대착오적일 뿐 아니라 범주착오적인 접근이라고 할 수도 있는 것이다. 세계 또는 자연의 일부인 인간이 인간 이외의 것과 관계맺는 방식에 대해서, 또는 인간의 존재론적 위상과 성격에 대하여 중국 고대의 사상가들이 어떻게 파악했는지를 풀어 물어보는 것이 더 적절한 질문이 될 것이다. 우리는 이러한 물음을 '천(天)'과 '성(性)' 개념을 매개로 묻고자 한다. 고대 중국 사상에서 자연에 가장 가까울 뿐 아니라 모든 세상 만물의 존재론적 근원으로도 이해되는 '천'과 인간의 특질을 다루는 주요 개념이기도 하며 인간 안에서의 자연을 가리킨다고 할 수도 있는 '성' 개념을, 각각의 형성과 변천 과정을 통해 살피고 이 개념들의 프리즘을 통해 맹자와 순자의 사상을 살펴볼 때, 우리는 이 두 사상가의 '자연과 인간'에 대한 또는 '세계 속의 인간의 존재론적 위상' 및 '자연적 근원과 인간적 성취의 성격'에 대한 이해에 좀더 가까이 다가설 수 있게 될 것이다.

3. 천(天)과 성(性)

1) 천

갑골문에 남겨진 기록들을 통해 우리는 동아시아 문명에서 조상신에 대한 숭배가 매우 뿌리 깊은 것임을 알게 된다. 조상의 귀신들에게 음식을 바치는 제사를 통해 복(福)을 바라고 화(禍)를 피하고자 기원하는 의례가 상(商) 문명의 시기 — 은대(殷代)라고도 한다 — 때부터 이미 시행되고 있었다. 흥미로운 점은 먼 조상으로 거슬러 올라갈수록 조상신과 자연신들이 크게 구별되지 않았다는 것이다. 산과 강 또는 토지신에 올리는 제사의 형식과 내용물은 시조신에 올리는 제사와 거의 동일했다. 더 나아가 살아 있는 세계와 죽은 세계도 근본적으로 다른 두 세계가 아니었다. 죽은 이들의 세계는 지금 살고 있는 이들과 앞으로 살아갈 이들의 존재론적 근원이며, 이곳에서 먼 곳으로서의 저곳, 즉 저승일 뿐이다. 인간의 세계와 자연의 세계, 죽은 것과 살아 있는 것은 근본적으로 하나의 유기적 연속체로 이해되었던 것이다.

은대(기원전 1700년경~1100년경)에서 주대(周代)(기원전 1100년경~221년)로의 이행은 정치적으로나 종교적으로 상제(上帝)에서 천(天)으로의 이행으로 상징된다. 자연계와 인간사에 모두 영향력을 미쳤던 상제에서 훨씬 한정된 형태로 두 세계에 관여하는 천으로, 더 나아가 전국(戰國) 시기(기원전 481~221년) 말엽에 이르러서는 자연의 영역만을 대변하는 개념으로 이해되어야 한다는 주장이 제기될 정도로 인간사와 무관하게 묘사되는 천이 등장한다.

죽음과 삶, 인간과 자연이 연속적으로 인식되는 세계관은 천이 중심적인 개념이 되는 세계관에 와서도 지속된다. 인간과 천의 관계는 여전히 단절적으로 인식되지 않는다. 오히려 상제와 인간의 관계에서보다 천과 인간의 관계에서 연속성이 더욱 심화되었다고 말할 수도 있다.

하지만 상제에서 천으로의 이행을 설명하는 데 아무 문제가 없는 것은 아니다. 가장 주된 난관은 종교적인 상제 개념에서 형이상학적이고 자연주의적 천 개념으로의 이행이라고 단순화시키기 어렵다는 데 있다. 천에 묻어 있는 종교적 색채, 곧 단순히 물질적 자연이 아니라 물활적인 기운을 가지는 동시에 세상 만물의 존재론적 근원으로서의 천의 성격은 창천의 천이나 천지의 천으로 사용되는 경우에도 완전히 사라지는 경우는 드물다는 것이다. '천'을 '자연'으로 단순히 번역하는 것에 대한 저항감의 원천도 여기에 있다.

다시 말해, 천에 대한 논의의 어려움은 천과 인간의 관계를 종교적인 존재와 인간의 관계 또는 자연적인 세계와 인간의 관계 그 어느 쪽으로도 단순히 환원하여 말하기 힘들다는 데 있다. 단순히 자연 세계의 자연만을 지칭하는 것은 아니지만 그렇다고 인격신적 초월성을 함축하고 있지도 않는 천은 왕조의 정당성을 추인하거나 결정짓는 데 주요한 역할을 수행하면서도 한편으로는 사계절의 운행을 넘어선 초월적 주재자로 군림하지도 않는다는 점에서 지극히 '자연적'인 천이다. 그럼에도 불구하고 천 개념에 따라오는 '지고(至高)한' 이미지는 천이 자연의 위계적 질서의 최상부에 위치하고 있으며 또한 모든 존재의 시원으로 여겨지기 때문이다. 세상 만물의 상호 관련성과 연속성을 보증하는 존재론적 시원이지만, 동시에 그 이상의 주재적 성격이 강조되지 않는다는 것은, 왕조의 교체를 추인하고 정당화하면서 인간사에 개입하는 존재면서도 지극히 무심한 하늘에 불과한 존재로서의 천과 같은 맥락에 있다.

고대 중국인들은 얼핏 보기에 상호 배타적이고 상호 길항적으로 보이는 이러한 요소들이 함께 공존하는 천을 받아들이는 데 아무런 어려움을 못 느꼈던 것으로 보인다. 또 이처럼 상호 모순적으로 보이는 요소가 공존하는 천을 상정할 때, 천에 대해 전혀 다른 이해를 기반으로 형성된 것으로 보이는 맹자와 순자의 천 개념 사이의 의외의 연속성을 이해하는 실마리가 주어지게 된다.

2) 성

맹자와 순자 이전에 '성'에 대한 본격적인 철학적 논의는 거의 존재하지 않는다. 이 이전의 문헌에서 우리가 발견할 수 있는 '성'의 용례는 지극히 일상적인 용법에 국한된다. 예를 들어 『서경(書經)』의 「소고(召誥)」 편에서는 '절성(節性)'이라는 표현을, 『시경』의 「대아(大雅)」 편에서는 '미이성(彌爾性)'이라는 표현을 찾을 수 있다. '절성'과 '미이성'은 한편으로는 욕구를 절제하거나 욕구를 실현하는 것으로 해석된다. 하지만 또 다른 한편으로는 '성(性)' 자의 어원으로 여겨지는 '생(生)' 자의 의미를 취해 '절성'을 '한평생을 살다,' '미이성'을 '한 생애를 온전히 채우다'라고도 해석하는 경우가 있는데, 우리에게 남겨진 증거만으로 이 두 해석 가운데 어느 한 편의 손을 들어주기는 어렵다.

『국어(國語)』와 『좌전(左傳)』을 통해 우리는 또 다른 '성'의 의미 몇 가지를 짐작해볼 수 있다. 그 하나는 '일반 백성의 기본적인 필요와 욕망'의 의미이고, 또 다른 하나는 '한 사물에서 특징적으로 드러나는 특정한 경향성들'을 가리키는 의미로 짐작된다.

전국시대에 본격화되는 '성론'의 다양한 함의를 지나치게 초기 문헌에서부터 찾을 필요는 없어보인다. 하지만 이 문헌들에서 우리가 주목해야 할 점이 전혀 없는 것은 아니다. '천[하늘]'과 '성'의 관계에 대한 언급은 우리의 주목을 끌기에 충분하다. '성'에서 윤리적인 함의를 적극적으로 해석하지 않고 '한 사물의 특징적인 성질들'로 이해하더라도 천은 백성의 '고유한 성질'과 천지 운행의 '자연스런 성질'이 어지럽혀지지 않도록 군주를 규제할 수 있는 존재로 묘사된다. 다시 말해 아직 확정하기 어려운 '성'의 윤리적 함의를 적극적으로 해석하지 않더라도 천은 사실적인 차원의 자연의 성질 및 인간의 특성과 밀접한 연관을 지니고 있는 것으로 묘사되고 있는 것이다. 우리는 이러한 천과 성의 연관 관계가 맹자에 이르러서는 적극적으로 해석될 뿐 아니라 맹자의 '성선설(性善說)'의 암묵적 근거로 작용하고 있음을 보게 될 것이다.

4. 맹자의 자연과 인간

1) 천 개념

『맹자』에서 천은 여러 가지 방식으로 등장한다. '천'이란 단일 글자 외에 '천하(天下)' · '천도(天道)' · '천록(天祿)' · '천리(天吏)' · '천자(天子)' · '천명(天命)' · '천민(天民)' · '천성(天性)' · '천작(天爵)' · '천지(天地)' · '천직(天職)' 등으로 쓰이고 있다. 이는 『맹자』에서 천이 비교적 안정된 뜻으로 접두어의 역할을 수행하고 있음을 의미한다. 한 단어의 앞 글자로서 '타고난', '하늘에 의해 주어진'이라는 뜻의 형용사 역할을 하고 있는 것이다. '천하'와 '천지'의 '천'이 그나마 자연의 하늘을 의미하는 것에 가깝다면, 나머지는 모두 '천'이 주체가 되어 '천에 의해 부여된'이라는 뜻이거나 천과 동격 또는 천의 소유격으로서 뒤에 오는 개념과 연결된 형태다. 맹자는 '천'을 자연 '천'보다는 종교적이고 형이상학적인 '천'의 의미를 더욱 많이 사용하고 있는 것이다. 이러한 실례를 우리는 '천작(天爵)'에서 단적으로 찾을 수 있다. "천작이라는 것이 있고, 인작(人爵)이라는 것이 있다. 어질고, 의롭고, 충직하며, 신실하고, 착함을 좋아하고 게으르지 않게 하는 것, 이것이 천작이다. 공(公) · 경(卿) · 대부(大夫), 이것은 인작이다. 옛사람들은 천작을 닦으면 인작은 이에 뒤따랐다. 지금 사람들은 천작을 닦음으로써 인작을 추구한다. 인작을 얻고 천작을 포기하면 이는 대단히 미혹한 사람이라, 결국은 역시 멸망할 뿐이다"(『맹자』, 「고자(告子)」 上). 인간에 의해 부여된 작위가 사회적 신분과 권력을 의미한다면, 천에 의해 부여된 작위는 우리에게 고유한 윤리적 성향들이다. 인간의 윤리적 성향을 천작이라 부르는 순간 인간의 윤리성은 단순히 인간적 차원의 규범성에 그치는 것이 아니라 세계 만물의 존재론적 시원인 천과 곧장 연결된 보편성을 획득하게 된다. 앞서 살펴본 『좌전』에서 확정하기 힘들었던 천과 인간의 윤리적 성향과의 관계 설정을 우리는 『맹자』에서 분명히 확인할 수 있는 것이다. 이러한 천의 성격이 맹자의 성 개념과 밀접한 관련이 있을 것임은 쉽게 추측할 수 있다.

2) 천과 성

맹자가 천과 성을 함께 거론한 구절들은 여러 곳에 있지만 주석가들 사이에 가장 많은 논란거리를 제공한 것은 아마 「진심장구하(盡心章句下)」의 다음 구절일 것이다.

입의 맛에서, 눈이 색에서, 귀가 소리에서, 코가 냄새에서, 사지가 편안함에서는 '성(性)'이지만, '명(命)'이 여기에 게재되어 있으므로 군자는 '성'이라 이르지 않는다. 인(仁)이 부자(父子)에서, 의가 군신에서, 예가 빈주(賓主)에서, 지(智)가 현자에서, 성인(聖人)이 천도(天道)에서는 '명(命)'이지만, 성이 여기에 게재되어 있으므로 군자는 '명'이라 부르지 않는다.

여기서 논란의 핵심은 '성(性)'이 윤리적인 '본성'을 가리키기보다는 자연스러운 성향에 가까운 개념으로 보인다는 것이다. 맹자의 '성' 개념에서 이전의 '성' 개념에 내포되어 있는 '생(生)'의 의미를 찾을 수 있는 것은 사실 놀라운 일이 아닐 것이다. 그럼에도 불구하고 맹자 자신이 고자(告子)와의 논쟁을 통해 '성' 개념을 '생' 개념에서 될 수 있는 대로 먼 곳에 위치시키고자 했다는 사실과, 송명(宋明) 시대 이래의 이른바 신유학(新儒學)에서 맹자의 '성'을 '성선(性善)'의 '성'만을 의미하는 것으로 제한시켜 해석한 전통의 영향으로 말미암아 이 구절에서의 '성'이 자연스런 성향에 가까운 개념으로 보인다는 것은 상당한 논란거리로 비쳐졌던 것이다. 성이 원래 '생'의 의미를 가진 개념이었다는 사실을 받아들이고, 맹자가 다른 곳과 달리 여기서는 성의 전통적 의미인 '생'의 의미에 가깝게 쓰고 있다는 가정 아래 이 구절을 풀어쓰면 다음과 같이 될 것이다.

입과 맛, 눈과 색, 귀와 소리, 코와 냄새, 사지와 편안함의 관계는 감각 신체 기관과 자연스레 추구하는 성향 사이의 관계이지만, '윤리적인 명령 곧 당위'가 여기에 게재되어 있으므로, 군자는 이들의 관계를 단순히 타고난 자연스런 성향에 따른 것으로 치부하지 않는다. 인과 부자, 의와 군신, 예와 빈주, 지와 현자, 성인과 천도의 관계는 윤리적 당위라 할 수 있지만, 인의예지와 천도를 인간에 내재한 것 또는 자연스런 성향이라 할 수도 있으므로, 군자는 이들을 단순히 윤리적 명령이라 부르지 않는다.

여기서 맹자는 인의예지와 천도는 부자·군신·빈주·현자·성인에게 윤리적 당위이기 이전에 이들 관계와 현자, 성인에 내재한 자연스런 본성이라고 말하고 있다. 곧 인의예지와 천도는 인간에게 주어진 일종의 '사실'이고 '자연'이라는 말이다. 이러한 우리의 해석이 옳다면 흥미로운 사실을 발견하게 된다. 맹자는 이 구절에서 '성'의 본래의 뜻인 '자연스런 생물학적 성향'과 '윤리적이고 도덕적 본성'이라는 두 개념을 의도적으로 연결시키고 있는 것처럼 보이기 때문이다. 인의예지와 천도가 윤리적 당위인 동시에 인간에게 주어진 일종의 자연스런 성향이라고 한다면, 천도(天道)의 '천'도 천작(天爵)의 '천'과 같이 인간에게 윤리적 성향을 부여하는 형이상학적 주체인 동시에 천지자연의 창천의 천으로 해석할 여지가 생기게 된다. 다시 말해, 맹자는 '성'이 '자연스런 타고난 생물학적 성향'이면서 동시에 '윤리적임'을 주장하면서, 모든 만물의 기원인 동시에 인간에게 윤리적 품성을 부여한 근원이기도 한 '천'과 천지만물의 자연스런 운행의 대명사인 '천'의 구별도 엄격히 하지 않고 있는 것이다.

이제 우리는 맹자의 천과 성에 대한 가장 유명한 언급을 살펴볼 때가 된 것 같다. "자기의 심(心)[마음]을 다하면, 자기의 '성'을 안다. 자신의 성을 알면 '천'을 알 것이다. 자기의 마음을 보존하고 자기의 성을 배양하여 천을 섬긴다"(『맹자』,「진심」上). 심(心)과 성(性)과 천(天)이 한 자리에 만나는 이 유명한 구절은 이 후 유학의 사상사적 전개에 지대한 영향을 미치게 된다. 후대에 미친 영향을 잠시 접어두고 우리가 여태 논의한 선상에서 이 구절을 바라보면 맹자가 여기서 '심'·'성'·'천'의 관계를 면밀히 조율하고 있음을 느끼게 된다. 자신의 마음을 천착하여 그 남김 없는 가능성을 샅샅이 살펴보면 우리는 우리에게 타고난 '자연스런 성향'이 윤리적임을 알게 된다. 이 자연스런 윤리적 성향의 유래를 추적해보면 세계 만물의 근원인 '천'에 의해 부여된 것임을 알게 된다. 그러니 인간이 자신의 마음의 가장 본질적인 요소, 곧 윤리적인 성향을 잘 키우는 것은 이러한 성향을 인간에게 부여한 천을 잘 섬기는 것이 된다.

맹자는 천이 지닌 여러 의미 층, 곧 형이상학적인 존재의 근원이라는 의미와 만물의 근원으로서 섬김의 대상이 되는 종교적 요소 그리고 푸른 하늘이며 자연 운행의 대명사로서의 의미를 적절히 동원하여 인간의 자연스런 성향이 윤리적이라는 주장의 논거로 삼고 있다.

3) 성의 선(善)함

맹자의 전략 곧 천의 다층적 의미를 적절히 활용하여 인간에게 타고난 윤리적 성향이 있음을 주장하는 방식은 우리가 애초에 언급했던 고대 중국인의 세계관을 상기해보면 상당한 설득력을 지녔을 것임을 쉽게 추정할 수 있다. 윤리나 도덕이 단순히 사회 유지의 방편이나 관습적 차원의 요구가 아니라 세계 만물의 근원이고 왕조의 정치적 정당성을 추인하며 자연 운행의 질서를 대변하는 존재이기도 한 '천'으로부터 품부받은 인간의 본성에 기인한다는 주장은 매우 강력한 논증으로 여겨졌을 것이란 말이다. 맹자가 제(齊)나라 선왕(宣王)과의 대화에서 그리고 고자와의 논변에서 그처럼 확신을 가지고 인간의 타고난 도덕성을 주장할 수 있었던 배경에는 그의 이러한 천과 인간의 관계에 대한 이해가 자리잡고 있었다고 추정해볼 수 있는 것이다.

맹자가 천 개념을 통하지 않고 성 개념만을 통해 그것의 선(善)함을 주장할 때 가장 두드러지게 강조하는 것 중의 하나는 그 선함이 성의 자연스런 속성이라는 것이다. 곧 어린아이가 우물 쪽으로 기어갈 때 구하려는 마음이나 제사에 쓰일 제물로 끌려가는 소의 눈망울을 보고 차마 그 소를 죽이지 못하는 마음인 '불인지심(不忍之心)'은 억지로 시켜 일어난 마음이 아니라 거의 본능적으로 사태에 반응하여 일어난 마음이다. 일삼거나 시킨 '사연(使然)'이 아니라 그냥 저절로 생겨난 '자연(自然)'인 것이다. 맹자가 고자와의 본격적인 논변에서 성의 선함을 주장할 때도 맹자의 강조점은 '선(善)함'의 '자연성'에 있었다고 할 수 있다. 가장 유명한 구절의 하나를 인용해보자. "물에는 정말 동서의 구분이 없지만 상하의 구분도 없는가. 사람의 성이 선한 것은 마치 물이 아래로 내려가는 거와도 같다.

사람치고 선하지 않은 사람은 없고, 물인 경우 아래로 내려가지 않는 물은 없네. 이제 물을 쳐서 뛰어오르게 하면 사람의 이마를 넘어가게 할 수 있고, 밀어서 보내면 산에라도 올라가게 할 수 있으나, 그것이 어찌 물의 성이겠나. 세(勢)로[외부의 힘으로] 그렇게 하는 것일세. 사람이 선하지 않은 짓을 할 수 있으나 그 성 역시 이와 같을 뿐이네"(『맹자』, 「고자」 上). 세(勢) 곧 외부의 강제적인 힘을 동원하지 않고 인간을 그냥 '스스로 그렇게[자연하게]' 내버려두면 '선'하다는 것은 물이 외부의 인위적인 조작 없이 그냥 '스스로 그렇게' 내버려두면 위에서 아래로 흘러내리는 것과 같다고 맹자는 주장한다. 물의 성이나 인간의 성이란 각각의 존재에 내재하며 어떤 외부적 제약도 없는 상태에서 발현되는 그것들의 자연스런 성질을 말한다. 맹자의 인성론은 인성이 선하다는 것을 인간에게는 '자연'임을 말하고 있는 것이다.

맹자의 천과 성에 대한 논의를 종합해보면 천과 성 그리고 성의 선함을 하나로 관통하고 있는 요소가 '자연(自然)'임을 발견하게 된다. 여기서의 자연은 물론 현대적인 의미의 자연이 아니라 '스스로 그러한' 상태를 가리키는, 또는 한 개체가 외부의 어떤 제약과 강제로부터 자유로울 때 발현되는 그 개체의 가장 본질적인 성향 또는 상태를 일컫는 말이다. 맹자는 이러한 개체의 본질적인 성향의 기원을 만물의 근원이며 자연 운행의 대명사인 천으로 둠으로써 인간의 가장 본질적인 성향이자 자연스런 성향을 '선'한 것으로 규정하고 있다. 다시 말해, 맹자에게 인간의 성은 자연 세계의 질서를 근원에서 대변하고 있는 천으로부터 주어진 것이고 따라서 그 속성이 선하다는 것은 어떤 인위적 노력이나 사회 규범적 강제를 통하는 것이 아닌 인간에게 '스스로 그러한 자연'인 것이다.

5. 순자의 자연과 인간

1) 천 개념

맹자가 천을 활용한 방식은 우리의 예상을 깨고 있다. 그는 천의 종교적이고 형이상학적 성격만을 강조한 것이 아니라 천의 자연적 성격도 적절히 활용하고 있었던 것이다. 인성의 선함을 논증하는 데 동원된 천은 선의 궁극적 기원인 동시에 선함이 인성의 자발적 발현임을 보장하는 장치이기도 하였다.

이 같은 맹자의 천 개념에 대한 논의는 순자의 천 개념도 단순히 하나의 의미로 환원하여 말하기 어려울 것이라 짐작하게 한다. 즉, 순자의 '천' 개념도 일반적으로 말해지는 것보다 종교적인 차원과 자연적인 차원을 확연히 나누어 논하기 어려운 것이다. 하지만 순자의 천 개념의 복합성이 맹자의 천 개념에서와 같은 양상임을 주장하고자 하는 것은 결코 아니다. 오히려 이 둘의 천 개념에 대한 접근 방식은 판이하다고 할 수 있다.

「천론(天論)」의 서두를 장식하는 글에서 순자는 천에 일정한 법칙이 있긴 하지만 그것이 인간사 특히 정치적인 흥망성쇠와는 아무런 관련이 없음을 분명히 하고 있다. 이는 왕조 교체의 정치적 정당성을 추인하던 '천'에 대한 명백한 부정이며, 동시에 맹자가 '천작'이란 개념을 통해 인간의 윤리적 성향의 근원으로 천을 설정하는 것과도 상당히 거리가 있는 발언이다. 천의 일정한 법칙은 요순과 같은 성왕(聖王)에게 이롭게 하거나 걸주와 같은 폭군을 벌주는 것이 아니라 일정한 객관적 법칙일 뿐이다. 인간이 자신의 일을 적절히 잘 하면 거기에 따른 보상이 있을 뿐 여기에 천이 개입하지 않는다. 천에는 천의 항상(恒常)된 법칙이 있듯이 세상일에는 나름의 법칙이 있을 뿐이며 이들은 서로 다른 영역의 법칙들이어서 간섭하지 않는 것이다. 이러한 순자의 진술에 두드러져 보이는 것은 천과 인간사의 확연한 구분이다. "계절의 사시 변화를 받아서 누리는 데는 치세(治世)가 똑같더라도 그 재앙을 입는 데는 다르다. 천을 원망할 것이 아니다. 그 도(道)가[그 일의 법칙이] 그렇게 했던 것이다. 그러므로 천과 인(人)의 구분을 명확하게 할 줄 안다면 가히 지인(至人)이라 일컬을 수 있다"(『순자』, 「천론」).

지인(至人)은 『장자(莊子)』에서 이상시하는 인물 중 하나다. 순자가 '천과 인의 구분(天人之分)'을 아는 최고 경지의 인물로 도가에서 사용된 개념인 지인을 설정하는 것을 이상히 여길 필요는 없다. 의지를 가지고 인간사에 개입하는 인간 중심적인 성격을 천 개념에서 완전히 탈각시킨 선구자들이 노자와 장자 곧 도가들이기 때문이다. 그렇다고 순자가 천 개념을 다루는 방식도 도가적일 것이라고 단정해서는 안 된다. 도가에서는 천을 인격적인 성격을 완전히 배제하고 지극히 '스스로 그러하고' 아무런 작위도 일삼지 않는 '무위(無爲)'의 천을 설정하고 있지만, 이러한 천의 존재 방식은 인간도 따라야 할 행위와 삶의 모델과 동일하게 묘사된다. 이에 반해 순자에서 천의 방식은 인간의 방식과는 완전히 별개의 것이며 천과 인간의 방식의 차이를 분명히 깨닫는 인물을 지인이라고 말하고 있는 것이다. 따라서 순자가 천인지분을 깨달은 인물로 지인을 설정한 것은 도가의 빚을 인정하면서도 도가와는 다른 방식으로 인간과 천의 관계를 자신이 설정하고 있음을 선명히 보여주는 예라고 할 수 있다.

천의 방식은 경이로우며 만물이 그에 의해 조화를 얻어 생장하고 소멸한다. 순자는 천의 존재 방식과 기능에 대해 경이로움을 표현하면서도 이러한 천에 대해 성인(聖人)은 궁금해 하지 않고 알려고 하지도 않는다고 말하고 있다. 왜냐하면 천의 영역과 인간은 영역은 엄연히 구분되어야 하며 인간의 일은 인간의 방식으로 일구어야 하기 때문이고, 천의 방식을 흉내 내거나 따라 해서는 안 되기 때문이다.

맹자의 천이 기본적으로 형이상학적이며 종교적인 성격을 띠면서도 자연천의 성격도 함께 지니고 있었다면, 순자의 천은 기본적으로 자연천으로 보이지만 현대적인 의미의 물리적인 자연으로서의 천이라기보다는 만물의 생장과 조화를 신비롭게 이루어내는 종교적인 요소가 가미된 천이라 할 수 있다. 또 인간이 천지의 조화에 참여하여 만물의 궁극적 조화를 이루어 낸다고 할 때 천 또는 천지는 단순히 자연 세계를 대변하는 것이 아니라 형이상학적인 근원이라는 뉘앙스를 갖고 있다. 그럼에도 불구하고 이러한 천지인(天地人)의 삼위일체의 성취도 사람과 천의 구분된 영역을 전제로 추구된다는 점은 맹자의 경우와 비교할 때 확연한 대조를 이룬다. 맹자는 가능한 한 천과 인간의 연속성에서 인성의 선함을 보증 받고자 했다면 순자는 이와 반대로 천과 인간의 엄격히 분리하는 데 초점을 맞추고 있는 것이다.

맹자와 순자는 대체로 전통적인 천의 의미들을 받아들이지만, 순자의 경우 천과 인간의 차이점을 부각시키고자 도가에서 빌려온 무위자연의 개념을 인간과 구분되는 천의 영역에 한정시켜 적용한다. 천과 인간에 대한 이러한 순자의 관계 설정은 성론에서 맹자의 성론과의 차이를 분명히 노정시키는 데 결정적인 역할을 한다.

2) 천과 성

순자는 전통적인 방식대로 성을 우선 생(生)으로 정의한다. 삶의 전체적인 과정 일반 및 생물학적인 경향성을 지칭하는 것으로 해석되는 초기의 생 개념은 특히 윤리적 경향성이 배제된 개념으로 우선 받아들여질 수 있다. 이는 맹자와의 논변에서 고자의 발언으로 소개되는 '생지위성(生之謂性)'에 대한 대체적인 해석이기도 하다. 생 개념을 통해 생물학적 자연성으로 제시된 성 개념은 또 다른 한편 '어떤 일삼음도 없이[不事] 감응하여' '스스로 그러한[自然] 성'으로 정의된다. 그런데 이렇게 일삼음 없이 스스로 그러한 '성'은 순자가 '천'의 성질을 규정하는 방식과 매우 흡사하다. 순자는 "성이란 천으로부터 얻은 것으로, 배울 수 있는 것도 아니요 힘쓴다고 되는 것도 아닌 것"(『순자』, 「성악」)이라 말한다. 성을 천으로부터 품부받았다는 발언은 맹자와 대동소이하다. 배울 수 없고 힘쓸 수 없는 대상이라는 것도 '스스로 그러하다'는 측면에서 맹자의 성 개념과 가까이 있다. 맹자와 순자는 모두 성의 '자연성', 곧 천으로부터 타고나면서부터 받은 인간의 자연스런 경향성을 성의 핵심적인 내용으로 생각한다는 점에서는 같다. 하지만 유사점은 여기서 끝난다. 순자의 천이 비록 경외의 대상이긴 하지만 인간이 본받을 대상이 아닌 것처럼 이런 천으로부터 주어진 성은 순자에게 '배울 수 없고' '힘쓸 수 없는' 매우 수동적인 성질에 불과한 것으로 묘사된다. 이에 반해 맹자의 성은 천으로부터 주어진 인간의 자연성인 동시에 인간의 윤리적인 성질을 담보하고 있는 인간됨의 핵심 내용이다.

그렇다면 순자에게 인간의 인간다음을 가능하게 해주는 요소는 어디서 찾을 수 있을까. 순자는 성과 같이 천으로부터 주어진 것이지만 능동적이고 주체적인 역할을 하는 '천군(天君)'으로 이름붙인 '심(心)'에서 사려 깊은 분별력과 실천력의 원천을 발견한다. 심이야말로 순자에게 인위(人僞)'을 일삼아 천과 구별되는 인간적 성취를 이끌어낼 주인공인 것이다. 심이 이와 같이 인간의 능동적 주체성의 주인으로 설정된 데 반해 사태에 수동적으로 감응하여 일어나는 반응적 성격을 지녔으며, 일삼을 수도 배움을 통해 완전히 다른 성질로 바꿀 수도 없는 '성'은 맹자에서와는 달리 매우 조심스럽게 취급해야 할 그 무엇으로 다가오게 된다.

3) 성의 악(惡)함

성은 천으로부터 부여받은 것이고 배울 수 없고 힘써 얻을 수 있는 것도 아니라고 하면서 순자는 맹자를 비판한다. 순자가 보기에 '인성이 선하다'는 주장은 '인간이 배울 수 있다'는 사실로부터 유추될 수 없는 주장이다. 성 개념에 대한 잘못된 이해는 맹자로 하여금 유가에서 가장 핵심적이라 할 수 있는 점을 간과하게 했다. 즉, 선(善)은 단순히 주어지는 것이 아니라 인간의 노력을 통해 획득되어야 할 대상이라는 점이다. 순자의 눈에 맹자는 주어진 성질로서의 '성'과 사려 깊고 의도적인 행위의 결과로서 얻어지는 '위'와의 심대한 차이를 충분히 인식하지 못한 사상가다. 순자는 이러한 차이를 혼동하지 않게 하기 위해 성 개념에서 수양과 노력을 통한 성취의 측면을 제거하고 철저히 주어진 성질로 국한시키고자 하였던 것으로 보인다. 인간의 기본적 욕구를 성으로서 묘사한 후에 순자는 '성과 위'의 구분을 확립시키기 위해 효제(孝悌)도 자연스런 '성정(性情)'에 기인한 것이 아님을 강조한다.

유가 윤리에서 효제의 중요성을 감안할 때 효제의 덕이 자연스런 성정에서 유래하지 않고 인위적인 노력의 결과인 위(僞)로부터 나온다는 순자의 주장은 성과 위의 대조에서 더할 나위 없는 극적인 효과를 불러일으킨다. 이는 한편으론 천을 도덕성의 근원으로 설정하는 발상과의 과감한 절연이기도 하다. 다시 말해, 인간의 도덕성은 천으로부터 주어진 자연스런 성정에서 도출되는 것이 아니라 철저한 인위적 노력의 산물이라는 것이다.

하지만 그렇다고 해서 굳이 인성을 '악(惡)'하다고 주장해야 하는 것일까. 성이 도덕성의 기초가 못 된다고 해서 굳이 악이라고까지 말해야 하는 것은 아니기 때문이다. 왜 순자는 고자처럼 성은 중성적이어서 노력 여하에 따라 선할 수도 악할 수도 있는 것이라고 하지 않고 성악을 되풀이 주장하였을까. 성악설에 대한 순자의 좀더 직접적인 설명을 보도록 하자. "이제 사람의 성이란 나면서부터 이익을 좋아하는 것이다. 이를 그대로 두면 서로 싸우고 빼앗고 하여 양보란 없게 된다. 또 사람은 나면서부터 미워하고 시기함이 있다. 이를 그대로 두면 폭력과 잔혹함이 생겨나 충과 신은 사라진다. 사람은 또 눈과 귀의 욕망을 타고나서 아름다운 소리와 색을 좋아한다. 이러한 욕망을 그대로 따르면 음탕하고 무절제하게 되어 예의와 문리는 없어지게 된다"(『순자』, 「성악」). 여기서 성은 이익을 추구하는 성향, 질투와 미움의 감정, 감각 기관의 욕망 등으로 묘사되고 있다. 인성에 내재한 이러한 경향성들을 아무런 통제 없이 내버려두면 파괴적이 되어 사회를 유지하는 근간인 도덕과 문화가 사라질 것이라고 경고하고 있다. 사회적 질서 건립에서의 예의 필요성을 논구하면서, 순자는 특히 만족을 찾는 인간의 욕망을 혼란과 피폐함을 가져올 대표적인 인간에 내재한 파괴적 성향으로 지목한다. 인간의 만족을 향한 욕구는 끝을 모른다. 만일 개인 각각의 욕구를 충족시키고자 하는 추구에 어떤 제한도 가해지지 않으면, 인간들 사이의 분쟁과 혼란, 궁극적인 피폐함은 필연적이다.

우리는 순자가 성악을 말하게 되는 문맥을 비교적 소상히 살펴보았다. 인성 그 중에도 욕구와 감정을 '스스로 그러한' 자연 상태로 내버려둘 경우 거의 필연적으로 파괴적이 된다. 오로지 예의를 통한 부단한 교화와 마음[心]의 사려 깊은 행위의 선택을 통해서만 우리는 이러한 악의 구렁텅이로부터 탈피하여 선을 이룩할 수 있는 것이다.

순자, 아니 중국 고대 사상 일반에서 선과 악이 지금보다 훨씬 서로의 간격이 좁은 상대적인 개념이었을 것이라고 가정해 볼 때, 순자가 성을 악한 것으로 본 것은 그다지 극단적인 견해라 할 수 없다. 천으로부터 주어졌지만 천이 아닌 인간의 경우 '일삼을' 대상도 아니고 '배울 수 있는' 대상도 아닌 성은 인간이 조심스레 통제하지 않으면 굉장히 위험한 결과를 초래할 수 있는 '자연스런' 성향이다. 인간이 추구해야 할 바는 이처럼 천으로부터 주어진 수동적인 성향이나 본능이 아니라 부단한 수양과 공부를 통해 성취할 수 있는 조화로운 사회와 문화라면, '성은 악하다하고 위는 선하다'라는 언명은 매우 선명하게 순자가 주장하고픈 내용을 요약한 것이라 할 수 있다.

6. 자연과 인위

오늘날 자연은 '자연 환경'이란 말로 금방 떠올려지듯이 인간을 둘러싼 '환경'으로서의 자연이다. 그 환경이 인간의 생존을 위협할 수도 있다는 사실을 발견한 인간들은 새삼 '환경'으로서의 '자연'의 소중함을 강조하고 있다. 이와는 달리 고대 중국 철학자들에게 '자연'은 인간에게 환경으로 주어진 소극적인 대상이 아니다. 인간의 삶에 적극적으로 참여하거나, 인간성의 본원으로써 경외와 섬김의 대상이거나 또는 인간이 자신의 적극적 삶의 실현을 통해 함께 동참해야 할 궁극적인 조화의 대상이었다.

고대 중국 사상에서 인간과 인간 이외의 또는 너머의 세계와의 관계는 '천'과 인간의 관계를 통해 사유되었다. 천은 단순히 자연 질서와 운행의 대명사로서 뿐 아니라 모든 만물의 존재론적 기원이며 또한 종교적인 섬김의 대상으로 이해되는 존재였다. 이러한 천의 다층적 의미를 적극적으로 수용하면서 맹자는 천으로부터 인간에게 주어진 '스스로 그러한 성질'이 윤리적임을 강하게 천명한다. 이와 달리 순자는 자연적 법칙에 따라 운행되는 세계의 질서로서의 천이 또 한편으로는 신비한 외경의 대상임을 존중하면서도 이러한 천으로부터 주어진 인간의 '스스로 그러한 성질'은 최대한 제어되고 교화되어야 할 대상으로 바라보았다. 맹자가 모든 존재의 존재론적 근원으로서의 천과 인간의 연속성에서 인성의 선함을 끌어내었다면, 순자는 이러한 천과 절연된 인간의 영역을 설정하고 선의 성취가 자연적으로 주어지는 것이 아니라 '작위'를 통해 얻어지는 것임을 강조하였다. 다시 말하면, 맹자의 '성선설'이 인간에게 주어진 '자연'에 대한 근본적인 신뢰에서 나왔다면, 순자의 '성악설'은 인간에 주어진 '자연'을 위험한 것으로 간주하고 이러한 '자연'과 분리된 인위의 영역을 적극적으로 세우려는 시도에서 나온 이론이라 할 수 있는 것이다.

제3장
용수와 세친
—존재의 실상에 대한 비판적 성찰의 두 양상

1. 주제에 대한 접근 방식의 한계와 방향성 모색

본 논문을 집필하는 데에 필자에게 주어진 과제는 대승불교의 두 근간인 용수(龍樹. Nāgārjuna)를 개조로 하는 중관학파와 세친(世親. Vasubandhu)으로 대표되는 유식학파의 인간관과 자연관을 살펴보되, 중관학파의 입장을 근간으로 삼고, 유식학파의 그것은 중관학파에 대한 비판적 시각에서 다루는 것이었다. 그런데 이 과제는 주어진 시점부터 몇 가지 측면에서 난관에 부딪힐 수밖에 없었다.

첫째로 중관학파는 인간, 인간이 깃들어 살고 있는 환경, 곧 자연에 대한 어떤 구체적 해명도 하지 않는다. 이 학파는 기존의 여러 사상에 대한 비판을 그 주제로 하며, 그 비판의 방법도 사상 자체를 해체할 뿐이고 새로운 어떤 사상을 구축하지는 않는다. 그러므로 일반적인 형태의 인간관과 자연관을 제시하는 것은 좀처럼 쉽지 않은 일로 보인다.

둘째로 중관학파와 유식학파는 본질적 측면에서 대립적 관계에 있지 않다. 유식학파는 경량부(經量部)·유부(有部) 등의 아비달마 불교를 비판을 뿐이고, 중관학파의 사상에 대해선 긍정적으로 수용하고 그것이 잘못 해석될 가능성에 대한 해명을 시도할 뿐이다. 두 학파는 논쟁적이라기보다는 보완적이라고 보아야 옳다.

셋째로 불교는 어느 학파든 존재론적 관점에서 인간과 자연의 차이성에 관심을 두지 않는다. 인간이든 자연이든 연기(緣起) 법칙의 지배를 받고, 그 법칙의 산물이라는 점에서 제법(諸法. 존재들)이라는 형태로 묶인다. 모두가 연기의 산물인 인간과 자연의 성격을 존재론적으로 어떻게 자리매김할 것인가에 따라 이견이 생겨날 뿐이다. 여러 경론(經論)에서 인간 이외에 별도로 자연을 논하지 않고, 불교학자들의 논문에서 인간과 자연이 결국은 동일한 논리적 구조로 해명되는 것은 바로 이 때문이다.

이러한 한계를 고려하여 필자가 선택한 방법론은 다음과 같다. 먼저 불교의 인간관을 구체적으로 서술하고 있는 초기 불교의 사유 체계를 살펴본다. 다음으로 아비달마 불교의 인간관을 살펴본다. 사실상 중관학파나 유식학파와 논쟁 관계에 있는 것은 아비달마 불교다. 중관학파가 '해체'의 대상으로 삼는 것은 바로 아비달마 불교에서 '정립한 것'이기 때문에, 이들의 인간관과 자연관을 고찰함으로써 중관학파의 비판 철학이 갖는 한계를 보완할 수 있다. 다음으로 유식학파에 입장에 대한 설명은 논쟁적이기보다는 보완적인 형태로 다루겠다.

2. 관계맺음[緣起] · 비어 있음[空] · 비워냄[中道] : 용수의 인간 이해

1) 아트만[我]은 경험되지 않는다 : 초기 불교의 인간 이해

어느 사상이든 시대적 배경과 목적을 떠나서는 존재하지 않는다. 동일하게 인간에 대해 논하더라도 그 서술 방법이나 내용이 다른 실제 이유가 여기에 있다. 초기 불교에서 인간에 대한 논의는 우파니샤드의 아트만론 혹은 상식적인 수준에서 시설된 영구적 실체로서의 자아에 대한 비판적 접근을 시발점으로 한다. 우파니샤드에서 정신과 몸을 포함한 물질계, 곧 현상세계는 브라흐만(Brahman)의 세계 전개 결과 드러난 것이다. 진정한 실재는 브라흐만이고 그것이 인간에게 내재된 것이 아트만(Ātman)인데, 이것은 불변성 · 자재성 · 환희성 등을 그 본질로 한다. 따라서 모든 경험적이고 현상적 자아를 부정하여 아트만을 찾을 때 인간은 궁극적 자유를 누린다.

붓다에 의하면 우리의 경험에 비추어볼 때 자아(인간)라고 할 만한 것은, 물질적 요소의 내용물[色蘊] · 감수 작용의 내용물[受蘊] · 표상 작용의 내용물[想] · 의지의 내용물[行] · 인식의 내용물[識] 등이다. 그런데 이 다섯 가지 내용물들, 곧 오온(五蘊)을 차례대로 살펴보아도, 몸과 마음의 배후에 있으면서 언제나 모든 활동을 지배하는 실체적인 자아인 아트만과 같은 것, 곧 불변성 · 자재성 · 환희성 등을 가진 것은 존재하지 않는다. 각 구성 요소는 시간 · 공간 속에서 새로운 정보를 받아들이면서 잠시도 머물지 않고 늘 변화한다.

붓다는 우리가 고통스러운 것은 불변의 자아를 찾지 못해서가 아니라, 실재의 세계에 존재하지 않는 불변의 자아를 찾으려는 오류에 기인한 것이라고 파악했다. 자아정체성에 대한 고정 관념 같은 것이 그 예가 될 수 있다. 정체성이란 우리가 일시적 안정감 혹은 만족감을 얻기 위해 불변의 자아를 찾는 과정에서 형성된다. "나는 ~ 느낌을 좋아한다(싫어한다)", "나는 ~ 20평의 아파트에서는 갑갑함(광활함)을 느낀다"라고 규정하고, 그것을 자신의 자아의 불변의 모습이라 생각하면서 살아간다. 사실 감수 작용의 내용물은 부단히 변화하는데, 어느 순간 우리는 '이것이 나의 것이다'라고 하면서 그것을 자기 것으로 규정한다. 이때 '이것'이라는 느낌은 내 마음 속에 어떤 실체로 자리잡아 그것과 다른 것을 접하면 불쾌함을 느끼게 된다. 그러나 변하지 않은 것은 내가 만들어낸 내 마음 속의 실체뿐이니, 감수 작용의 내용이란 늘 변화하는 것이기 때문이다. 예를 들어 "스타벅스의 오늘의 커피 중 향기가 짙게 나는 방금 뽑은 신선한 커피를 좋아하는 나"는 실재의 세계 속에서는 이미 없는 나다. 그 "맛" 혹은 "그 맛을 좋아하는 나"는 오직 무명(無明)에 빠진 내 마음속에만 존재하는 것이다. 그러므로 이는 허깨비로 종종 비유되는데, 허깨비란 마술사가 마술에 의해 관객들에게 보여주는 비둘기를 말하는 것으로, 그 비둘기란 관객들의 눈에만 보이는 것이고 실제 마술사에게는 존재하지 않는 것과 같기 때문이다. 이렇게 자아를 구성하는 각 요소들이 늘 변화하는 것임을 인식함으로써 우리는 자아정체성의 노예로 전락하지 않게 된다.

붓다의 인간관은 첫째로 논의의 범주에서 경험의 영역, 곧 오온을 벗어나지 않고, 둘째로 목적론적으로는 자아에 대한 바른 이해, 곧 무아와 무상(無常)의 통찰을 통해 집착으로 인한 고통으로부터 벗어나 자유를 얻는 것을 지향하고 있다.

2) 자아에 대한 실체론적 관념의 허구성 비판 : 용수

① 되살아난 실체들 : 푸드갈라와 다르마

부파 불교 시대에 이르러 몇 가지 실체론이 생겨났다. 먼저 윤회의 주체에 대한 논쟁의 결과물로써 모든 행위의 행위자이자 담지자로서의 주체가 설정되었는데, 그 대표적인 것이 독자부(犢子部)의 푸드갈라(pudgala)다. 이들은 푸드갈라가 오온과 동일하지도 않고 다르지도 않다고 하고, 양자를 불과 연료의 관계에 비유하여 푸드갈라에 대한 실체화를 벗어나려고 했지만, 그들의 의도는 성공하지 못했다. 논쟁의 과정에서 푸드갈라를, 이 세상에서 저 세상으로 이전하게 하는 유일한 법이고, 보는 작용 · 듣는 작용 등에서 언제나 앞서 존재하는 그 무엇이라고 정의함으로써, 푸드갈라를 실체로 설정하려는 의도를 드러내보였기 때문이다. 푸드갈라는 오온에 의해 시설되지만 오온을 오온이게 하는 것이며, 오온의 주체가 된다는 점에서 윤회의 주체가 되고 기억의 주체가 되며 작용의 주체가 된다. 이는 붓다가 어떤 형태로든 경험적으로 인식할 수 없다는 이유로 받아들이지 않았던 아트만과 다름 없는 것이었다.

아비달마 불교의 대표학파인 유부(有部)도 오온 · 12처 · 18계 등의 범주를 받아들이고, 무아 · 무상의 원리를 견지하고 있지만, 그것을 논증하는 방식에서 독특한 입장을 보인다. 이들은 현상계(인간을 포함한 모든 존재)의 존립 근거인 불변의 실체를 찾아 오위칠십오법(五位七十五法)이라는 최종적 범주를 정립하였다. 오위는 물질적 존재[色] · 마음[心] · 마음 작용[心所] · 마음에 따르지 않는 것[心不相應行] · 무제약적인 것[無爲]의 다섯 가지다. 이를 오온에 배대하면 색은 물질적 존재에, 식(識)은 마음에, 수(受) · 상(想) · 행(行)은 마음 작용에 포함

된다. 이 75가지 법(darma)은 불변의 실체이고 이 법의 화합에 의해 성립된 모든 것은 무아이고 무상한 것이다.

여기에서 법이란 그 다양한 의미 중 경험적 존재의 구성 요소라는 뜻으로 쓰였다. 법의 특성은 자성(自性. svabhāva)을 지닌 것으로 정의되는데, 이때 자성이란 자기만의 고유한 특성과 작용을 지닌 것을 말한다. 곧 하나의 본체와 작용을 가진 것, 둘 이상의 본체와 작용을 갖지 않는 것을 말한다. 예를 들어 사람은 마음과 몸으로 구성되었는데, 이때 마음(수·상·행·식)과 몸(색)은 실체이고 둘의 화합체로서의 사람은 실체가 아니다. 또한 몸(색)을 더 분석해나갈 때 눈[眼]·귀[耳]·코[鼻]·혀[舌]와 촉감을 느끼는 몸[身] 등으로 구분될 수 있는데, 그것의 화합으로서의 몸은 실체적 존재가 아니지만, 눈이나 코의 실체성은 부정될 수 없다고 본다. 이러한 사고 방식은 모든 사물에 확장되어, 타오르는 불이 있을 때 이는 불과 연료의 화합에 의해 생겨난 것이므로 실체적 존재가 아니지만, 불은 타오르지 않을 때도 사유할 수 있고, 하나의 본체만 가지며, 타는 작용이라는 하나의 작용만 갖기 때문에 실체적 존재가 된다.

이러한 유부의 철학을 다원적 실재론 혹은 범주론적 실재론이라고 한다. 이들은 초기 불교 이래 거듭 강조되어온 무상과 무아의 진리를 더욱 명백히 하려는 목적에서 경험적 존재를 구성하는 근원적 요소를 찾아내어, 그것의 화합[緣起]에 의한 존재의 무아와 무상을 주장했지만, 경험적 존재의 실체화를 벗어나기 위해 존재의 구성 요소 일체를 실체화하는 문제를 낳았다. 이들에게 오온의 화합으로서의 자아란 무상하고 무아이지만, 자아의 구성 요소인 오온 각각, 곧 법은 상주하는 불변의 실체였다.

② 경험적 존재 배후로 상정된 모든 본질적인 것은 희론(戱論)

ⓐ 주재적 자아의 부정

독자부가 푸드갈라과 오온을 불과 연료의 관계에 비유한 것에 대한 비판의 논지는 다음과 같다. 만약 불이 연료가 생겨나기 전에 미리 있어서 연료에 의존하여 불이 생겨난다면, 이는 이미 있던 불이 또 생겨나는 모순이 생겨난다. 이는 불과 연료의 상호 의존성을 부정하는 것처럼 보이지만, 실제는 불(푸드갈라)이 실체라면, 연료(오온)와 상호 의존하는 연기적 현상은 일어날 수 없었을 것임을 지적하는 것이다. 어떤 것이 이미 실체로서 존재한다면 그것은 반연할 수 없는 것이고, 반연할 수 없는 것은 연기할 수 없기 때문이다. 여기에서 이미 타고 있는 불(경험적 자아)을 떠난 어떤 존재(푸드갈라)를 상정하는 것의 문제점이 드러난다.

ⓑ 경험적 자아의 구성 요소의 실체성 부정

유부에서 색은 지(地)·수(水)·화(火)·풍(風)의 네 가지 실체가 연기하여 생겨난 것이다. 이 실체는 그것에 의해 드러나는 존재 원인으로서의 역할을 하지만 그 역(逆)은 성립하지 않는다. 용수는 색뿐이 아니라 색의 구성 요소인 사대 또한 실체가 아니라고 했는데, 사대는 색을 통해서만 경험될 수 있기 때문이다. 사대가 색으로 현상할 수 있다는 사실 자체가 바로 사대의 비실체성을 증명한다. 주의할 점은 용수는 색의 존재를 부정하는 것이 아니고, 색을 그것의 원인과 갈라서 보는 것과 색의 원인을 색과 갈라서 보는 것을 부정한다는 것이다. 이는 본래 실체가 없는 색이나 색의 구성 요소를, 실체적 존재로 여기는 결과를 낳기 때문이다.

불과 연료의 비유를 통해서 알아보면, 불은 실체로서 존재한다고 생각하고 불 자체만을 떠올릴 수 있지만 불 자체를 우리는 결코 인식할 수 없다. 우리가 불을 인식하는 순간은 늘 그 불이 드러나도록 하는 연료와 함께 있는 불이다. 불이 없는 연료 또한 존재하지 않는다. 흔히 마당에 가지런히 놓인 나무토막이 있으면 우리는 그것을 연료라고 생각하지만, 경험적 사실에 근거할 때 불을 지펴야 연료일 뿐이다. 그것은 의자·몽둥이·강아지 집 등의 재료일 수도 있기 때문이다. 그것을 연료라고 하는 것은 아직 경험되지 않은 사실에 대한 우리의 예단일 뿐이다. 그저 언어로만 존재할 뿐인데, 이 언어의 의미는 뒤에서 서술하기로 한다.

오온 중 색온(色蘊)을 좀더 구체화하면 눈·귀·코·혀·감촉을 느끼는 기관의 다섯 가지 감각 기관으로 분류되고, 수온·상온·행온·식온 등은 의근(意根)이라는 인식 기관으로 통합될 수 있다. 눈·코·귀·혀·감촉을 느끼는 기관·의근 등을 합쳐서 육근(六根)이라 하는데, 이는 오온과 결국 동일한 개념이다. 용수는 이 중 안근의 실체성을 부정하고, 나머지 지각 기관에도 동일한 논리를 적용할 수 있음을 밝혔다.

첫째로 눈 자체는 어떤 형태로든 볼 수 없다. 일단 감각적으로 눈은 확인되지 않는다. 물론 거울에 비추어보면 눈은 보이지만, 그것은 안근이 아니라 외부에 놓여 있는 대상[色境]이다. 남의 눈에 대해서도 동일한 논리가 성립된다. 이렇게 자신을 보지 못하기 때문에 눈은 다른 것도 보지 못한다. 둘째로 보는 작용[見] 또한 보고 있지 않을 때는 본다고 할 수 없다. 그러므로 보는 작용이 본다고 하는 것은 있을 수 없다. 보이는 대상을 떠나 보는 작용이 있는 것은 아니다. 셋째로 보는 사람도 또한 보는 작용을 떠나든 보는 작용을 떠나지 않든 얻을 수 없다. 여기서 떠난다는 말은 차이성을, 떠나지 않는다는 말은 동일성을 의미한다. 보는 사람과 보는 작용의 관계는 동일한 것도 아니고 다른 것도 아니라는 말이다.

그렇다면 시각 작용은 어떻게 일어나는 것인가. 눈은 어떻게 해서 알려지는 것인가. 마치 어머니와 아버지의 연(緣)에 의해 아들이 생기듯, 동일한 형태로 안근(眼根)과 그 대상인 물질[色境]이 연하여 인식 능력[眼識]이 생겨난다. 곧 눈과 대상이 어우러져 보는 작용이 생겨난다. 그렇다고 해서 세 가지가 모두 실체로서 존재한다고 말하는 것은 아니다. 어우러진다는 것은 이미 실체가 아님을 의미한다. 다만 보는 작용이 생겨난 그 자리에서 편의상 세 가지의 명칭을 만들어낸 것일 뿐이다. 그러니 보는 작용을 떠나서 세 가지는 결코 존재하지 않는다.

보는 작용이 없다면 보는 대상도 없고 대상이 없다면 작용도 없다. 그렇다고 아무것도 볼 수 없는 것은 아니다. 다만 눈과 대상 사이에 놓인 심연, 분별이라는 무지에 기초한 사건이 사라질 뿐이다. 우리는 흔히 나의 눈이 있어, 그것으로 세상을 바라본다고 생각한다. 이때 나와 세상은 갈라진다. 그러나 용수에 따르면, 이러한 생각은 생각에 불과한 것이고, 실재 세계에서 이런 일은 일어나지 않는다. 나의 눈은 시각 작용을 통해서만 알려지고 그 순간에 눈은 이미 대상과의 관계맺음 속에 있다. 나의 눈이라고 할 만한 실체란 결코 존재하지 않는다.

3) 고통과 자유의 양상 : 언어로부터의 자유, 언어에 의한 자유

용수를 흔히 부정의 철학자라고 한다. 그의 모든 논의는 기존에 쓰이던 모든 개념에 대해, 그것에 해당하는 실체가 없음을 증명하는 데 바쳐진다. 이러한 용수의 태도는 자칫하면 실재 그 자체(reality itself)를 부정하는 것으로 여겨질 수 있지만, 서술 내용을 주의 깊게 들여다보면 이는 실재에 대한 견해(view of reality)를 부정하는 것임을 알 수 있다

실재에 대한 견해는 왜 부정될 수밖에 없는가. 실재는 변화하는 것이고, 견해(언어)란 변화하는 것을 불변하는 것으로 만드는 주범이기 때문이다. 실재의 세계를 있는 그대로 보지 못하는 것이 무명(無明)이고 이러한 무명에 바탕을 둔 모든 종류의 사고 방식과 행위가 고통이 된다. "나는 너를 본다"라는 견해는 나와 너의 차별성을 인정할 때만 유의미한 언어다. 그런데 실재의 세계에는 나와 너를 가를 만한 어떤 분기점은 존재하지 않는다. '너를 보는 나'가 있을 뿐이다. 너를 보지 않을 때 나는 인식되지 않고 인식되지 않는 것은 존재하지 않는다. 그럼에도 불구하고 우리는 편의상 이를 분절하여 나와 너라고 하고, 나와 너라는 언어는 나와 너라는 존재를 실체화하는 계기로 작용한다. 이로써 자아중심성이 생겨나고 나의 소유에 집착하고, 나 아닌 것에 대해 배타성을 띠게 된다. 여기에서 인간은 관계맺음과 열림이라는 실재 세계의 본질에서 멀어지고, 그 본질을 벗어남으로써 종국에는 수많은 고통이 발생하게 된다.

이러한 분절화를 분별(分別. vikalpa : 둘로 나누는 것, 판단 혹은 분석적 사유)이라 하고, 그 분별을 실체화하도록 하는 언어를 희론(戱論. prapanca : 다양한 언어 · 허구의 언어 · 다양화 · 다양한 생각 등으로 이해됨)이라 한다. 이렇게 본래 단일하고 전체적이었던 직관의 세계를 분절하여 다원화하고 복수화함으로써 고통은 생겨난다. 용수는 바로 이러한 가름이라는 비본질적 세계를 넘어서, 모든 것이 하나로 연결된 본질적 세계를 직관하고 그것에 합일된 삶을 살아갈 것을 주장한다. 인간의 개념에 의해 한정되지 않은 직관의 세계로 들어가는 것, 그것이 바로 그가 말하는 열반이다.

그렇다면 언어는 반드시 부정해야만 할 것인가. 붓다 자신이 설한 앞의 모든 가르침도 부정되어야 하는가. 반드시 그렇다고 볼 수는 없다. 용수는 실재의 세계는 언어에 의해 온전히 재현될 수 없다는 점을 분명히 인식했기에, 그 스스로 어떤 이론을 구축하기보다는 언어에 붙은 실체화의 장막을 거두는 데 전력을 기울였지만, 그렇다고 해서 언어의 세계 자체를 무용한 것으로 부정해버린 것은 아니었다. 다만 언어의 세계를 구축하는 것이 그의 소명은 아니었기 때문에 그가 언어 혹은 세계에 대한 긍정적 표현을 한 구절을 찾는 것은 쉽지 않아 다음 두 가지로 집약된다.

첫째, "온갖 인연에 의해 생겨난 법을 나는 무(無)라고 하고, 가명(假名)이라고도 하며, 중도의(中道義)라고도 한다." 연기라는 존재 양태를 갖는 실재의 세계에 실체란 없다. 그러므로 실재의 세계를 언어에 의해 규정하는 것은 불가능하다. 그럼에도 불구하고 그것에 대해 언어를 통해 설명하지 않을 수 없는데, 이를 가명(假名 : 임시 혹은 거짓으로 가설된 명칭)이라 하니, 언어에 의해 우리 마음속에 들어온 사물, 대상화된 사물은 거짓이기 때문이다. 이렇게 인식할 때 실재에 대한 모든 개념은 그에 대응하는 실재가 없음을 자각하게 되고, 이런 사람이 언어의 세계를 노닐 때 행해야 할 실천적 입장은 중도(中道) 이외의 것이 없다. 중도란 어느 한곳에 집착하지 않음을 의미한다. 왜냐하면 집착할 수 있는 대상도 없고, 대상에 대한 언어 또한 그러하기 때문이다. 언어를 마주하여 언어와 그에 대응하는 세계의 본성에 대한 각성을 일으키는 실천도가 바로 중도다. 큰 것과 작은 것, 깨끗한 것과 더러운 것 등의 모든 언어에 이 논리가 적용될 수 있다. '큰집'이란 실재의 세계에 없다. 나의 마음속에서 '큰 것'으로 규정된 것에 근거한 큰집이 있을 뿐이다. 이것을 큰 것의 실체화라 할 수 있겠다. 이로써 자신이 규정한 큰 것보다 작은 집에 가면 기분이 나빠진다. 한 평의 작은 공간에서 우리가 괴로운 것은 그보다 큰 공간에 대한 실체화된 기억 때문이다. 애초에 그 공간에서 살았다면 그 공간은 세계의 전부가 될 수도 있다. 이렇게 크고 작음에 대한 자재성의 확보란 실재의 세계에 대한 바른 인식을 통해서 성취된다.

둘째, 용수의 두 가지 진리[二諦]에 대한 주장도 그의 언어관을 보여준다. "모든 붓다는 이제에 의해 중생을 위해 가르침을 설했다. 첫째가 세속제(世俗諦)이고 둘째가 제1의제(第一義諦:勝義諦)다. 만약 이제를 분별하여 알지 못한다면 그 사람은 붓다의 가르침에서 참된 뜻을 알지 못한다. 속제에 의지하지 않으면 제1의제를 얻을 수 없고 제1의제를 얻지 못하면 열반에 도달할 수 없다." 승의제란 언어에 의해 그대로 표현되는 것이 불가능한 실재의 세계에 대한 직관에 의해 드러난 진리이고, 세속제란 그럼에도 불구하고 실재의 세계를 언어로 표현한 진리다. 이 둘의 관계를 손가락과 달의 비유로 설명하는 경우가 많은데, 손가락이 아니고서는 달을 볼 수가 없기 때문이다. 세속제는 바로 달을 가리키는 손가락과 같다. 똑같이 그 손가락을 보아도 어떤 사람은 손가락 끝만 보고, 어떤 사람은 그 끝을 통해 달을 본다. 달을 가리키는 손가락도 단지 그 손가락 끝에만 머문다면 그것은 더 이상 달과 무관하다. 이는 붓다의 가르침도 실재의 세계 자체는 아니기에, 그것에 대해 어떤 인식론적 전환을 일으키지 않는다면, 그 가르침은 무의미해진다는 것을 의미한다. 언어가 가진 이러한 한계를 인식할 때, 붓다의 모든 언어를 통해서 그리고 그것을 넘어서 달을 향해 고개를 돌릴 수 있게 된다.

4) 인간 이해의 새로운 시각

① 초월주의, 절대주의로부터의 탈피

용수는 유부의 학설이 가진 논리적 모순을 지적함으로써, 초기 불교 이래 강조되어온 어떤 실체적 존재의 존립도 인정하지 않는 근본 정신을 회복하였다. 용수는 유부에서 상정한 본체란 본체들의 결합에 의해 생겨난 것과 마찬가지로 언어의 산물일 뿐이라는 것을 연기에 대한 새로운 해석을 통해 증명하였다. 유부는 불변의 실체인 자성을 지닌 법이 모든 경험적 존재의 근거가 된다고 했는데, 이에 대해 용수는 자성을 지닌 것은 경험적 존재를 산출할 수 없고 경험적 존재를 산출한다면 그것은 이미 자성을 지닌 것이 아니어야 한다고 비판한다.

용수에게 연기란 존재 자체의 조건이었다. 그에 따르면 우리가 경험하는 일체의 모든 존재가 자신의 고유한 본성을 지닌 실체라면 그것은 서로 관계할 수 없고 따라서 세계는 이루어질 수 없다. 예를 들어 유부에서 강조하는 자아의 구성 요소인 오온 각각이 자성을 지닌 것이라면 그것은 다른 것과 관계맺을 수 없다. 존재는 물론 존재의 구성 요소 또한 실체적 존재가 아니라는 점을 드러낸다.

여기에서 용수의 연기설의 특성이 드러난다. 유부에서 연기란 어떤 실체가 존재로서 드러나기 위한 결합 과정, 곧 생기의 조건이라면 용수에게서 연기란 관계맺음이고 관계를 맺는다는 사실 자체는 이미 실체가 없다는 것을 의미기 때문에 존재의 조건이 된다. 결국 인간에 의해 알려진 모든 존재는 이미 관계맺음 속에 있고 그 때문에 실체가 없는 무자성적인 것이다. 결국 일체가 모두 공할 뿐 아니라 공하기 때문에 일체가 성립될 수 있다. 여기에 경험적인 것을 넘어선 어떤 초월적이고 절대적인 것이 상정될 일말의 여지도 사라지고 만다.

② 대상의 확장, 가역성(可逆性)·쌍방향성의 인정

초기 불교 연기설의 공식은 "이것이 있으므로 저것이 있고 이것이 없으므로 저것이 없다. 이것이 생겨나므로 저것이 생겨나고 이것이 소멸하므로 저것이 소멸한다"라고 할 수 있다. 이 공식 뒤에는 항상 12연기가 따라온다. 초기 불교의 연기설은 대부분 12연기를 설명하기 위한 것이다.

유부에서는 12연기설을 분위연기(分位緣起 : 태생학적 해석, 곧 前世 · 現世 · 來世에 걸쳐 조망하는 것)의 입장에서 해석하였다. 곧 무명(無明) → 행(行) → 식(識) → 명색(名色) → 육처(六處 : 六入) → 촉(觸) → 수(受) → 애(愛) → 취(取) → 유(有) → 생(生) → 노사(老死) 등의 과정에서, 무명과 행은 전생에서의 인(因), 명색 · 육입 · 촉 · 수는 현생에서 받는 과(果), 애 · 취 · 유는 현생에서 심는 인(因), 생과 노사는 내생에서 받을 과(果)에 해당하는 것으로 보았다. 이때 '이것'과 '저것'은 불가역적이어서 '이것 → 저것'의 관계에 그치며, '이것 ↔ 저것'이라는 쌍방향 의존 관계는 성립되지 않는다. 무명으로 인해 행이 있는 것이지 행으로 인해 무명이 있는 것은 아니다. 곧 "무명이 있으면 행이 있고 무명이 없으면 행이 없다"는 가능하지만, "행이 있으면 무명이 있고 행이 없으면 무명이 없다"는 가능하지 않다.

이와 달리 용수의 연기설은 이것과 저것의 가역성, 곧 쌍방향성이 가능하다. "연료가 있기에 불이 있고 연료가 없으면 불이 없다. 불이 있기에 연료가 있고 불이 없으면 연료가 없다"라고 하여 '이것(불) ↔ 저것(연기)'의 관계가 성립 가능하다. 청정함과 부정함, 긴 것과 짧은 것 등의 개념 등에도 역시 이러한 관계는 성립한다. 긴 것은 짧은 것에 의해서 긴 것일 뿐이고, 짧은 것 역시 긴 것에 의해 짧은 것이 된다. 서로가 서로에게 의존하고 영향을 미치는 세계의 실상이 여기에서 드러난다.

그렇다고 해서 연기설의 내용이 용수에 이르러 새롭게 바뀐 것은 아니다. 붓다의 연기설이 주로 12연기에 치중한 것에 비해, 용수는 그 근본 원리를 찾아내어 대상과 의미 내용을 확장했을 뿐이다. 용수 자신도 또한 12연기설을 인정한다. 다만 그는 실체에 대한 집착이라는 당대의 여러 문제를 해결해야 하는 과제가 있었기 때문에, 그의 연기설은 실체에 대한 집착을 파척하는 데로 돌려진다. 여기에서 연기설은 상호의존성의 의미를 갖는 경우가 대부분이다. 그것은 연기설 자체가 바뀐 것이 아니라 그 대상이 바뀜으로써 내용이 달라진 것일 뿐이다. 가역성으로서의 연기설의 의미가 초기 불교에도 다양하게 나타난다. 예를 들어 세 개의 갈대를 빈 땅에 세우려면 세 갈대가 모두 서로 의지해야 하는 것처럼, 의식이 정신과 물질을 인연하는 것도 또한 이와 같아서 서로 의지해야만 그 모습을 드러낸다는 가르침은, 시간적으로 공존하는 대상에서는 서로가 서로에게 의존할 뿐, 어느 것이 먼저이고 나중이라는 형태의 가름은 불가능함을 보여준다.

3. 인간과 자연의 관계에 대한 조망 : 용수의 자연 이해

1) 불교의 자연관에 대한 논의는 성립 가능한가

불교학자들에 의해 자연에 상응하는 개념으로 사용되어온 saṃsāra(윤회) · prakṛti(本性 · 原質) · svabhāva(自性) · pratītya-samutpāda(緣起) · dharmadhātu(法界) · dharmata

(法性) · dharmajāti(自然本性) 등과 같은 용어는 서구에서의 자연이라는 개념과 딱 들어맞지는 않는다. 예를 들어 윤회란, 윤회의 세계[器世間]와 그 세계의 구성원[衆生世間]을 통칭하는 말, 곧 세간(世間. loka) 전체를 가리키는 말이다. 이렇게 지시 대상의 측면에서 지옥 · 축생 · 아귀 · 인간 · 아수라 · 하늘[天] 등의 주처와 중생을 가리키니, 자연이라는 개념과는 어긋난다. 그 구체적 내용면에서도 하늘은 인간이 선정을 닦음으로써 도달할 수 있는 고차원의 정신 세계를 가리키기도 한다는 점에서도 그러하다. 그러므로 불교학자들은 불교의 자연관을 논하기 위해서는 서구의 자연(nature)이라는 말에 상응하는 불교 술어를 찾아야 한다는 점에서 인식을 같이 하고 있다. 필자는 이들 개념에 대한 논의를 할 여유나 능력이 없기 때문에, 자연을 선점적으로 인간이 깃들어 살고 있는 환경 전체(산하대지와 동식물 등의 개체적 자연물)를 포괄하는 개념으로 보고, 이것에 준하여 불교의 자연관을 논하고자 한다.

서양의 여러 불교학자들은 종종 자연에 대해 비반성적인 태도를 지녔고 그에 대한 어떤 행동 지침도 제시하지 않았다는 점을 들어, 초기 불교에서 자연관을 찾아내는 시도는 성공하기 어렵다는 회의적 시각을 드러낸다. 이들은 초기 불교에 나오는 자연에 대한 칭송도 수행에 적합한 장소로서의 예찬이기 때문에, 자연 자체가 아니라 인간 중심적인 의미에서의 자연 예찬이라고 주장한다.

초기 불교에서 자연을 대상화하고 그에 대한 별도의 논의를 진전시키지 않았던 것은 사실이지만, 이들의 지적이 자연관을 산출할 수 없다는 주장의 근거가 될 수는 없다. 자연에 대한 예찬의 근거가 반드시 수행에 적합한 장소라는 실용주의적 관점에 한정되지 않다는 것을 율장(律藏)을 통해 충분히 입증할 수 있기 때문이다. 율장에서 붓다는 자연물의 내재적 가치를 인정하고 있고, 자연을 대하는 인간의 실천 강령이 어떤 것이어야 하는지를 보여준다. 또한 인간관에 준하여 자연관을 이해하는 것도 불교의 근본 이념에 위배되지 않는다. 인간을 중점으로 말하고 번거롭게 다시 자연을 논하지 않았을 뿐이기 때문이다.

문제는 본 논문의 중심 주제인 중관학파의 경우에는 오히려 이런 형태의 자연관을 찾아내는 것은 쉽지 않다는 데 있다. 중관학파는 잘못된 견해의 파척에 관심을 기울일 뿐, 구성적 형태의 견해를 제시하지 않기 때문이다. 따라서 용수의 철학적 체계에 나타난 존재론에 의지하여 자연을 대하는 태도를 찾아낼 수밖에 없다. 이러한 소극적 관찰이 현대 사회에서 자연에 대한 이해에 어떤 도움이 될 것인지 회의가 들 수 있다. 그러나 현대 사회에서 불교의 입장에서 이루어지는 자연에 대한 모든 논의의 근본 원리는 바로 용수가 제창한 연기의 원리에 근거하고 있다.

2) 자연의 존재 양태 : 평등함[不二] · 서로 의존함[緣起]

자연을 포괄적으로 정의할 때, 초기 불교에서 그에 상응할 만한 구체적 개념으로는 오온 중의 색온(色蘊), 오근(五根)의 대상인 오경(五境)을 찾을 수 있다. 붓다는 오온 혹은 12처(여섯 가지 인식 주관[六根]과 그에 상응하는 여섯 가지 인식 대상[六境])이 세상의 모든 것이라고 하였다. 이것을 넘어선 어떤 것도 경험할 수 없음을 의미한다. 또한 우리의 경험을 넘어선 어떤 것도 존재하지 않음을 의미하는 것이기도 하다. 이때 오온에서 색온은 인간의 물질적 신체와 물리적 세계를 통틀어서 일컫는 말이니, 후자가 자연이라는 개념이 포함되는 용어일 것이다. 또한 육경[색 · 성 · 향 · 미 · 촉 · 법] 중 앞의 다섯 가지는 감각 기관에 의해 감각되는 대상으로, 물리적 세계 일반을 총칭하는 불교의 독특한 개념이다. 이 개념은 모든 대상 세계란 사실 이 다섯 가지 형태로 경험된 것을 넘어서지 않음을 보이고 있다.

인간에 대한 존재론적 탐구를 시도할 때 그 속에 이미 대상 경계에 대한 용수의 입장이 드러나 있었다. 용수는 그 모든 것들이 인간을 구성하는 요소들과 똑같이 실체가 없는 것임을 말하고 있다. 눈의 실체성은 그 대상이 되는 색과의 관계 속에서 부정되고 있다. 대상[色境]이 없이 주체[眼根]는 알려지지 않고 그 역도 마찬가지인 것이다. 따라서 눈에 대한 고찰을 시도한 후, "이근 · 비근 · 설근 · 신근 · 의근 그리고 성경 · 향경 · 미경 · 촉경 · 법경 그리고 듣는 이 · 냄새 맡는 이 · 맛을 보는 이 · 신체적으로 접촉하는 이 · 개념을 파악하는 이 등도 모두 안근과 색경과 보는 이의 관계에 나타난 것과 같은 이치라는 것을 알아야 한다"라고 하여, 대상 일반에 확장되어 적용될 수 있다고 하였다.

앞에서 의도적으로 배제했지만, 의근은 자연관을 보는 데 매우 중요한 역할을 한다. 의근이란 주체가 대상을 판단하는 데 개입한다. 의근의 대상으로서의 법이란 주체에 의해 이루어진 과거의 모든 판단들의 집합이다. 대상은 사라지고 없어도 그 대상에 대한 판단은 개념으로 남아 있기 때문이다. 대상을 실체화하는 것도 의근이고 그것을 자각하는 것도 의근이다. 의근에 밴 지적인 습관 내용이 삶 전체를 지배한다고 해도 과언이 아니다. 현재 자연에 대한 우리의 이해는 이 의근에 의해 이루어진다. 오경이 자연 자체라고 한다면 법은 해석된 자연이라고 볼 수 있겠다.

용수의 자연관이 인간관을 넘어서지 않는다는 점과 그 이유가 어느 정도 드러났다고 본다. 이제 자연과 인간의 관계에 대한 용수의 입장을 추론해내는 것이 남겨진 과제일 것이다.

첫째로 인간이든 자연이든 모두 실체가 없고 공한 존재라는 점에서 평등성을 갖는다. 인간은 세계라는 마당에서 본성적으로 어떤 종적 우월성도 갖지 않는다. 여기에는 인간의 우월성을 토대로 한 어떠한 인간중심주의도 끼어들 수 있는 여기가 존재하지 않는다.

둘째로 연기의 의미를 상호의존성으로 보는 것은 중관학파에 의해서 가능해진 것이다. 연기를 그 이전에는 화합의 의미로 보고, 화합의 요소는 존재하고 화합에 의한 것을 비존재라 보았다. 그런데 중관에 이르러 연기란 화합의 조건이다. 연기하기 위해서는 그 자체가 비존재이지 않으면 안 된다. 연기하지 않는 것이 모여 연기하는 것이 아니라, 연기하기 때문에 존재한다. 존재는 연기하는 것이 아니면 안 된다. 이렇게 상호 의존의 연기설을 궁극적으로 밀고 나아가다보면 지구상의 모든 존재는 서로 연계성을 갖지 않을 수 없게 된다. 나와 세계는 서로 열린 구조 속에 놓여 있는 것이다. 그것은 서로가 서로를 받아들이고 침투하는 관계임을 의미한다. 그렇다면 인간과의 연계 속에서 존재하는 자연이란 무엇인가. 자연을 향한 인간의 모든 행위는 무한한 연쇄 고리를 거쳐 결국 인간 자신에게 영향을 미친다는 것을 의미한다.

4. 현상계의 비실재성 논증 : 세친의 인간과 자연 이해

'유식'에 해당하는 범어 vijñapti-mantra에서 vijñapti란 마

음에 비추어 나타난 표상을 의미하고, mantra란 '단지 ~뿐'이라는 의미다. 그러므로 유식이란 "마음에 비추어 나타난 것[識]을 제외한 외계의 존재물은 없다"라는 뜻으로, 이들 학파의 교설에 근거한 명칭이다. 이 학파의 다른 명칭은 유가행파다. '유가행'이란 요가(yogā)의 실천(ācara)을 의미한다. 요가란 명상을 가리키는 말로 불교의 모든 학파가 공통으로 실천하는 것이기는 하지만, 이들은 특히 요가 체험에서 확인된 진실을 자신들의 가르침의 주된 근거로 삼았기에 이렇게 불린다. 곧 "유식"이라는 체험의 근거가 바로 "유가행"인 것이다.

중관학파와 유식학파는 적어도 그 시작에서는 논쟁적이지 않다. 용수는 유부의 실체적 사유를 부정했고, 이미 서술한 것처럼 유식학파 또한 경량부·유부의 입장을 비판했을 뿐이다. 물론 중관학과 유식 사이에 사상적 차이성이 없는 것은 아니지만, 그 사상이 지향하는 목표가 사실상 동일했기 때문에 논쟁적일 필요는 없었다. 후대에 이르러서도 유식학파는 오히려 자신들이 용수의 입장을 바르게 계승하였고, 용수를 계승한 다른 중관학파들이 바르지 않다고 주장할 뿐이다. 물론 이러한 주장도 상식적인 의미에서의 논쟁이라고 말할 수 있을 정도는 아니다. 청변과 호법이라는 두 거두의 논쟁이 있었다고 전하고 있지만, 이 또한 중국 문헌에서 발견되는 것일 뿐이기 때문에 사실의 여부에 대해선 회의적 시각이 더 크다. 여기에서 후대에 발전된 형태의 중관학파와 유식학파의 입장을 고찰하는 것은 또 하나의 지면을 요구할 정도로 복잡한 것일 뿐 아니라 필자의 능력 범위를 넘어서는 것이기도 하다. 따라서 초기중관학파와 유식학파의 사유 체계에 나타난 차이성과 맥락적 동일성을 찾는 것으로 한정하기로 한다.

1) 현상계(인간과 자연)의 실재성 문제 : 공(空)의 유(有)에서 유식(唯識)으로

현상계에 대한 용수의 입장을 간략히 하면 다음과 같다. 실체화된 대상(B : 비실재 · 가명 · 세속 : 뱀)과 있는 그대로의 대상(A : 실재 : 새끼줄)이 있다. 공을 통해 B를 부정함으로써 A로 복귀하지만, B는 허깨비와 같이 본래 없는 것이기 때문에 사실 돌아갈 B도 없다. B를 제거하면 바로 A가 드러날 뿐이다. A는 설명되는 세계가 아니라 드러나 있는 세계 그 자체일 뿐이다. 구체적으로 A를 오온이라고 하자. 현상적으로 드러난 오온은 인정하지만, 그 오온에 대해 실체성을 부여하는 의식(B)은 부정한다. 용수는 여기서 그치지 않고, "그럼에도 불구하고 현실적으로 우리는 색이라고 하는 명칭을 사용한다. 이것 없이 색의 실재는 알려지지 않기 때문이다. 이런 의미에서 색을 인정하지 않을 수 없고 이것을 세속제라고 한다"라고 하여 언어를 통해 사물을 지칭하고 의사 소통하는 현실적인 장 또한 온전히 부정하지는 않았다. 비실재라는 전제 속에서 그 존립가능성을 인정하였다. 용수에게 세상을 대하는 바른 태도는 부딪히는 대상마다 실체가 없음을 깨닫는 것이었다. 그것이 바로 반야바라밀이고, 이러한 지혜야말로 대상에 대한 집착을 막고 결국 인간을 자유로 이끈다.

용수는 대상의 실체성을 부정하기 위해, 우리에게 알려지는 모든 것은 인식 주체와 인식 대상의 연기를 통해서 드러난 것일 뿐이라고 주장했는데, 이러한 사유를 확대 해석하면 실재의 세계 자체를 설정하는 것이 불가능하다는 논리가 깃들어 있음을 알 수 있다. 실재의 세계를 부정한 것은 아니지만, 실재의 세계가 어느 하나라는 것은 불가능하다는 것이다. 왜냐하면 인식 주체와 인식 대상은 종(種)마다, 인간마다, 사회마다, 동일한 인간에게서도 시간에 따라 달라지기 때문이다. 나는 39도의 물을 뜨겁다고 생각했지만, 시간이 흐르면서 43도의 물도 차갑다고 느껴진다. 붕어는 칠판을 볼록 튀어나온 것으로 보지만 인간은 평면으로 인식한다. 중동 지방으로도 보일러가 수출된다. 10도에 얼어 죽는 사람이 있기 때문이다. 이 가운데 어느 것이 진짜인지를 따지는 것은 무의미한 것이다. 우리가 해야 할 일은 어느 것 하나가 진짜라고 하는 그 생각에서 벗어나는 것이다. 그때 그 모든 세계로 드나드는 것이 자유자재한 존재가 된다. 이것이 공의 진정한 의미다.

붓다가 상정한 세계, 곧 3계 28천은 바로 이러한 세계를 범주론적으로 분류한 것이라고 생각된다. 이 가운데 어느 것이 진짜인가라고 묻는다는 것은 무의미하다. 인식의 내용에 따라 대상이 달리 나타났을 뿐이기 때문이다. 이렇게 본다면 대상 세계 자체란 것이 무엇인가에 대해 의문이 가는 것은 사실이다. 대상 세계란 과연 존재하는가에 대한 의문도 함께 일어난다. 그러나 용수는 이러한 질문 자체가 성립되지 않는 것을 보이는 데 주력함으로써, 대상 세계의 무실체성을 자각하도록 유도하였을 뿐이다.

대상 세계가 인식 주체에 의해 이렇게 다르게 알려지는 것이라면 그것은 오직 식에 의해 나타난 것일 뿐이라고 해도 무방할 것이라는 생각이 든다. 왜냐하면 우리에게 실제로 영향을 미치는 것은 바로 이렇게 인식 주체에 의해 해석된 세계이기 때문이다. 이 세상 모든 것이 우리 마음에 의해서 생겨났다가 우리 마음을 괴롭히고(즐겁게 하고) 우리 마음에 상처(치유된 정서)를 남긴다. 그 남겨진 상처(치유된 정서)는 다시 우리 마음이 만드는 세계에 반영되고 그 세계에 의해서 마음은 상처(치유된 정서)를 받는다. 이렇게 악순환(선순환)하면서 인간은 세상을 만들고 그 세상에 영향을 받는다. 이미 언급했듯이 유식학파는 요가를 집중적으로 실천한 사람들이다. 이들은 요가 실습을 하면서 마음속에 뜬 영상이 실제와 동일한 효능을 갖는 것을 스스로 체험했고, 이러한 체험은 결국 현상 세계 자체를 어떤 식이 만들어낸 것이라는 확증을 갖게 만들었다.

이로써 인식 주체와 동등한 지분을 가지던 인식 대상은 인식 주체와 함께 인식 주체의 근저에 놓인 또 다른 인식 주체[識]에 소속되어버리고 만다. 이미 살펴보았듯이 이전까지 인식 내용이란 육근(六根)이 육경(六境)을 접촉하여 육식(六識)이 발생하는 것을 의미했는데, 유식학파에서는 육식 이외에 제7식과 제8식을 상정하여 모두 여덟 가지 식을 설정하고, 제8식을 일곱 가지 식과 육근·육경 등을 산출하는 주체로 보았다. 그러므로 실재 존재하는 것은 오직 이 제8식뿐이고, 바로 이러한 유식학파의 입장을 유식이라 한다. 모든 것들을 산출하는 주체인 제8식을 아라야식(ālaya-vijñāna. 阿賴耶識)이라 한다. 유식학파에서는 이 아라야식이 현상 세계(인간과 자연)를 만들어내는 주체가 된다. 그리고 이로써 현상 세계는 실재의 세계에서 사라진다. 이들에게 현상 세계는 꿈이고 허깨비일 뿐이다.

2) 아라야식은 현상 세계를 어떻게 만들어내는가

아라야식은 주객(인식 주체와 인식 대상)이 분화되지 않은 상태의 심층 의식이다. 이 아라야식이 스스로 전변하여 인식 주관과 인식 대상, 견분(見分)과 상분(相分)을 만들어낸다. 견분에 속하는 것은 여섯 가지 식이고, 상분에 속하는 것은 물질적인 것(色 : 감각 대상·신체와 기세간[器世間])과 관념적인 것(名 : 의식 대상·의식이 포착하는 관념 세계)으로 통칭된다. 아라야식은 앞의 여섯 가지 식 이외에 제7말나식(末那識)을 생성하는데, 이는 오직 아라야식을 명확한 인식 대상으로 삼아 그것을 자아라고 집착한다. 우리의 모든 자아 의식의 근원이 되는 식이 바로 이 식이다. 일상 생활 속에서 대상 세계를 바라보는 주체라고 생각하는 것과 내가 바라보는 대상이라고 여기는 것은 모두 아라야식이 주객의 형태로 분화된 것이다. 그러므로 결국 아라야식이라는 근원식의 입장에서 볼 때 이들은 모두 아라야식 이외의 것이 아니다. 식일원론의 근거가 여기에 발생한다.

이제 아라야식은 모든 중생이 지니고 있고 그것에 의해 현상 세계 전체가 만들어지는 것인데, 그 내용이 종(種)마다 사람마다 다른 이유를 해명해야 한다. 이즈음에서 우리는 아라야식이 윤회의 주체라는 것을 떠올리지 않을 수 없다. 전생에서 자신이 한 행위의 기운이 이 속에 종자의 형태로 모두 잠장해 있는 것이다. 이런 의미에서 아라야식을 일체종자식(一切種子識)이라고 한다. 이 종자가 현행(現行)한 것이 현상 세계의 내용이 된다.

인간(윤회하는 중생 일반)이 동일한 정신적 · 육체적 특성을 갖고 동일한 기세간을 형성하는 것은 공종자(共種子 : 공동의 업이 남긴 종자) 때문이고, 그럼에도 불구하고 인간마다 다른 정신적 · 육체적 특성을 갖고 저마다 달리 기세간을 형성하는 것은 불공종자(不共種子 : 개인적인 업이 남긴 종자) 때문인 것으로 설명된다. 아라야식에 잠장된 종자의 내용이 현생에서 중생의 종류와 기세간의 내용을 결정한다. 이렇게 기세간과 육체는 아라야식이 자기 마음대로 만드는 것이 아니라, 아라야식에 내재된 종자의 내용에 의해서 만들어지는 것이다. 이 종자가 자신이 지닌 성질에 따라 나타난 것[現行]이 인식 주관과 인식 대상이고, 이렇게 만들어진 세상에서 일어나는 모든 형태의 행위는 다시 종자로서 아라야식에 잠장되며, 이 종자가 다시 현행하고 다시 종자에 훈습되는 과정이 되풀이된다.

이렇게 식에 의해 만들어진 견분과 상분의 세계는 식이라는 근거를 갖기 때문에 의타기성(依他起性)이라고 하여, 그 존재성이 완전히 부정되지는 않는다. 식에 의해 산출된 것이라는 점에서 실재하는 것은 아니지만, 식이라는 존재의 근거를 갖기 때문에 무는 아니다. 또한 현실적으로 이 의타기성의 세계를 인정하지 않는다면 해탈의 장은 열리지 않는다. 무명에 휩싸인 것이 중생의 본질일 때, 그 무명에 의해 만들어진 세계 속에서 무명을 자각하지 않으면 안 된다. 그러한 활동의 장(場)으로서 의타기성의 세계는 존재하지 않으면 안 된다.

문제가 되는 것은 이렇게 이원화된 세계는 사실 그 근원이 하나라는 것을 우리가 인식하지 못한다는 점이다. 자신이 만든 것이지만, 아라야식은 심층 의식이기 때문에 일상 생활에서는 인식되지 않는다. 자신이 만들어놓고, 우리는 자신이 만든 것을 남이 만든 것으로 착각하고 살아가고 있는 것이다. 그것은 바로 근본무명(根本無明) 때문이다. 근본무명에 의해 우리는 아라야식의 견분을 객관적이고 실체적인 자아로 여기고, 아라야식의 상분을 객관적 실체인 세계로 집착하는데, 전자를 아집(我執)이라 하고 후자를 법집(法執)이라 한다.

아집과 법집에 얽매일 때 나와 남, 나와 대상 세계는 이원화될 수밖에 없다. 이런 인식에 의거하여 생겨난 세계를 변계소집성(遍計所執性)이라 한다. 이것은 의타기성의 세계의 본질을 인식하지 못함으로써 생겨나는 세계다. 이 속에서 나는 다른 것과 관계성을 갖지 않는다. 존재론적으로 자신의 의존성을 깨닫지 못한다. 그러므로 분별하고 그러한 인식을 바탕으로 한 삶을 살아간다. 분별이 낳은 온갖 문제는 이미 서술한 것과 같다. 이렇게 의타기성의 세계에 대한 변계소집성을 제거하게 되면 그 속에서 세계의 바른 모습이 드러나는데 그것을 원성실성(圓成實性)이라 한다.

3) 세친과 용수의 접점(接點)과 지점(支點)

현실을 사는 범부로서 우리는 현재 발을 딛고 사는 이 세계 자체를 인정하지 않을 수 없는 경우가 많다. 아무리 내가 없고 네가 없어도 우리는 나는 너를 본다고 말하고 산다. 용수도 그러한 세계를 인정하지 않은 것은 아니지만 그것을 부정적인 형태로 인정할 뿐이었다. 유식은 이 세속의 존재 형태를 파고들어 세속을 설명하는 데 더 많은 시간을 할애한다. 이로써 세속적인 삶과 현실적인 삶 속에서 우리가 어떻게 물들고 깨끗해지는지, 그 결과 어떤 세계 속에서 살아가게 되는지를 설명한다.

실재는 '나'도 없고 '맛'도 없지만, 현실적으로 '맛'도 있고 '나'도 있다. 이것을 인정하고 가는 것과 그렇지 않은 것은 차이가 크다. 용수의 공(空)은 무실체성의 세계를 바로 뚫고 지나가도록 하는 힘을 가진 지혜다. 그러나 누구나 그것을 뚫고 지나갈 수 있는 것은 아니다. 공이라는 것을 알더라도, 나는 그것을 먹고 싶고, 먹고 죽는 일이 있더라도 일단은 먹고 싶은 내가 여전히 존재한다. 이렇게 현실적으로 존재하는, 그리하여 직접 마주하고 살아가는 이 상황을 부정할 수만은 없다.

유식학파는 이러한 현실적 상황을 출발점으로 삼는다. 그리고 이 현실을 떠나서는 결코 깨달음을 얻을 수 없다고 본다. 물든 마음에서 생겨난 세계를 인정하지 않고 물들지 않은 마음으로의 전환은 불가능하다고 본다. 물든 마음 자체를 인정하지 않는 중관학파의 입장은 진리이기는 하지만, 현실 범부에게는 매우 어려운 직관의 세계다. 그러므로 중관학파에서는 마음이라는 주체를 상정하는 것을 거부하지만, 유식학파는 그것을 방편으로 받아들인다. 그리하여 아라야식이 설정된다. 그것은 실체의 세계를 만들어내는 주범이면서 동시에 실체의 세계에서 벗어나도록 하는 주인이기도 하다. 아라야식이 물들면 세상이 물들고 청정해지면 세상은 청정해진다. 우리가 기댈 수 있는 수행·윤회·해탈의 현실적 주체가 비로소 설정된다.

그렇다면 유식학파가 설정한 아라야식은 실체인가. 이미 방편이라고 말했다. 아라야식은 자신이 발생시킨 경계 속에서 일어난 모든 행위를 다시 받아들이고, 경계를 만들어내는 일을 거듭하면서 변화하기 때문이다. 이러한 의미에서 주재적 자아와 자아의 구성 요소를 공으로 부정하는 용수의 정신과 동일한 맥락에 있다고 볼 수 있다.

용수에게서 실체는 아니지만 실재였던 인간과 자연은 불이(不二)의 관계에 놓였다. 세친에 이르러 인간과 자연은 모두 아라야식의 소산이기에 일원화되었다. 그러나 세친에게서도 문제가 된 것은, 이렇게 해서 동일한 근원을 가진 인간과 자연의 본질을 알지 못하고 이원화하는 것이었다. 이것이 바로 변계소집성이다. 인간과 자연이 본질적으로 서로 차별성을 갖지 않는다는 사실을 자각하는 것이 궁극적인 목표라는 점에서 같다.

5. 존재론과 가치론의 일치가 의미하는 것

붓다는 이렇게 말한다. "영원할 수 있다면 영원을 꿈꾸어라! 자연을 지배할 수 있다면 지배를 꿈꾸어라! 그러나 영원함도 지배도 우리에게 주어진 이 세계 속에서는 불가능한 꿈이다.

존재란 무상한 것이며, 어떤 존재도 중심의 지위를 갖지 않도록 운명지어졌기 때문이다." 붓다는 주어진 세계(경험된 세계) 너머의 무엇을 인정하지 않는다. 그 너머는 합리적인 방법에 의해 누구나 도달할 수 있는 보편성을 획득하지 못했기 때문이다. 철저한 경험주의자로서의 입장을 견지함으로써 붓다는 존재론을 벗어나지 않는 가치론을 정립할 수 있었다.

용수와 세친은 이러한 붓다의 존재론을 충실하게 계승하여, 세계 내 존재의 어느 것에 대해서도 영원성·중심성을 인정하는 것을 거부하였다. 이는 인간과 자연에 대한 구체적인 지침보다 더욱 중요한 행위의 원리를 제시한다. 타인에 대한 사랑을 아무리 외쳐도 그것의 근거가 존재에 기반하지 않는다면 설득력이 약하고 실천 의지 또한 약할 수밖에 없다.

미국에서 활약하는 인도철학자 R. 뿔리 간둘라 교수는, 기독교는 영구적 자아를 인정(존재론)하면서 이웃에 대한 사랑을 강조함으로써 경험의 세계에서 그 윤리의 실질적인 효과를 보이지 못하고 있다고 비판하였다. 그는 경험의 세계에선 필연적으로 부정되는 항구적 실체를 찾으려는 인간 마음의 심리학적 근거를 소멸에 대한 두려움에서 찾고, 이러한 영구적 자아에 대한 믿음은, 자신이 가정한 실체(신·국가·이념)에 대한 복종 상태에서 살도록 하고, 이는 그 실체 이외의 것으로부터의 소외를 낳아, 자아를 다른 것을 향해 문을 닫아버리게 한다고 하였다. 또한 서양의 윤리학은 형이상학적 가정에서 도출된 존재론에 근거한 것(정통윤리학)이거나, 어떤 존재론적 기반도 없이 설정된 윤리(현대윤리학)에서 나온 것의 두 부류가 있는데, 현대 서구 윤리학이 위기에 직면한 것은 도덕의 근거가 어떤 존재론적 근거도 갖지 않는 데서 비롯된 것이라는 학자의 지적도 있다. 기존 윤리의 한계에 대한 비판적 관점 속에서 불교의 가치관이 현대 사회에서 이루어낼 역할의 성격이나 지위를 가늠할 수 있을 것이라 생각한다.

제4장
이황과 이이
—도덕과 의리 실천의 두 좌표

1. 조선 유학의 두 축 : 이황–이이

16세기 중반 이후 조선의 지식인 사회는 기존의 도구화된 '과거 시험' 위주의 유학적 공부 방식을 깨고 우주 자연의 이치와 삶의 본질을 규명하기 위한 새로운 사유 체계를 구체화한다. 이러한 새로운 경향은 단순히 학술 사상적인 차원에서 비롯된 것만은 아니다. 당대의 지식인들은 보수와 진보, 수구와 혁신 양대 진영으로 나뉘어 '사생취의(捨生取義)', 곧 '의로움을 지키기 위해서는 목숨도 불사한다'는 사상 투쟁과 이념 투쟁을 전개하였고, 이 과정에서 '도덕과 의리 실천'을 지향하는 성리학적 사유 방식이 주류 사조로 등장하게 되었다. 이 같은 16세기 중후반기의 도저한 흐름의 한가운데서 사상적 이념적 좌표를 설정해주는 인물이 바로 퇴계 이황(1501~1570)과 율곡 이이(1536~1584)다.

그렇다면 퇴계와 율곡은 조선 최대의 라이벌일까. 어째서 퇴계와 율곡은 '라이벌'로 얘기되는 것일까. 대답부터 하면, '아니요'다. 퇴계와 율곡은 애초에 '라이벌'이라는 경쟁 관계로 설정할 수 없다. 라이벌(rival)은 사전적으로 '같은 목적을 가졌거나 같은 분야에서 일하면서 이기거나 앞서려고 서로 겨루는 맞수'를 의미한다. 막상막하의 경쟁 상대를 지칭하는 것이다.

우리는 상식적인 수준의 정보를 통해 퇴계와 율곡 두 사람이 마치 서로 첨예한 대립각을 세우고 경쟁했던 것으로 이해하고 있다. 퇴계와 율곡은 출생 시기를 기점으로 35년의 차이가 나지만, 두 사람은 모두 의리와 도덕적 실천을 강조하는 성리학을 배웠던 사람들이다. 의리와 실천을 강조하면서 자신들의 인격적 성숙을 위해 공부하였다는 점에서 이들은 도학자이기도 하였고, 그러한 공부를 통해 고단하고 신산한 삶의 현실을 개선하여 더 나은 세상을 만들기 위해 노력했던 경세가이기도 하였다. 퇴계와 율곡은 이처럼 자신의 성숙한 인격 형성을 위해 노력했던 학자이자 경세치용을 도모했던 유력한 정치관료이기도 했던 사람들이다.

퇴계와 율곡을 '라이벌' 관계로 설정하는 것은 사실 퇴계와 율곡 자신들의 의지와는 무관한 일이다. 그들의 관계를 대립적 경쟁 관계로 만든 것은 두 사람이 모두 죽고 난 이후 그 후학들에 의해서 만들어졌기 때문이다. 우리는 그들의 후학을 일반적으로 퇴계학파와 율곡학파라고 부르며, 퇴계와 율곡을 따르는 사람들이 활동했던 지역적 연고를 중심으로 나눌 때 영남학파(퇴계)와 기호학파(율곡)로 나누게 된다. 이렇듯 후학들이 자신들이 배워야 할 인격적 표준과 학문적 기준으로 퇴계와 율곡을 각각 존숭하게 되면서, 이들은 서로 경쟁 관계를 형성하게 된다. 퇴계학파와 율곡학파의 학문적 차이는 점차 정치적 견해로 표명되고, 정책적 결정과도 연결됨으로써 두 학파 간에 대립각이 형성된 것이다. 이러한 연유로 형성된 퇴계학파와 율곡학파의 학술 사상적 경쟁과 정치적 주도권 쟁취를 위한 투쟁은 마치 '퇴계'와 '율곡'이 서로 대립 경쟁하는 양상으로 비쳐지게 된 것이다.

그러면 퇴계와 율곡은 정작 서로를 어떻게 평가하고 있을까. 퇴계와 율곡이 처음 만난 것은 율곡의 나이 23세 때인 1558년이다. 이때 퇴계는 58세의 노학자로서 학술과 인품으로 당시 유학의 종주로 평가받던 인물이었다. 약관의 젊은이였던 율곡이 당대의 노학자인 율곡을 찾아가 만나는 풍경은 한국 유학사의 놓칠 수 없는 명장면이다.

율곡은 당시 성주 목사(경상북도 성주) 노경린의 딸과 혼인(22세. 1557년)한 후 강릉으로 가기 전에 예안(지금의 경상북도 안동시 예안면)에 거주하고 있던 퇴계를 찾아뵙는다. 율곡은 퇴계와 만나 성리 철학을 비롯한 학술 사상을 논하면서 시를 주고받는다. 이때 율곡은 다음과 같은 시를 지어 퇴계에게 바친다.

학통은 수사(洙泗)의 공자로부터 [溪分洙泗派]
빼어난 무이산(武夷山)의 주자였네[峯秀武夷山]
살림이란 경전 천 권뿐이요[活計經千卷]
행장(行藏)에는 두어 칸 집[行藏屋數間]
가슴속은 환히 갠 달 같고[襟懷開霽月]
담소는 미친 물결을 그치게 하네[談笑止狂瀾]
이 몸 도를 듣기 원하오니[小子求聞道]
반나절 한가로움 훔친다고 마옵소서[非偸半日閒]

퇴계는 율곡과 만난 이후 이 과정을 자신의 수석 제자인 월

천 조목에게 전하면서, "뒤에 태어난 후학이 참으로 존경스럽구나!" 하는 뜻으로 "후생가외(後生可畏)임을 알겠다"라고 한다. 퇴계는 율곡과 이틀간의 짧은 만남을 가진 후에 편지를 보내면서, "세상에 영명한 재질이 어찌 한정이 있을까마는 다만 옛 학문에 마음 두기를 즐겨하지 않음이 도도한 물결같이 모두가 그렇습니다. 그 중에 스스로 이러한 유속에서 벗어난 자가 있어도 혹 재질이 미치지 못하거나 나이가 이미 늙거나 합니다. 그런데 그대는 높은 재주와 약관의 나이로 바른길을 향하여 출발하였으니 후일에 성취할 바를 어찌 측량할 수 있겠소. 바라건대 오직 천만 번 원대해지기를 스스로 기약하고, 도리를 떠난 작은 공부에 자족하지 말아주십시오"라고 격려와 경계의 말을 전한다.

퇴계와의 짧은 만남을 통해서 퇴계의 학식과 고매한 인품에 감동한 율곡은 퇴계를 가장 존경하는 인물로 모시면서 중요한 문제에 대해 문의하게 되고, 퇴계는 애정 어린 마음으로 율곡을 지켜보게 된다. 율곡의 퇴계에 대한 존숭 태도는 그가 퇴계를 직접 스승으로 모시고 배운 적은 없지만, 퇴계라는 이름 뒤에 '선생'이라는 존칭을 하는 것에서도 알 수 있다. 이처럼 30년 이상의 나이 차이에도 불구하고 두 사람은 서로 인격적인 면에서 교감을 나눈 것이다.

율곡은 퇴계가 70세의 나이로 죽음을 맞이하자 애도하면서, "남쪽 하늘 아득히 저승과 이승이 갈리니, 서해 물가에서 눈물 마르고 창자가 끊어지는 듯합니다"(「퇴계 선생을 곡하는 글」)라고 비통한 심정을 표현하고, 「퇴계를 제사지내는 글」에서는 "아, 슬픕니다. 소자가 학문의 바른 길을 잃어 눈이 어두워져서 방향을 잡지 못했었습니다. 마치 사나운 말이 마구 달려가듯 가시밭길이 험난하였는데, '가던 길을 되돌리고 앞의 잘못을 고칠 수 있었던 것[回車改轍]'은 공께서 진실로 계발하여주신 것입니다"라고 퇴계의 가르침에 대해서 깊은 감사의 마음을 전한다. 이러하기에 율곡은 퇴계가 죽은 후, 국가에서 호를 내려주는 것[諡號]을 주도하고, 또한 퇴계를 문묘에 종사(從祀)하여 인품과 학덕을 기리는 추모 사업에 앞장서게 된다.

퇴계에 대한 율곡의 존숭 태도는 이와 같았지만, 그러나 학술 사상의 문제에 대해서는 서로 다른 면이 있기도 하다. 율곡은 퇴계의 학술에 대해 견해 차이가 있는 부분에 대해서는 아쉬움을 토로하기도 한다. 율곡은, 당대의 석학이었던 퇴계였지만 그가 제시한 성리학 이론들에는 단점도 있음을 지적하게 되는 것이다. 그래서 율곡은 퇴계가 살아 있을 때 자신이 학문적으로 성숙하여 서로 의견이 다른 부분에 대해 질문하고 토론하였더라면 동의하고 공감할 점이 많았을 터인데, 그러지 못했던 것이 후회스럽다고 한탄한다. 퇴계 이론에 대한 율곡의 비판적 재해석은 당시에 정론으로 규정되었던 학술 사상에 대한 새로운 해석학적 입장이었다는 점에서 용기 있는 도전이기도 하였다. 퇴계의 학술 사상이 갖는 권위에 도전하는 율곡의 비판적 입장이 후대에는 퇴계와 율곡을 대립하는 시각으로 바라보게 한 배경이 된 것이다.

조선조가 폐망한 이후, 근대 학문으로 전환되어 퇴계와 율곡을 이전의 시각과는 다르게 바라볼 수 있었음에도 과거의 경쟁적 대립 관계로 이들을 바라보게 한 결정적인 계기가 있다. 그것은 을사늑약을 통해 한반도를 강점한 일제의 식민지 통치 정책의 일환으로 기획된 '식민사관'과 관련된다. 다카하시 도루(高橋亨)를 중심으로 한 일제 관학자들은 한반도의 지배를 정당화하기 위한 식민지 통치의 사상적 근거를 마련하기 위해 조선의 철학 사상과 문화 일반에 대한 광범위한 학술 연구를 단행하고 이를 통해 식민지 우민화 정책을 강화한다. 이때 제시된 것이 한국 사상에 대한 부재론이며, 그 안에는 분열과 사대의 부정적인 면을 강조함으로써 일제의 지배를 정당화하는 논리를 마련했던 것이다. 퇴계와 율곡에 대한 '경쟁적 대립 관계'도 이러한 분열의 과정을 극대화하기 위한 의도적인 기획의 연장선에서 산출된다.

2. 리기 해석에 대한 두 가지 평가 : 주리-주기

퇴계와 율곡의 철학을 주리(主理), 주기(主氣)로 이분화하는 규정은 다카하시에 의해 제기됨으로써, 그것이 마치 퇴계 철학 사상과 율곡 철학 사상을 구분 짓는 잣대처럼 고착화된다. 그는 '주리'와 '주기'의 용어를 통해 조선 유학의 내밀한 흐름을 '주리파'와 '주기파'로 양분하여 재단하고, 퇴계학파는 주리의 입장으로, 율곡학파는 주기의 입장으로 단선화한다. 과연 그러할까.

사실 주리 · 주기의 용어는 퇴계가 자신의 사단칠정에 대하여 리기의 용어를 구사하여 해석하는 과정에서 제기된 상대적인 개념이다. 주리와 주기라는 말은 '리를 위주로 함', '기를 위주로 함'이라고 하는 의미인데, 그 의미에서도 볼 때 '어떠한 무엇에 대해서 상대적으로 다른 무엇을 위주로 하는 것'을 지칭하는 것이다. 이것을 퇴계에 적용시킨다면, 퇴계는 자신이 사단칠정론에서 기보다는 리를 우선해서 파악하는 '주리적 입장'에 서 있다는 것이다. 퇴계의 주리적 입장은 명백하다.

퇴계는 사단과 칠정은 다음과 같은 차이가 있다고 주장한다. 첫째, 사단과 칠정은 그것이 '근거하는 바'가 근본적으로 다르기 때문에 구분해볼 수 있는 것이다. 사단은 인의예지의 성에 근거하여 드러나는 것이고, 칠정은 외물이 기질적인 형기에 감촉하여 드러나는 것이기 때문에, 그 발생 근거가 다른 것으로 파악한다. 둘째, 사단과 칠정은 무엇을 '위주(爲主)'로 하는가 하는 점이 서로 다르다고 본다. 사단은 리를 위주[主理]로 하고 칠정은 기를 위주[主氣]로 하는 것이기 때문에 다르게 볼 수 있는 것이다. 이러한 퇴계의 입장은 최종적으로 사단에 대해서는 "리가 드러나면서 기가 리를 따르는 것[理發而氣隨之]"이라 하고, 칠정은 "기가 드러남에 리가 기에 타는 것[氣發而理乘之]"이라고 한다. 퇴계의 이 입장이 사단칠정에 관한 리기호발의 해석이다.

그러나 율곡은 인심과 도심의 문제는 주리 혹은 주기의 관점을 통해 말할 수 있지만, 사단칠정은 주리나 주기로 구분할 수 없다고 반대한다. 왜냐하면 사단과 칠정은 주리와 주기로 나누어서 적용할 수 없다고 보기 때문이다. 이것은 율곡이 사단은 칠정에 포함된다고 보는 관점에 서 있기 때문이다. 즉, 칠정포사단(七情包四端)이다. 사단과 칠정은 포함 관계가 성립하는데, 여기에 어떻게 주리와 주기의 관점을 적용시킬 수 있겠느냐고 하는 것이 율곡의 주장이다. 당연히 율곡은 퇴계의 사단칠정에 대한 주리, 주기의 적용 방식은 오류라고 판단한다. 따라서 퇴계의 사단칠정에 대한 주리, 주기의 구분 방식으로부터 비롯한 리기호발의 관점도 부정될 수밖에 없다. 율곡은 사단과 칠정이라고 하는 감성(감정)의 표출이 리와 기를 떠나지 않지만, 구체적인 드러남의 양상은 기의 작위성에 의한 것임을 분명히 한다. 리는 작위성이 없다는 것이다. 이러한 율곡의 논리가 곧 사단과 칠정은 모두 기의 작용에 의해서 드러나고 리는 기의 작용에 의해 구체적인 현상으로 나타난다고 하는 기발리승일도(氣發理乘一途)다.

퇴계는 화담 서경덕(1489~1546) 등에 의해 제기된 기론의 입장에 대해서 리의 측면을 강화하고 리발을 주장함으로써 기발과 더불어 리기호발을 말하게 된다. 그러나 율곡은 퇴계가 '리를 위주로 하는 사고'에 치우쳐 있음을 비판하면서, 상대적으로 퇴계에 의해 약화된 기의 측면을 되살리려고 한다. 그렇다고 율곡이 주기의 입장에 서 있다고 할 수는 없다. 율곡은 오히려 리를 근본적인 원리로 상정하는 철저한 리론자이기 때문이다. 율곡은 퇴계에 의해 제시된 리 위주의 사유 방식을 재해석하여 상대적으로 약화된 기론을 보완하고, 리와 기를 동시에 논의하는 이론을 전개한다. 율곡의 이 과정이 마치 '기를 위주로 하는 주기론'으로 단순화된 것이다. 이와 같이 퇴계에 비하여 상대적으로 약화되었던 기의 문제를 되살리는 율곡에 대하여 '주기론자'라고 파악하는 도식적 이해는 이후 율곡의 철학적 입장을 이해하는 표준으로 작동하고 있다는 것이 큰 문제점이다.

퇴계가 자신의 성리 철학을 설명하기 위해 사용한 주리, 주기의 용어가 시간이 지나면서 오히려 퇴계와 율곡의 철학을 제한하는 잣대로 사용되고 있다. 이와 같이 주리와 주기의 관점으로 퇴계와 율곡의 철학 사상을 구획하는 것은 일면 장점이 있는 것도 사실이다. 복잡한 철학적 사유를 간명하게 구분함으로써 단순화하여 이해할 수 있게 해주기 때문이다. 그러나 이러한 방식은 조선 유학의 전체적인 흐름을 단순히 주리와 주기로 이원화함으로써 다양하고 풍부한 사유 구조를 도식적으로 재단하고 있다는 문제점을 야기한다. 철학사의 복잡하고 미묘한 사유 체계를 고려하지 않는 주리, 주기 방식은 이제 새로운 관점으로 대체해야 할 시점에 놓여 있다.

3. 성리학적 세계관의 두 위상 : 우주 자연과 인간

인간은 대상 사물, 곧 세계와의 관계 속에서 자신을 구성하고 확장해나가는 존재다. 특히 성리학적 세계관에서 인간은 우주 자연의 섭리에 따른 원리적 존재로서 선한 덕성을 지닌 최고로 영명한 존재임과 동시에 관계의 중첩망 속에 놓인 존재다. 이 말은 인간이 우주 자연의 끊임없이 변화 운동하는 법칙성을 통해 생명을 지속한다는 점에서 자연적 존재라는 것이고, 또한 타인과 접속을 통하여 상호 존립의 공적인 규범을 만들어내고 인문적 삶의 세계를 구축한다는 점에서 도덕적 존재인 동시에 문화적 존재라는 것을 의미한다.

사실 성리학을 포함한 유가 철학의 핵심은 현실 속에서 조화로운 인문 세계를 건설하는 것이다. 이를 위하여 성리학에서는 전통적으로 인간 내면의 각성과 합리적인 질서 의식의 강조와 더불어, 자신이 가진 한계를 극복해나가면서 올바른 기준과 준칙을 따를 수 있는 '열린 마음'으로서 '허심종선(虛心從善)'의 덕목을 강조하고 있다. 특히 통치자가 구비해야 할 자질의 측면에서는 우선적으로 '마음 공부'를 통해 도덕적 정당성을 확보함으로써 정치적인 면에서 힘에 의한 통치보다 인과 예, 덕에 의한 통치 방식인 덕치(德治)와 예치(禮治)를 강조하였다. 이러한 유학적 삶의 세계를 좀더 합리적으로 구획하고 도덕과 의리를 통해 '타자와 조화로운 공생'을 모색하려는 철학적 사유가 성리학적 사유 방식이다.

성리학의 전통적인 인간관에 따르면, 인간은 성명(性命)과 형기(形氣)라는 기질로 이루어진 천지 만물 중에서 가장 신령스럽고 지혜로운[靈明] 존재다. 이것은 영장관에 근거하여 인간을 이해하고 있는 것인데, 천지 만물 가운데 오직 인간만이 지극히 바르고 두루 통할 수 있는 기운을 얻었기 때문에 가장 신령스럽고 지혜로운 존재가 된다는 것이다. 이 신령스럽고 지혜로운 특성[靈明性]은 인간의 마음속에 텅 비고 신령하여 모든 것을 꿰뚫어볼 수 있는 이치[虛靈洞澈]를 갖추고 있기에 가능하다.

그러나 인간은 부여받은 기운의 맑고 탁함, 순수하고 잡박함[淸濁粹駁]에 의하여 차별성이 드러난다. 이러한 한계를 지닌 인간이지만, 인간은 또한 신령하고 지혜로운 존재이기 때문에 타고난 기질이 아무리 혼탁하더라도 스스로의 노력에 의하여 맑게 변화시킬 수 있으며, 뒤죽박죽 섞여 있는 듯하여도 순결하게 변화시킬 수 있는 능력을 지니고 있다. 인간은 자기 자신의 변화를 위한 노력을 통하여 기질의 한계를 극복하고 개선함으로써 천지 만물과 하나가 될 수 있는 가능성이 열리게 된다.

천지 만물과 하나가 되는 그러한 가능성을 현실화하는 인간이 바로 유학적 성인(聖人)이다. 성인은 유학의 이상이라고 할 수 있는 수기(修己)와 치인(治人)이라는 두 요소가 조화를 이룬 인간을 말한다. 수기와 치인은 다른 한편 내 마음속에 성인을 모시는 것과 같은 경건성을 유지하는 것[內聖]과 외면적으로는 왕도 정치를 행할 수 있는 자질을 갖는 것[外王]으로 표현된다. 수기와 내성이 내면적인 도덕 수양의 모습이라면, 치인과 외왕은 왕도 정치의 이상을 현실 속에서 실현하는 것이다. 성리학자들이 수양 공부를 거론하는 것도 실은 조화로운 이상적인 인격을 실현하기 위해서다. 이러한 점에서 성리학적 인간은 끊임없이 자신을 완성해가는 '과정적 존재'다.

자신을 완성해가는 과정적 존재로서의 성리학적 인간은 우주 자연으로부터 본성을 부여받았고, 또 우주 자연의 충만한 기운을 나눠가짐으로써 육체를 형성한다. 그리고 그 육체 속에 자리한 마음의 작용은 우주 자연의 운동 변화 방식과 다르지 않다고 본다. 이것은 우주 자연의 변화와 인간의 마음이 드러나는 방식은 동질적임을 말한다.

이렇듯 자연 세계에 대한 관심으로부터 인간의 본래성을 설명하려는 성리학적 시도는 리기(理氣) 개념을 도입하여 이 문제를 풀어나간다. 성리학의 기본적 명제는 '우주 자연의 순환적 법칙성은 하나의 이법(理法)'이라고 정의하는데, 그것이 천즉리(天卽理)의 사고다. 이 명제로부터 인간의 본성은 우주 자연의 법칙성을 그대로 본받고 있다는 점에서 성즉리(性卽理)의 명제가 도출된다. 이 같은 사고에는 객관적 법칙 질서로서의 이법은 인간의 본성으로 자리잡고, 또 이것은 인간이라는 존재가 갖는 당위적 가치 규범과 일치한다고 하는 성리학적 가치론이 개재되어 있다.

이렇게 인간이 우주 자연과 동일한 이치를 부여받았고, 또 본래 선한 존재로 규정됨에도 불구하고 인간의 현실에는 부조리한 악(惡)의 현상이 드러난다. 인간의 본성이 우주 자연의 어그러짐 없는 법칙성에 근거한다고 하는 성리학적 세계관에서 '악의 현상'을 인정한다는 것은 논리적인 모순이다. 성리학자들은 부조리한 악의 현상은 '선(善)의 부재'라기보다는 '선'을 가리는 기운의 강성함으로 설명하고자 한다. 즉, 기운이나 기질의 근거가 되는 기세(氣勢)가 리세(理勢)보다 강력할 경우 '부조리한 악'의 현상이 나타날 수 있다고 본다.

자연에서는 인간이 예측할 수 없는 기이한 현상이 경험적으로 목격된다. 성리학자들은 윤리적인 문제뿐 아니라 자연적인 현상에 대해서도 자연과 인간의 상호 연관 관계 속에서 파악한다. 즉, 기상 이변과 같은 재앙의 자연 현상조차도 인간의 현실을 드러내는 사태라고 이해하며, 이는 곧 인간의 삶이 조화롭지 못하기 때문에 발생하는 현상이라 파악한다.

그러나 아무리 자연 현상과 인간적 삶의 조건을 아무리 결부하여 파악하려 해도, 자연 현상은 자연 자체의 변화의 시간 속에 드러나는 것일 뿐이다. 곧 인간의 의지로 접근할 수 없는 객관적인 우주 자연은 인간의 감정을 이입하여 가치론적으로 해석할 수 있지만, 자연의 변화 그 자체는 인간이 어쩔 수 없는 현상이다. 이 점을 퇴계와 율곡 같은 성리학자들 또한 모르는 것이 아니다. 다만 자연 현상을 귀감으로 삼아서 인간의 모범적인 삶의 형태를 재구성하고자 하는 열망이 강렬하기에 그들의 의지를 자연 현상에 투영하고자 했을 뿐이다.

퇴계와 율곡은 예측할 수 없는 기이한 자연 현상의 발생에 대해 윤리적 각성의 계기를 삼고 있다는 점에서 현상(사실)의 문제를 가치의 문제로 정당화하는 오류를 보인다. 그러나 이러한 입장은 인간 세계의 당위적인 가치를 옹호한다는 점에서 의미를 지닌다고 할 수 있다. 결국 남는 것은 인간의 세계다. 이 점에서 퇴계와 율곡은 우주 자연의 질서 속에서 상호 관계를 맺고 살아가는 생태적 존재로서의 인간에 그 역할을 부여하고 있다. 자연 현상 그 자체를 변화시킬 수 없다면 인간을 변화시킬 수밖에 없다. 여기서 인간의 자기 변화에 대한 이론들이 나오게 되는데, 우리는 그것을 인격 완성을 위한 자기 혁신 과정으로 이해하며, 그러한 자기 변화의 긍정성을 신뢰하는 의지적인 노력을 수기론 혹은 수양론이라고 하는 것이다.

이런 점에서 우주 자연과 인간이 하나가 되는 천인합일(天人合一)의 이상적 경지는 바로 인간에 의한 노력에 의해 가능하게 된다. 인간의 삶이 조화롭게 이루어진다면, 그것은 곧 자연이 올바른 질서를 회복하는 것이다. 따라서 성리학자들은 인간의 자기 완성을 위한 노력과 더불어 자연 현상을 통하여 인간의 도덕적 각성을 촉구하게 된다. 결국 인간과 우주 자연이 별개의 것이 아니라는 불이(不二)의 관점으로 본다면, 우주적 생명성이 투영된 존재가 바로 인간이고, 인간은 그러한 우주적 생명성을 구현해가는 존재다. 이렇듯 인간의 존재 근거와 윤리 도덕적 실천 행위의 과정을 합리적으로 설명하고자 한 성리 철학적 이론 논의가 리기론이고 사단칠정론이다.

4. 성리학적 세계관의 두 축 : 우주 자연과 인간의 존립 근거

퇴계와 율곡이 받아들인 성리학적 사유 방식에서 우주 자연과 인간의 근거는 리(理)와 기(氣)의 개념을 통해 설명된다. 성리학 이전 시기 유학에서는 음(陰)과 양(陽)을 통해서, 그리고 오행(五行)을 결합하여 우주 자연과 인간의 존립 근거를 설명하였으나, 좀더 근원적인 존재에 대한 설명의 필요성은 새로운 개념의 도입을 요청하게 된다. 그것이 바로 리기론이다.

퇴계는 리와 기를 '형이상'과 '형이하'로 나누어 이해한다. 이 경우 형이상의 리는 정의(情意)나 조작(造作)이 없는 것으로 시간과 공간적인 한계가 없는 것이고, 형이하의 기는 형체가 있고 유위(有爲)하기 때문에 구체적인 사물의 현상성에 제한된다. 따라서 리는 지극히 텅 비어 있으면서도 지극히 가득하고, 지극히 없으면서도 지극히 있으며, 움직이면서도 움직이지 않고, 고요하면서도 고요하지 않은 지극히 정결한 것으로 한 터럭이라도 더하거나 감할 수 없는 것이므로 직접적으로 경험할 수 없는 성질의 것이다. 그러나 기는 이르면 펴지고, 모이면 형체를 이루어 있는 것이 되고, 돌리면 돌아가고, 흩어지면 소멸하여 없는 것이므로 감각 가능한 구체적 사물의 성질을 나타낸다. 리와 기에 대한 이러한 인식은 퇴계가 리를 불변적이며 영속적인 것으로 파악하는 반면, 기에 대해서는 가변적이고 제한적인 것으로 파악하기 때문이다. 그러나 퇴계에게 리와 기에 대한 이해는 단순히 일반적인 현상을 기술하는 존재론의 영역에 국한하는 것뿐 아니라 가치론의 영역으로 확대·심화된다.

퇴계에게 리의 존재는 실재적인 것으로, 리는 사물의 필연적 법칙인 소이연자인 동시에 인간 행위의 마땅한 준칙인 소당연자다. 그러나 기는 유욕(有欲)한 것으로 그 자체는 악한 것은 아니지만 선악 미정의 상태인 만큼 악으로 발현할 가능성을 지녔기 때문에 억제해야 할 것이다. 이러한 이해의 관점에서 퇴계는 리는 지극히 존귀하여 상대할 것이 없으며, 사물에 명령을 내리고 사물에서 명령을 받는 것이 아니기 때문에 기는 리를 당해낼 수 없다고 파악한다. 퇴계는 형이상의 원리인 리는 극존무대(極尊無對)하기 때문에 사물 생성의 근원적 법칙성으로 작용하여 사물에 영향을 주는 존재이지 사물에 의해서 영향을 받는 것이 아니므로 기가 리를 이길 수 없고, 리가 기에 우선한다는 입장을 취하게 된다. 이는 리귀기천(理貴氣賤)의 입장인 셈이다. 이 같은 퇴계의 입장은 좀더 확대되어 리는 음양을 생성하는 것일 뿐 아니라 동정할 수 있다고 이해하게 된다.

리와 기에 대한 기본적인 정의에서 율곡은 퇴계와 크게 다르지 않다. 율곡은 리를 형이상자로, 기는 형이하자라고 이해한다. 이때 형이상자인 리는 형체도 없고 작위도 없기 때문에 선후본말도 없을뿐더러 소멸성장도 없다고 본다. 그러나 퇴계와 달리 이 리는 "동지정지자(動之靜之者)"하는 것이지 스스로 발동하는 것이 아니며, 현상 사물의 내재 원리로서 시간과 공간의 제약을 받지 않고 어디에나 존재하는 것으로 파악한다. 형이하자인 기의 경우에는 유형 유위하기 때문에 선후본말이 있고 취산(聚散)하면서 소멸성장한다고 본다. 이처럼 기는 유형 유위하며 스스로 발동하는[機自爾] 사물의 현상성으로서 시간과 공간에 제약되는 특성을 띤다. 따라서 리는 비록 무위한 것이기는 해도 유형 유위의 기를 주재하고, 기는 유위하지만 무형 무위인 리를 구체적 현상으로 드러내는 것으로 설정된다. 율곡은 퇴계와 달리 리와 기를 선과 악, 귀와 천이라는 극단적 이분법의 가치론을 개입시키지 않고 현상 사물의 근원적 원리와 그 상관 관계로서 리와 기를 이해하는 입장을 보여준다.

리와 기를 파악하는 퇴계와 율곡의 차이는 리기 관계에 대한 이해에서 극명하게 갈리게 된다. 퇴계는 리기불상잡(理氣不相雜)의 입장에서 결시이물(決是二物)의 관점을 고수함으로써 리와 기를 엄격히 구분하고자 한다. 그러나 율곡은 리기불상리(理氣不相離)의 입장을 위주로 혼륜무간(渾淪無間)의 관점을 지킴으로써 리기지묘(理氣之妙)의 논리를 전개한다.

율곡은 리와 기의 시간적 선후를 나눌 수 없다고 주장하지만 현상 사물을 구성하는 측면에서 본다면, 사물의 근본 원인 · 근본 형식으로서의 리가 먼저 있어야 하고 질료로서의 기가 그 이후에 존재한다고 이해한다. 이러한 율곡의 입장은 천지의 생성 이전의 리, 즉 근본 원리 · 형식으로서의 리의 존재를 인정하는 것이며, 이러한 형식에 의거하여 사물이 구성된다고 파악한다. 이것은 사물의 구성 이전에 설계도와 같이 리가 존재함을 인정하는 것이다. 그렇다고는 하지만, 율곡이 리라는 형이상의 근원 · 원인에 대하여 인정한다고 해서 그 리가 단독자로 존재함을 인정하는 것은 아니다. 율곡은 철저히 리와 기는 혼융(渾融)하므로 원래 서로 분리되는 것이 아니라고 한다. 즉, 리와 기는 두 가지 것이긴 해도 분리해 있던 것이 결합되었다는 의미가 아니라 본래부터 한 덩어리라는 것이다. 리와 기는 '하나면서 동시에 둘'이라는 입장이다. 따라서 율곡에게는 퇴계가 리의 독존을 인정한 것과는 달리, 기와 분리되어 있는 리는 존재하지 않는다고 보기 때문에 리의 선재를 인정하지 않는다. 그에게 리와 기는 본래 합하여 있는 것이다[理氣本合]. 리기 관계에서 이러한 입장을 취하기 때문에 율곡은 퇴계가 리기를 분리하여 보고 또한 선후로 나누어보는 것을 '리기선후의 병(理氣先後之病)'이라고 비판한다.

리기 관계에 대한 이해의 차이는 태극음양론에서 확연하게 드러나게 된다. 퇴계는 음양인 기는 곧 태극인 리에 의해 생겨나는 것이라고 보게 되고, 이러한 점에서 태극과 음양은 엄격히 구분되는 별개의 것으로 파악한다. 따라서 태극인 리는 음양인 기보다 먼저 존재한다고 보아서 리를 초월적 실재로 파악하는 경향을 보인다. 그러나 율곡은 태극이 곧 리이고 음양이 곧 기이지만, 태극은 음양이 존재하지 않는 상태에서 홀로 존재할 수 없기 때문에 태극과 음양을 선후 관계로 파악할 수 없다고 이해한다.

결국 우주 자연과 인간의 존재 근거를 설명하는 방식에서 퇴계는 리의 존재를 기와 차별적으로 파악함으로써 리가 기를 산출하는 것으로 파악하는 입장을 견지하게 되고, 리의 독자적인 동정을 인정하는 논리를 펴게 된다. 이것이 퇴계의 리동설(理動說)이다. 이에 반하여 율곡은 리와 기는 분리될 수 없는 것이고, 실제적인 동정은 기에 의한 것이며, 리는 그러한 기의 동정을 주재하는 원리로 파악하는 점에서 리기 이해의 차이를 보이게 된다. 율곡의 리기 이해의 관점은 리통기국설(理通氣局說)로 귀결된다.

이 같은 리와 기의 개념과 상관 관계에 대한 관점의 차이는 퇴계와 율곡의 인간 심성에 대한 이해에서 서로 다른 이론을 제출하는 계기로 작동한다. 그 차이가 극명하게 나타나는 것이 감성의 발출에 대한 리기론적 해석인 사단칠정론이다.

5. 감성의 드러남에 대한 두 가지의 시선: 리기호발과 기발리승일도

리와 기 개념을 통하여 우주 자연과 인간의 존립 근거를 설명하는 방식은 인간의 마음이 드러나는 것에도 그대로 적용된다. 퇴계와 율곡에 따르면 마음의 흐름은 감성(감정)으로 나타나게 된다. 마음의 흐름, 곧 세계와 인간에 대한 감응의 표출 양상인 감성의 흐름에 따라 우리는 행동하게 되며, 따라서 마음의 흐름인 감성은 행위의 관건이 된다. 이러한 점에서 성리학자들은 마음의 흐름인 감성에 주목하게 되며, 이 감성이 촉발되기 이전과 그 이후의 과정에 대해서 면밀하게 살피고 경계할 것을 요구한다.

마음의 흐름인 감성의 표출 양상을 유학에서는 크게 두 가지 방식으로 표현한다. 먼저 네 가지로 분류할 경우에는 '측은하게 여기는 마음'[측은지심], '부끄러워하는 마음'[수오지심], '사양하는 마음'[사양지심], '적절한지 잘못되었는지를 구분하는 마음'[시비지심] 등으로 나누고, 일곱 가지 형태로 구체화할 경우에는 기쁨[喜]과 슬픔[哀], 사랑[愛]과 미움[惡], 두려움[懼]과 노여움[怒], 바람[欲] 등의 감성으로 표현하기도 한다.

마음의 흐름으로 표현되는 네 가지 형태의 감성을 일반적으로 사단(四端)이라 하고, 일곱 가지 마음의 흐름을 칠정(七情)이라 한다. 이 사단과 칠정은 모두 마음에서 비롯한 감성의 표현 형태다. 사단은 『맹자』에 의해서 제기된 것이고 칠정은 『예기』에서 기원한 개념이다. 이 같은 마음의 흐름으로서 감성을 리와 기의 개념을 통해 철학적으로 분석해내는 논의가 바로 사단칠정론이다.

사단칠정(四端七情)의 문제는 단순히 사단과 칠정은 무엇이고, 우리의 마음은 어떠한 방식을 통해 이러한 사단과 칠정으로 드러나는가 하는 점에만 국한되는 논의가 아니다. 퇴계와 율곡은 이 사단칠정의 문제를 통해 인간 의식의 기저에 자리 잡고 있는 '선함'의 근거를 확인하고, 이를 통해 인간의 윤리적 행위의 정당성을 확보하고자 한다.

사단칠정의 문제를 리기의 개념으로 구체적으로 접근하기 시작한 논의는 조선조를 개창하는 데 지대한 공로를 세운 양촌 권근(1352~1409)에게서 찾을 수 있다. 양촌은 『입학도설』의 전반부에 자신의 성리학 이해의 정수를 도시해놓고 있다. 그것이 '천인심성합일지도(天人心性合一之圖)'와 이를 분석한 '천인심성분석지도(天人心性分析之圖)'다. 양촌은 이 도설을 통해서 우주 자연과 인간이 어떻게 접속할 수 있는지, 그리하여 어떻게 소통할 수 있는지 성리학적인 천인합일의 가능성을 제시하고 있다. 양촌의 설명 방식은 정치하지는 못하지만, 사단과 칠정을 리와 기를 배분하여 이해하려고 시도하고 있다는 점에서 사단칠정에 대한 리기론적 해석의 시발점을 보여준다.

이 같은 양촌의 사단칠정에 대한 구분 방식은 16세기 조선 성리학의 이론적 심화 과정에서 퇴계에 의해서 직접적으로 계승된다. 16세기 학자들은 사단과 칠정의 문제에서 리기를 적용하면서, 이를 쪼개 구분해보는 관점인 분개론(分開論)과 리기로 구분하지 않고 통합해서 보려는 관점인 혼륜론(渾淪論)을 적용하여 이해하게 된다. 먼저 구분해서 보려는 관점을 선도하는 인물이 추만 정지운(1509~1561)이다. 추만은 자신의 성리학적 이해를 도상(圖像)으로 나타내어 주변의 학자들과 논의하게 된다. 이때 그가 그렸다고 전해지는 것이 이 '천명도(天命圖)'다.

이 도상에서 추만은 우주 자연으로부터 인간과 동물의 금수와 식물의 초목이 나뉘는 과정을 그리고 인간의 마음에서 선악이 나뉘는 것을 각각 칠정으로 연결하여 설명하고 있다. 추만은 이 과정에서 "사단의 도덕 감성은 리에 근거하여 드러난 것[四端發於理]이고, 칠정의 감성 일반은 기에 근거하여 드러난 것[七情發於氣]"이라는 이론을 세우게 된다.

우연한 기회에 추만의 '천명도'를 접한 퇴계는 이 도상에 흥미를 갖고 추만과 접촉하게 된다. 퇴계는 추만과 토론하는 과정에서 추만의 이론이 갖는 한계를 시정하면서 자신이 직접 '천명도'를 그리고 새로운 해석을 제시하기에 이르는데, 그것이 "사단은 리의 드러남[四端理之發]이고 칠정은 기의 드러남[七情氣之發]"이라는 이론이다. 퇴계가 직접 그린 도상에는 사단과 칠정을 각기 '리의 드러남' '기의 드러남'이라고 하는 문구가 선명하다. 퇴계는 이 '천명도'를 통해서 자신의 사단칠정에 대한 견해를 구체적으로 제시하게 된다.

퇴계는 사단칠정, 곧 인간의 감성이 드러난 방식은 사단이라고 하는 도덕 감성이 드러나는 방식이 있고, 칠정이라는 감성 일반이 드러나는 또 다른 방식이 있다고 말한다. 이것을 우리는 퇴계의 '호발설'이라고 한다. 퇴계는 어떠한 사유 과정을 통하여 사단과 칠정이 각기 드러나는 바가 있다고 하는 '호발설'의 이론을 전개하게 된 것일까. 퇴계의 이러한 설명 방식은 궁극적으로 무엇을 말하려는 의도일까.

퇴계는 앞서 살펴본 대로, 추만의 '천명도'가 갖는 설명 방식의 탁월함을 인정하지만, 한편으로 그가 제시한 이론, 즉 "사단의 도덕 감성은 리에 근거하여 드러난 것[四端發於理]이고 칠정의 감성 일반은 기에 근거하여 드러난 것[七情發於氣]"이라고 하는 해석은 오해의 여지가 있음을 지적한다. 따라서 퇴계는 이 문장을 좀더 순화하여 "사단은 리의 드러남[四端理之發]이고 칠정은 기의 드러남[七情氣之發]"이라고 수정하게 된다. 퇴계는 추만의 해석을 따를 경우, 사단과 칠정을 지나치게 발생론적 견지에서 파악하는 것이어서 불필요한 오해를 유발하기 때문에 이를 리와 기의 주재의 문제로 전환하고 있는 것이다.

퇴계의 이 수정 해석은 그가 고심하여 도출한 이론인데, 이것을 본 고봉 기대승(1527~1572)이 퇴계에게 질문서를 보내면서 퇴계와 고봉 간에 8여년에 걸친 사단칠정 논쟁이 시작된다. 퇴계와 고봉의 사단칠정에 대한 논변은 리와 기, 사단과 칠정, 인심과 도심 등 성리학 이론에 대한 매우 정밀한 고도의 사색을 필요로 하는 논의이기 때문에 제한된 분량에서 일일이 거론하기에는 한계가 있다. 고봉은 퇴계의 "사단은 리의 드러남[四端理之發]이고 칠정은 기의 드러남[七情氣之發]"이라는 해석에 대한 의문을 제기한다. 즉, ① 사단과 칠정은 둘 다 정(情)인데, 칠정은 정 전체들 통틀어 말한 것이고 사단은 칠정 가운데서 선한 정만을 가려서 말한 것에 불과하다. 사단은 칠정 이외의 또 다른 별개의 정이 아니다. ② 사단은 성(性)이 드러날 때 기가 그 과정에 개입하지 않고 드러난 것이기는 하지만, 그것은 별도의 성이 있어서 드러난 것이 아니라 하나의 성에 근본하여 드러난 것이다. 사단이 성에서 근본한 것처럼 칠정도 성에서 근본하여 드러나는 것이고, 사단은 리뿐 아니라 기를 필요로 하고, 칠정의 경우도 리를 떠날 수 없다.

이러한 고봉의 질문에 직면한 퇴계는 고심 끝에 자신의 이론을 내놓게 된다. 고봉이 지적한 대로, ① 사단과 칠정은 하나의 정이지만, 그러나 사단과 칠정은 그것을 말하고자 하는 의미가 서로 다르다. ② 성이라는 것도 하나의 성이지만, 본연지성과 기질지성으로 나누어볼 수 있으므로, 이러한 기준에 의한다면 사단칠정도 하나의 정이기는 하지만 사단과 칠정으로 구분해볼 수 있다. ③ 사단은 인의예지의 성에 근거하여 드러나는 것이고, 칠정은 외물이 기질적인 형기에 감촉하여 드러나는 것이기 때문에 그 발생하여 드러나는 근거가 다르다. ④ 사단과 칠정은 무엇을 '위주(爲主)'로 하는가 하는 점이 서로 다르다. 사단은 리를 위주로 하고, 칠정은 기를 위주로 하는 것이기 때문에 다르게 볼 수 있다.

퇴계는 고봉의 계속되는 비판에도 불구하고 정을 사단과 칠정으로 분개하여 각기 나누어서 보려는 입장이다. 사단과 칠정은 각기 드러나는 양상이 다르기 때문에 사단과 칠정을 각각 리와 기에 나누어서 볼 수도 있으며, 이에 따라 '리를 위주로 하는 경우[主理]'와 '기를 위주로 하는 경우[主氣]'로 나누어서 볼 수도 있다는 입장이다.

퇴계의 답변을 받은 고봉은 다시 질문을 던지게 된다. 이 질문과 답변, 답변과 질문이 계속되는 가운데 퇴계는 고봉의 견해를 인정하여 자신의 이론을 수정하기도 하면서 자신의 정론을 마련한다. 이 과정을 단순화하면, 퇴계는 고봉의 질문을 받고 "사단의 드러남은 순연한 리이므로 선하지 않음이 없고, 칠정의 드러남은 기를 겸하였으므로 선악이 있다[四端之發純理,

故無不善. 七情之發兼氣, 故有善惡]"고 수정하였다가, "사단은 다 선하지만 … 칠정은 본래 선하지만 악에 흐르기 쉽다[四端皆善也 … 七情本善而易流於惡]"라고 재수정한다. 그리고는 최종적으로 "사단은 리가 드러남에 기가 리를 따르는 것이요, 칠정은 기가 드러남에 리가 기에 타는 것[四則理發而氣隨之, 七則氣發而理乘之]"이라는 이론을 제시한다.

퇴계는 리와 기를 통해 인간의 감성이 드러나는 방식을 설명하면서, 그 드러남의 과정에는 리와 기가 뒤섞여 혼륜(渾淪)의 관점에서 파악할 수도 있고, 리와 기가 섞이지 않고 나뉘는 분개(分開))의 관점에서 파악할 수 있음도 지적한다. 그렇기 때문에 어느 입장에 따라서도 말할 수 있다는 것이다. 그러한 점에서 퇴계는 혼륜보다는 분개의 입장에서 사단과 칠정을 파악하는 것이 더 타당하다고 보며, 리와 기가 각기 발함의 측면, 곧 호발의 측면에서 접근한다. 그리고 리와 기가 각기 서로 드러나는 경우에도[互發] '주로 하는 바[所主]'가 무엇이냐에 의해 서로 나누어볼 수도 있다는 것이다.

이렇게 퇴계는 자신의 사단칠정에 대한 최종적인 리기론적 해석을 정립하게 된다. 이 최종 해석은 그가 선조에게 그려 바친 『성학십도』의 「제6도 심통성정도 하도」에 구체적으로 명시되어 있다. 퇴계는 사단칠정에 대하여 리기호발론을 제시하고 있는데, 율곡은 이 이론을 비판하면서 자신의 논리를 세운다. 결론부터 말하자면, 율곡은 퇴계와 달리 사단과 칠정의 감성을 '드러나는 작용의 측면'에서 보기 때문에 "기가 드러남에 리가 (기를) 타는 하나의 방식" 곧 기발리승일도(氣發理乘一途)라고 한다. 율곡은 어째서 이러한 이론을 제시하는 것일까.

율곡은 퇴계에 의해 제안된 호발설의 경우 리와 기에 대한 성리학적 기본 전제를 위반하고 있으므로 논리적인 결함을 안고 있다고 지적한다. 왜냐하면 "리는 형이상자요 기는 형이하자"로서 리는 무형 무위한 것이요 기는 유형 유위한 것인데, 리와 기가 각기 발동한다는 호발설은 이러한 개념 규정을 위반하고 있기 때문이다.

율곡은 "리와 기는 서로 떨어질 수 없으며, 이미 서로 떨어질 수 없으면 그 드러나는 작용도 하나이니, 서로 각각 드러나는 작용이 있다고 할 수 없다. 만약 '서로 드러나는 작용이 있다'고 한다면, 이것은 리가 드러나는 작용을 할 때 기가 혹 미치지 못하는 경우도 있고, 기가 드러나는 작용을 할 때 리가 혹 미치지 못하는 경우도 있을 것이다. 이렇다면 리와 기는 서로 떨어져 있을 수 있고, 선후가 있으며, 움직임과 고요함에는 단서가 있고 음양에 시작이 있는 것이니, 그 오류가 적지 않을 것이다"라고 말한다. 율곡은 자신의 이론을 전개하기에 앞서 정주성리학에서 말하는 리기에 대한 대전제를 먼저 제시한다. 리는 "형이상자"요 기는 "형이하자"라는 것이다. 이렇게 리와 기의 근본적인 차이점을 적시하는 것은 형이상자로서의 리의 위상과 형이하자로서의 기의 역할은 다름을 분명히 하고자 하는 의도다. 형이상자로서의 리는 형체도 없고[無形] 작위함[無爲]도 없고, 형이하자인 기는 형체가 있고[有形] 작위[有爲]가 있다는 것이다. 따라서 리와 기는 본래적으로 서로 떨어져 있는 것이 아니기 때문에 리와 기가 드러나는 작용[發用]은 유위한 기의 작용에 의한 것임을 분명히 한다. 이것은 퇴계가 리발과 기발을 동시에 말함으로써 호발론을 제기하는 것에 대한 비판이다. 율곡은 퇴계가 최종 정론으로 제시한 논의에서 '호발(互發)'을 말하면서 리기가 서로 뒤섞일 수 없음을 밝히고, 또한 '상수(相須)'의 입장을 통해서 리기가 서로 떨어져 있지 않음을 말하고 있는데, 이것은 명백히 잘못이라는 것이다.

율곡의 비판을 정리하면 다음과 같다.

① 퇴계가 리발을 말하고 기발을 말하는 것은, 형이상자로서의 리를 형이하자인 기와 같이 작위적인 것으로 파악하는 잘못이 있다.

② 퇴계의 호발상수의 이론은 리와 기가 한 마음속에 서로 별개의 것으로 자리하고 있다가 번갈아가며 작용하는 것처럼 이해할 수 있는 가능성을 보여준다. 그렇기 때문에 잘못된 이론이다.

③ 퇴계의 호발론은 리와 기가 각기 드러난다고 하는 점에서 시간적 선후를 인정하는 점에서 잘못된 것이다.

④ 퇴계의 상수론은 리기의 시간적 선후를 상정하지 않고 있다는 점에서 인정할 수 있다. 그러나 호발이면서 동시에 상수를 말할 수는 없다.

⑤ 사단과 칠정은 하나의 정임에도 별개의 정처럼 서로 나누고, 이 사단과 칠정을 각기 리와 기를 갈라서 적용함으로써 리발과 기발로 구분하는 방식은 혼륜한 리기를 각기 개별적인 것으로 나누는 것이고, 마음을 둘로 나누는 것과 동일하다.

따라서 율곡은 리와 기는 원래 서로 떨어져 있는 것이 아니므로 드러나는 작용의 방식은 하나일 뿐이며, 그러한 점에서 퇴계의 호발설은 인정될 수 없다는 것이다. 즉, 율곡은 호발불가(互發不可)의 입장을 분명히 한다. 율곡의 이 입장은 호발이 아닌 기발리승일도로 확정된다.

그렇다면 퇴계와 율곡의 리기 호발설과 기발리승일도설의 차이는 무엇일까. 퇴계는 어째서 리기호발설을 제시하고 율곡은 그것을 비판하면서 기발리승일도설을 주장하는 것일까.

율곡은 퇴계가 사단과 칠정을 호발설을 통하여 설명하면서 '무엇을 위주로 함[爲主]'이라는 방식을 제기하고 있는데, 그러한 방식으로 사단과 칠정을 각기 리발과 기발로 나누어서 적용할 수 없다고 본다. 율곡의 논리로 볼 때, 사단과 칠정이 서로 상대하는 개념이라고 한다면 특별히 '무엇을 위주로 함'에 따라 구분될 수 있지만, 사단과 칠정은 상대가 아니라 포함의 관계에 있기 때문에 '주리', '주기'라는 관점은 아예 적용할 수 없다는 것이다. 율곡은 퇴계가 주장하는 것처럼 사단칠정을 '위주'의 측면에서 의미[所指]에 따라 파악할 수 없을 뿐더러, 드러나는 근거[所從來]의 다름을 가지고는 더더욱 사단과 칠정을 리발과 기발로 각기 구분하고 대응하여 파악할 수 없다고 본다. 퇴계의 입장에서 본다면, 율곡의 이 같은 비판은 받아들일 수 없다. 왜냐하면, 퇴계는 사단이란 본성에 근본하여 드러나는 것이고, 칠정은 외계의 사물이 인간의 형기에 감촉함으로써 드러나는 것이어서 그것이 발출하는 근거 자체가 다르다고 파악하기 때문이다. 이것을 우리는 소종래(所從來)의 차이라고 부른다.

그러나 율곡은 사단과 칠정은 하나의 성에서 근본하는 것임을 지적한다. 사단은 당연히 성에서 근본하고, 칠정도 성이 아닌 다른 무엇에 근거하여 드러나는 것이 아니기 때문이다. 곧 사단과 칠정의 감성은 성에서 드러난 것이라는 성발위정(性發爲情)의 명제에 따른다는 것이다. 다만, 칠정도 바로 성에 근거하여 드러나는 것이어서 선하지만, 그러나 드러나는 과정에서 기의 작용에 따른 가변성으로 인하여 악하게도 될 수 있다는 차이점은 율곡도 인정한다. 여기서 퇴계의 논리에 따라서 사단과 칠정이 드러나는 근거가 각기 다르다고 한다면, 이것은 마음에 두 가지 근본[二本]을 세워놓는 설정이 되는데, 과연 그럴 수 있는가를 율곡은 제기하는 것이다. 곧 마음이 드러나는 근거는 성에 의해서 드러날 뿐임을 율곡은 명백히 하고자 하며, 그러한 점에서 사단과 칠정은 두 개의 근거가 있는 것이 아니라 하나의 성에서 드러난다는 점을 밝히고 있다.

사단칠정에 관한 퇴계와 율곡의 이러한 입장 차이는 이후 무수한 논쟁을 유발한다. 퇴계와 율곡의 이 같은 철학적 입장 차이를, 퇴계의 경우 인간을 중심으로 리기를 해명하고, 율곡은 자연을 중심으로 리기를 설명함으로써 그 이치를 가지고 인간을 규명함에서 비롯하였다는 이론도 제기된다. 즉, 퇴계는 가치론적인 측면에서 리기론을 파악하고, 율곡은 존재론적인 측면에서 리기론을 적용한 결과라는 것이다. 그러나 이러한 단선적 해석의 문제점은 퇴계와 율곡이 자신들의 시대적 삶의 현실 속에서 도덕적 행위에 대한 존재론적 근거의 확보와 동시에 가치론적 해석의 당위성을 정초하려 했던 다양한 상황을 간과하고 있다.

퇴계가 호발설을 통해서 제기하려 했던 것은 분개와 분별의 논리를 통해서 선악의 변별과 도학적 의리 실현이라는 시대적 요청의 확산에 있다고 판단한다. 퇴계는 '칠정-기발'의 현상성을 인정하면서도 그러한 가변적 현실에서 도덕 실천은 인간 본연의 가치를 드러낼 수 있는 '근본'에 정초해야 함을, 곧 '사단-리발'의 의지적 요청을 통해서 수행되어야 함을 강조한 것으로 이해된다. 퇴계가 경(敬) 공부를 지속적으로 제기하는 것도 이 같은 맥락에서 이해할 수 있다. 율곡의 경우 퇴계의 호발설을 비판하면서 기발리승일도설을 강조하는 것은 또 다른 맥락에서 이해 가능하다. 율곡은 퇴계의 시대와 달리 훈구척신-사림의 대결 양상이 아닌 사림 주도의 현실에서 사림의 분열을 통합하고 '리통(理通)'의 당위성을 실현할 논리를 기발리승의 입장에서 모색한다. 현실 운영의 담당자인 사림은 '성리학적 이상'을 실현할 수 있는 주체이고, 그러한 사림의 도덕적 실천의 당위성은 '기발'의 현실성과 분리되지 않는 '리승'이라는 근본에 의해서 주도되어야 함을 강조한 것으로 볼 수 있다는 것이다. 율곡이 경(敬) 공부와 더불어 굳건한 가치이자 지향으로서 '성(誠)'의 실현을 주목한 것은 이러한 입장과 유리되지 않는다.

이렇게 본다면 퇴계와 율곡의 착안점이 서로 상이함에도 불구하고 우리는 이들의 논의를 통해서 당대의 현실적 조건을 주목하고, 감성의 순화를 기획하고자 한 강렬한 의지를 확인할 수 있다. 이것은 곧 자신의 노력에 의해서 건강한 정신과 마음을 회복해야 한다는 당위적 책무를 안고 있는 인간의 도덕적 각성이라고 할 수 있다. 결국 퇴계와 율곡의 논의는 인간 존재의 긍정을 통해서 도덕 이상 사회라는 낙관적 믿음의 세계를 구현하고자 한 열망의 가치를 재확인하는 과정이라는 점에서 중요한 시사점을 제공하고 있다.

제5장
한원진과 이간
—변화에 대한 거부와 수용

1. 전쟁 그리고 사회적 혼란

17세기 청(淸)나라의 등장은 조선의 사회·정치·사상 등 제반 분야에서 커다란 변화를 야기하였다. 조선 사회는 사농공상의 신분 질서, 중화주의에 기반을 둔 정치 외교 그리고 성리학을 국가 통치 이념으로 삼고 있었다. 그러나 전쟁으로 신분 질서에 변화가 발생했고, 명(明)나라를 멸망시키고 중국을 제패한 청나라로 인해서 중화주의에 기반을 둔 외교 노선에 혼란이 발생했으며, 전반적인 사회적 혼란은 국가 이념인 성리학에 대한 새로운 접근과 도전이 발생하였다. 이런 상황에서 변화를 수용하려는 입장과 거부하려는 입장 사이에는 갈등이 있을 수밖에 없었고, 그러한 갈등은 성리학자 사이에서도 호락논쟁을 야기하였다.

문(文)을 숭상한 데 반해 무(武)를 천시했던 조선은 임진왜란(1592~1598)으로 풍전등화의 위기에 몰렸었고, 전쟁 후의 조선 사회는 경제적으로 완전히 고갈된 상태였다. 중국에는 왜적을 물리치고 승리한 전쟁이었지만 7년에 걸친 임진왜란의 인적 물적 피해는 너무도 컸다. 이는 조선에 지원군을 보냈던 명나라도 비슷한 상황이었으니, 이 틈을 타고 여진족이 세운 후금은 중국을 정복해나갔다. 후금은 국호를 청(淸)으로 바꾼 뒤 조선도 침입하였으니 이것이 병자호란(1636~1637)이다. 국력이 쇠잔한 조선은 불과 2개월 만에 청나라에게 항복하였고, 청나라에 군신의 예를 지킬 것을 약속하고 왕자들을 인질로 보내야만 했다. 짧은 기간의 전쟁으로 피해는 임진왜란에 비해 적었지만 병자호란은 정신적으로 타격받은 치욕적인 전쟁이었다.

병자호란 후 청나라에 인질로 잡혀갔다가 돌아온 효종은 재위(1649~1659) 동안 강력한 북벌 의지를 천명하였고, 자신의 북벌 의지를 지원해줄 것을 노론의 영수인 우암 송시열에게 당부하였다. 그러나 송시열은 군사적 훈련보다는 두 차례에 걸친 전쟁으로 인한 피해 복구와 사상적 통일을 진행해나가면서 언젠가 다가올 복수의 날을 기다리자는, 다분히 이념적인 북벌론을 가지고 있었던 것으로 보인다. 사실 조선은 청나라에 패배한 뒤에 조선 사회를 지탱하던 신분 질서와 사상적 통일성은 무너졌고 사회적으로 혼란기에 접어들었다. 사상적으로도 성리학 일변의 조선 사상계에 성리학을 비판하는 새로운 관점이 등장하고 있었다.

송시열은 성리학을 비판하는 사상이 사회적 혼란을 야기할 것을 경계하여 성리학적 관점에서 벗어난 학자들을 사문난적(斯文亂賊)이라 비판하는 한편, 사상적 통합을 위해 임진왜란 때 조선을 도와주었던 명나라에 대한 의리를 지킬 것을 강조하였다. 그는 중화(中華)를 높이고 이적(夷狄)을 물리치는 것,

도적을 토벌하여 복수하는 것은 자연의 법칙이요 사람의 당위로서, 우주를 떠받치는 힘이고 사람의 길을 지탱시키는 힘으로 만고의 진리라고 주장하였다. 여기서 이적이니 도적이니 하는 것은 물론 청나라다. 중화 문명은 사람의 문화인 데 반해서 이적의 문화란 야만인의 문화이니, 이적의 문화를 수용함은 사람이기를 포기하는 것이 된다고 하면서, 청나라가 비록 중국을 차지했지만 금수에 가깝고, 조선은 지역적으로는 변방이되 사람의 도리를 지키는 실질적인 중화[小中華] 국가로서의 자부심을 갖자는 주장을 펴고 있다. 여기서 송시열의 북벌은 외부의 적을 분명히 함으로써 내부적 결속을 다지기 위한 의도가 있다고 이해할 수 있다.

송시열의 이러한 생각은 서인 노론의 그의 제자들 가운데 주로 충청도에 거주하는 학자들에게 전수되어 전해진다. 송시열의 적전 제자는 수암 권상하다. 권상하의 문하에는 세칭 강문팔학사(江門八學士)라고 당시 뛰어난 학자들이 모여들었는데, 그 가운데서도 남당(南塘) 한원진(韓元震)과 외암(巍巖) 이간(李柬)이 가장 뛰어나다는 평가를 받았다. 서인 노론계 학자들은 기본적으로 주자 성리학을 기반으로 당시 사회가 직면한 혼란을 극복하려는 관점을 지닌 점에서는 차이가 없다. 다만 권상하와 한원진 등 충청도 지역의 학자들은 대체로 변화된 상황을 철저하게 거부하는 입장이었던 반면에 서울 중심의 학자들은 청나라 중심의 새로운 질서를 다분히 수용하는 입장이었던 차이가 있다. 이는 서울 지역의 학자들이 청나라에 사신으로 다녀온 이들과 접촉이 많아서 청나라의 실상에 대해 좀 더 잘 이해했기 때문으로 보인다. 이간의 경우에는 충청도 아산에 거주하였고 권상하의 문하에 있었음에도 불구하고 서울 중심의 학자들과 유사한 세계관을 지니고 있었고, 충청도 중심의 학자들과 입장 차이로 인한 논쟁을 주도하였다는 점에서 정신적으로는 서울 지역의 학자로 분류할 수 있다. 한원진과 이간의 논쟁을 인물성동이 논쟁 또는 호락 논쟁이라고 부르는데, 여기서 호락(湖洛)이라 함은 호서 지방(충청도)과 낙하 지방(서울 부근)을 지칭하는 것이다.

2. 사회적 구분과 내면적 덕성 함양

이간과 한원진 양인의 철학적 대립과 세계관의 차이는 성리학적 견해차 이전에 유학자로서 학문적 지향점을 어디에 두고 있는가를 살펴봄으로써 그 실마리를 살펴볼 수 있다. 유학은 수기치인(修己治人) 또는 내성외왕(內聖外王)의 학문이라 일컫는다. 수기 또는 내성은 덕성 함양, 개개인의 수양을 말하는 것이고, 치인 혹은 외왕은 사회적 실천, 학자의 사회 정치적 의무를 말하는 것이다. 개인으로서는 성인이 될 것을 목표로 수양하고 사회적으로는 삼강오륜에 바탕한 사회 질서를 만드는 것이 유학자들이 추구한 이상이었다.

그러므로 유학의 목표는 개인의 인격적 완성과 사회적 실천이라는 두 가지 축을 지니고 있는 것이 된다. 두 가지 목표 가운데 어느 한쪽이 결여된 경우에 온전한 유학이라고 할 수 없다. 그러나 두 가지 목표가 상이한 이상 주안점이 두어짐에 차이가 없을 수는 없다. 현실 정치에 관심을 가지고 현실의 개혁을 추구하는 유학자가 있는가 하면 현실 정치로부터 벗어나서 개인의 인격 완성을 추구하는 유학자도 있다. 어떤 태도를 취하느냐는 문제는 특정 유학자가 지닌 성향과 관련된다.

한원진은 현실에서 나타나는 모든 대상을 분류하고 나아가 현실을 개조하고자 노력하는 모습을 보이고 있다. 유학자요 성리학자인 그가 수기의 측면에 무관심하였다고 할 수는 없으나 그보다는 사회 현실에서 나타나는 문제점을 해결하고자 노력하였고, 또 그것이 가능하다는 확신을 지니고 있었다. 즉, 수기보다는 치인을 추구하였던 것이다. 반면에 이간은 현실 자체에 대한 관심이 적었다. 그는 사람이 지닌 도덕적 가능성을 밝히고, 그 가능성을 실현하기 위해 노력한 유학자로 치인보다는 수기를 추구하였다. 이러한 차이점은 한원진이 현실 문제에 대해 적극적인 관심을 표명하고 현실 개혁을 위한 방안으로 상소를 25회에 걸쳐 제출하였던 반면에 이간은 스승과 동료를 변호하거나 심성 함양을 권장하는 상소가 전부였던 것에서도 짐작할 수 있다.

1) 구분을 통한 사회 질서의 회복 : 한원진

한원진의 현실 문제를 바라보는 출발점이 되고 있는 것은 신분관이다. 그는 양반과 상인을 구분하고, 양반은 다시 문관과 무관으로 나누고, 군자와 소인을 구분한다. 그는 양반과 상인의 구별과 그에 따른 불평등은 당연하다고 본다. 노심자(勞心者. 정신적인 노동자)와 노력자(勞力者. 육체적인 노동자)의 구분, 사농공상의 신분 질서 회복 등은 사회 질서를 유지하기 위해 필수적이고, 양반이 과거 공부와 덕성 함양, 풍속미화 등의 임무를 신역으로 지고 있으므로 그에 따른 제도적 반대급부가 있어야 함을 주장한다.

의리관과 붕당관에서도 그의 주장은 일관되게 드러나고 있다. 의리관이라 함은 임진왜란 때에 조선을 도와주었던 명나라에 대한 의리를 지키는 것을 말한다. 청나라는 비록 중원을 차지했지만 이적이고, 조선은 지역적으로는 변방이되 사람의 도리를 지키는 실질적인 중화인 소중화로 명나라가 멸망하여 이적의 지배 아래 놓인 시점에서는 조선만이 진정한 중화라는 송시열의 관점을 계승하고 있다. 당시 유학자들은 중화 > 소중화 > 이적 > 금수의 계층으로 세계를 구분하였고, 이적은 사람보다는 금수에 더 가까운 존재로까지 이해하고 있었다.

붕당관은 학통과 밀접하게 연관되어 파악된다. 공자의 도는 사람이 마땅히 걸어가야 하는 길을 밝혀놓은 것이고, 그러한 길을 제시한 공자를 이해하기 위해서는 주자를 통해야만 가능하며, 주자를 올바르게 이해한 학자들은 율곡 이이 이하 김장생-김집-송시열-권상하 등 노론 학맥에 소속된 학자들뿐이라고 한원진은 믿고 있다. 따라서 노론 계열의 학맥을 계승하지 못한 여타 사류나 당파는 모두 진정한 군자가 될 수 없으며, 노론의 정통성을 부정하는 모든 붕당은 난신적자로 이해한다. 당파 싸움을 해결하고자 영조가 탕평책을 시행하면서 노론, 소론과 남인들을 번갈아 등용하고 자신의 탕평책을 지지하는 학자들을 등용한 것은 주지의 사실이다. 그러한 영조에게 한원진은 탕평이란 다름 아닌 군자와 소인을 구분하여 소인을 배척하는 것이어야 함을 거듭 상소하고 있다. 그때 한원진이 말하는 군자란 노론의 유학자인 것이다.

한원진은 현실에서 제기되는 모든 문제의 근본적인 원인을 질서의 문란에서 찾는다. 그는 질서가 문란해지는 이유는 구분해야 할 것을 구분하지 않았기 때문으로 파악한다. 구분한다는 것은 어떤 것이 옳고 어떤 것이 그른가를 판정하여 올바른 것을 선택하는 것이다. 그래서 그의 평생 작업은 구분하지 않음으로써 발생되는 문제점을 해결하기 위하여 철저하게 구분하는 것이었다.

그가 평생에 걸쳐 구분한 것은 크게 세 가지 범주로 나누어진다. 첫째는 사람과 금수의 구분이다. 사람과 금수의 성이 같다고 주장하는 사람들은 그러한 것을 구분하지 못한 것이다[인수무분(人獸無分)]. 그는 사람과 금수는 기질의 측면뿐 아니라 타고난 본성과 이(理)가 다르다고 주장한다.

두 번째는 유교와 불교의 구분이다. 당시의 유학자들은 유교는 옳은 것이고 불교는 그른 것이라고 생각하였다. 그럼에도 유교와 불교를 명확하게 구분하지 못하여[유석무분(儒釋無分)] 유학자들 가운데서도 유학자임을 자처하면서 불교의 이론에 빠진 사람들이 있다고 비판한다. 그 비판 대상은 심선론자(心善論者 : 성리학자들은 성선을 내세우는데 양명학과 불교 등에서는 심선을 주장한다고 이해)들이다.

마지막으로 세 번째는 중화와 이적의 구분이다. 중화란 지역적인 중국을 존중한다는 의미라기보다는 사람의 문화를 지킨다는 의미다. 한원진에게 이적의 문화란 금수의 문화와 다를 바가 없다. 중화의 문화란 사람이 마땅히 살아가야 하는 도리를 밝혀준 요·순·우·탕·문·무·주공을 거쳐 주자, 율곡 이하 권상하로 이어지는 정통 문화를 준수하는 것이다. 그렇기에 중화와 이적을 구분하지 못하여[화이무분(華夷無分)] 지조를 버리고 몽골족이 세운 원(元)나라를 섬긴 정주학자 허형(許衡)과 그 무리들에 대하여 "창녀가 예(禮)를 공부하고 백정이 불공을 드리는 것과 같다"고 비난하였다.

인수무분, 유석무분, 화이무분 이 세 가지 무분별함은 한원진이 평생토록 타파하고자 한 것이라고 하겠다. 이 세 가지 구분 가운데 가장 바탕이 되는 것은 사람과 금수의 구분이다. 그리고 유학이란 사람이 사람답게 살아가는 도리를 밝혀준 것이기에 불교와 구분되는 것이고, 중화는 사람다운 삶을 구현한 문화이기에 이적의 문화와 구분되는 것이다. 사람의 도리를 가장 훌륭하게 천명한 것은 공자이고, 주자는 공자의 가르침을 가장 잘 해명해준 것으로 이해한다. 주자의 눈을 통해보지 않는다면 공자를 올바르게 이해할 수 없다는 것이다. 그리고 주자를 이해하기 위해서는 주자를 올바로 이해한 율곡을 따라야 하고, 율곡을 바르게 이해하기 위해서는 송시열의 관점을 받아들여야 한다는 것이 한원진의 주장이다. 한원진이 송시열의 뒤를 이어 『주자언론동이고(朱子言論同異攷)』를 마무리한 것은 이러한 맥락에서 이해할 수 있는 것이다. 한원진에게 자신이 주자학의 정통 계승자임을 밝히는 것은 사람이 사람답게 살기 위한 전제 조건이고, 사람으로서 올바르게 살아가기 위한 방편이며, 나아가 중화의 정통성을 상실한 중원 대신 조선이 인륜문화를 실현하고 있는 실질적인 정통 중화 국가임을 천명하기 위한 것이었다.

2) 도덕성 회복을 통한 문제 해결 : 이간

이간은 현실 사회의 문제에 대하여 언급한 것이 거의 없다. 송시열-권상하로 이어지는 노론의 학맥을 계승하고 있으면서도 이간은 춘추대의라든가 중화주의 등에 대한 언급조차 거의 하지 않고 있다. 그렇다고 이간이 유학자로서의 사회적 책무성을 지니지 않고 있다고 볼 수만은 없다. 그도 임진왜란 때 조선을 도와주었던 명나라에 대한 의리를 강조하고 있다. 다만 사회적 혼란을 극복하기 위해서는 가장 근본적으로 사람이 사람다울 수 있는 근거가 되는 덕성의 함양이 더욱 중요함을 강조하고 있을 뿐이었다.

영조가 이간을 불러 학문의 요체가 무엇인가를 물었을 때도 이간은 민생이라든가 대외 관계 등의 치인이나 외왕의 측면에 해당하는 언급은 전혀 하지 않는다. 그는 “성실한 마음은 바로 배우는 자의 중심이니, 만약 성실함이 없다면 하는 둥 마는 둥 하여 어찌 도를 얻을 수 있겠는가"라는 주자의 말을 인용하고 이에 대해 해설하고 있다. 즉, 성실한 마음이 바탕이 되어야 학문을 통해 도를 얻을 수 있음을 강조하고, 학문을 이루기 위해서는 '성실한 마음'을 이루는 것에 먼저 힘을 경주해야 함을 거듭 강조한다. 그의 생각에는 수기치인, 내성외왕의 모든 터전이 바로 수기와 내성에 있기 때문이다.

이간은 마무리하면서도 다음과 같이 말하고 있다.

"이제 사단(四端)을 확충하여 모든 선을 회복하고 경의(敬意)를 간직하여 하늘의 덕에 이르고자 하는 자가 그 터전을 먼저 마음에서 개척하지 않는다면, 성역의 깊음과 왕도의 융성을 그 홀로 앉아서 말하여 스스로 이르게 할 수 있단 말입니까. 아 성실한 마음을 지니기는 너무도 어려운 것입니다!"

내면적인 덕성의 함양은 성인이 되는 것에만 머물지 않고 왕도까지 융성하도록 해준다는 것이다. 현실 정치와 경제, 사회에 제기되는 문제를 해결하기 위해서는 개개인의 덕성 함양과 아울러 제도적인 장치를 점검하기 마련이나 이간은 무엇보다도 '성실한 마음'에서 그 실마리를 찾아야 한다고 말하는 것이다. 이 점은 한원진이 관리 선발 · 부역 · 전세 · 정부 경비 절감 · 군대 지휘권의 분권 · 진법의 변경 등의 여러 가지 제도 개혁론을 내세우는 것과는 대조적이다.

왕이 성실한 마음을 지니고 있으면, 마치 '구름이 용을 따르고, 바람이 범을 따르고, 불이 마른 데로 나아가고, 물이 젖은 데로 흘러'가는 것처럼 자연스럽게 성실한 마음을 지닌 어진 인재들이 모여들게 되며, 그들의 도움으로 천하를 다스린다면 어떠한 문제도 곤란할 게 없다는 것이다.

이간은 이처럼 성실한 마음을 지니고 학문을 닦는다면 현실에서 성인과 같은 이상적 상태를 이룰 수 있다고 주장한다. 무릇 사람들 사이에는 옛사람과 요즘 사람처럼 현실적으로 다소 차이가 있을 수는 있지만, 모든 사람은 성인의 경지에 이를 수 있는 가능성을 지니고 있다고 믿고 있다. 현실에서는 군자/소인, 양반/상민, 중화/이적 등으로 구분된다 하더라도 사람 본연의 타고난 본성이나 이치에 근본적으로 차이가 있는 것이 아니다. 이간은 그러한 차이를 후천적인 노력 여하에 따라 발생한 것이라면 인정하지만 선천적이라든가 뛰어넘을 수 없는 차이라고는 보지 않는다. 모든 사람은 요순과 같은 성인이 될 수 있는 가능성을 지니고 있다는 것이다.

한원진은 이간의 그러한 입장을 사람과 금수, 중화와 이적을 구분하지 못한 소치라고 하지만, 이간은 외형적인 차이보다는 성실한 마음을 가지고서 현실에서 이루어낼 때 비로소 온전한 사람이 된다고 보는 것이다. 그러므로 이간의 철학은 바로 이 사람의 가능성을 현실화시키는 것의 해명에 있다고 할 수 있다.

3. 구분은 선천적인가 후천적인가

한원진과 이간 사이의 논쟁은 크게 두 가지로 구분된다. 첫째는 사람과 금수의 타고난 본성이 같으냐 다르냐이고, 두 번째는 마음이 겉으로 드러나기 이전 상태에서 타고난 기질상의 성품에 선함과 악함이 있느냐 없느냐다. 이것이 이른바 인물성동이 논쟁(또는 오상 논쟁)과 미발지전 기질지성 유무 논쟁(마음은 본래 모두가 선한가 아니면 선한 사람과 악한 사람이 있는가에 관한 논쟁 또는 미발 논쟁)으로, 통칭하여 호락 논쟁 또는 인물성동이 논쟁이라고 한다.

사람과 금수의 성에 대해 한원진은 다르다고 주장하였고 이간은 같다고 주장하였으며, 한원진은 겉으로 드러나기 이전 상태의 마음에 이미 기질의 선악이 있다고 하였고, 이간은 미발 상태에서는 기질을 논할 수 없다고 하였다. 즉, 한원진은 사람과 금수, 선인과 악인은 근원적으로 구분된다고 주장하는 것이고, 이간은 그러한 구분은 근원적인 것이 아니라고 하는 것이다. 그럼 먼저 사람과 금수 사이의 구분을 둘러싼 논쟁을 살펴보고, 그 다음으로 선인과 악인의 구분에 대한 두 사람의 입장을 살펴보도록 하자.

1) 금수도 도덕적 본성을 가지고 있을까

본성이란 개념은 공맹 이후 유학의 중심 개념 가운데 하나다. 대표적인 것만 들더라도 『논어』에는 “사람의 본성은 서로 큰 차이가 없으나 습관이 오래 쌓여 사람 사이의 차이를 서로 멀고 크게 한다[性相近 習相遠]”는 공자의 말이 있고, 맹자는 위에서 아래로 흘러내려 가는 것이 물의 본성이 것처럼 사람들의 본성은 인의예지(仁義禮智)라고 하면서 성선설을 내세웠다. 그 밖에도 본성의 선악에 관해 순자의 성악설, 고자의 성무선무악설을 비롯하여 성유선유악설, 성선악혼설 등 다양한 주장들이 전개될 만큼 본성의 개념은 유학의 핵심 개념 가운데 하나다.

유학을 계승한 성리학에서는 본성이 선하다는 맹자의 성선설에 기반을 두고 있으면서, 성선설을 철학적으로 해명하고자 하였다. 주자는 『맹자』의 주석을 달면서 ‘본성이란 사람이 나면서 부여받은 하늘의 이치’라고 설명하였고, 『중용』의 “하늘이 명령하신 것을 본성이라 이른다[天命之謂性]”는 구절의 주석을 달면서는 '본성은 바로 이치다[性卽理]. 사람과 물건이 태어남에 각기 부여받은 바의 이치를 얻음으로 인하여 건순(健順)·오상[인의예지신]의 덕을 삼으니, 이른바 본성이라는 것'이라고 설명하였다. 성리학이란 바로 이러한 '성즉리', 즉 성을 이로 설명한 것이다.

이는 기와 상대적인 개념이다. 성리학에서 이는 만물에 공통적 보편적인 것으로 만물에서 각기 동일하여 상통하고 기는 국한적 특수적인 것으로 만물이 각기 상이한 것으로 이해된다. 경험 세계의 다양성을 설명해주는 것이 기이고, 그러한 다양성을 초월한 근원적 동일성을 설명해주는 것이 이다. 율곡은 이러한 이기 관계를 이통기국(理通氣局)이라 명명하고, '사람의 성이 사물의 성이 아닌 것은 기가 국한되어서이고[人之性 非物之性者 氣之局也], 사람의 이가 사물의 이인 것은 이가 통하기 때문[人之理 卽物之理者 理之通也]'이라고 설명하였다.

여기서 지금 제시된 설명을 다시 검토해보자. 성은 이라고 하였다. 그런데 율곡은 "사람의 성이 사물의 성이 아닌 것은 기가 국한되어서이고, 사람의 이가 사물의 이인 것은 이가 통하기 때문이다"라는 표현에서 성은 사람과 사물이 다르고, 이는 사람과 사물이 같다고 표현하고 있다. 그러므로 율곡의 말에 따르면 성과 이는 다른 것이 된다. 성과 이는 같은 것인가 아니면 다른 것인가. 성과 이가 같은 것이냐 아니면 다른 것이냐 여부는 개념 정의와 관련된 문제로 각자가 나름대로 정의하면 그만일 수 있다. 사실 한원진은 성을 '기 안에 있는 이'라고 규정하였다. 즉, 성은 기의 제약 속에 있는 이로 설명한 것이다. 반면에 이간은 성과 이를 동일한 것으로 이해한다. 그런데 이 문제를 달리 표현하여 "사람의 성과 금수의 성이 같은 것인가 아니면 다른 것인가"라고 던질 수 있다. 같다고 하는 것은 성과 이가 같다는 것이고, 다르다고 하는 것은 성과 이가 다르다는 것이 된다. 동일한 문제인 것처럼 보이지만 이와 같이 표현하면 사람과 금수의 구분에 관련된 전통적인 문제로 환원된다.

이간이 사람과 금수의 성이 동일하다고 주장하는 것에 대해서 한원진은 어찌 금수가 사람과 동일한 오상을 지녔다고 할 수 있겠느냐며 다음과 같이 반론을 제기한다.

"이를 논하면 사람과 금수가 같습니다. 기를 논하면 금수는 온전할 수 없고 사람만이 온전합니다. 성은 이가 기 가운데 떨어진 이후의 이름이니 금수와 사람이 어찌 그 온전함을 같이 하겠습니까. 물론 이는 비록 기 가운데 떨어져 있어도 만약에 기와 섞지 않고 그 이만 가리킨다면 금수 또한 사람과 같다고 할 수는 있습니다. 이것이 이른바 같은 것 가운데 다름이 있고, 다른 것 가운데 같은 것이 있다[同中有異 異中有同]는 것입니다."

이는 보편성을 지닌 것이고 기는 특수성을 지닌 것이다. 성은 이이기는 하지만 '기 속에 있는 이'인 까닭에 보편성과 특수성을 함께 지닌 것으로 설명한 것이다. 한원진은 사람과 금수의 성이 같다고 하는 것을 인정할 수 없었던 것이다. 같은 것 가운데 다름이 있고 다른 것 가운데 같은 것이 있다는 말로 설명하였지만, 보편성과 특수성을 함께 지니고 있다고 한 순간 성이란 개념은 자체 모순이 아닐 수 없다. 이에 대한 고민을 해결하고자 내세운 것이 성의 개념에 세 가지 층이 있다는 이른바 성삼층설(性三層說)이다. 즉, 성에는 ① 사람과 만물이 모두 같은 성(따로 이만을 말한 것) ② 사람과 만물이 다르지만 사람은 모두 같은 성(그 기의 이를 지목한 것) ③ 사람과 사람이 모두 다른 성(이와 기를 섞어서 말한 것)의 삼층이 있다는 것이다. 그러나 ①은 성이라고 하기보다는 이라고 말해야 하고, ①과 ②는 본연지성, ③은 기질지성이다. 이러한 성삼층설은 다음과 같이 정리된다.

"이의 근본은 하나입니다. 그런데 형태를 초월하여 말한 것이 있고, 기질에 근거하여 말한 것이 있고, 기질과 섞어서 말한 것이 있습니다. 태극이란 형태를 초월해서 말한 것으로 만물의 이(理)는 같습니다. 건순 오상은 기질에 근거하여 말한 것으로 사람의 성과 사물의 성이 같지 않습니다. 선악의 성은 기질을 섞어서 말하는 것이니 사람마다 사물마다 또 같지 않습니다."

성리학에서 사람과 금수는 구별된다. 사람은 금수와 단순히 다를 뿐 아니라 고귀한 존재다. 그러므로 한원진이 사람과 금수를 원천적으로 구분하고자 하는 시도는 이해된다. 그런데 성리학에서 사람이 고귀한 까닭은 무엇인가. 사람은 도덕적 덕성을 가지고 있고, 그것을 알 수 있고, 실천할 수 있기 때문이다. 주렴계는 "오직 사람은 그 빼어난 기운을 얻어서 가장 영험하다"라고 하였다. 주자는 "사람이 천지의 가운데 위치하여 만물 가운데 가장 신령스러운 까닭은 마음일 뿐이다"라고 한 바가 있다. 사람과 금수는 동일하게 천지의 이와 천지의 기를 동일하게 부여받았다. 사람이 금수보다 고귀한 이유는 기의 바른 것을 받아서 성을 온전히 할 수 있기 때문이다. 그러나 한원진은 사람이 금수보다 기질 측면에서만 고귀하다는 점으로 만족할 수 없었고, 주자가 『맹자』의 주석에서 "인의예지를 부여받는 데에서 어찌 사물이 온전하게 얻을 수 있겠는가"라고 말한 것을 근거로 사람은 오상 전체를 지니고 있는 반면에 사물은 그렇지 못하다고 구분하였다. 온전하고 맑은[전수(全粹)] 기를 얻은 사람은 오상을 지니고 있지만, 치우치고 어그러진[편박(偏駁)] 기를 가진 금수나 식물의 경우에는 오상 가운데 일부만을 지닐 수 있다는 것이다.

사람과 금수는 형태가 이미 다른데 그 이가 어찌 같을 수 있겠습니까. 금수가 생명을 받아 태어난 처음에 그 기가 치우쳤으므로 그 이 또한 치우친 것인데, 어찌 당초에는 그 온전한 것을 받았으나 뒤에 기에 속박되는 이치가 있겠습니까. 오행에 하나라도 빠지면 물건이 만들어질 수 없으므로 사람이나 물건이 생겨날 때 비록 모두 오행의 기운을 똑같이 받지만, 금수가 받은 것은 지극히 치우치고 어그러진 것이기 때문에 그 이 또한 지극히 치우치고 어그러진 것인데, 어찌 금수에게서 인의예지의 순수한 것을 논할 수 있겠습니까.

사람이나 개나 소가 모두 동일한 오상을 소유하고 있다고 말한다면 이는 사람과 금수를 구분하지 못하는 것이니, 그는 이간에게 "노형은 무슨 이유로 우리 사람의 지극히 존귀한 성을 금수와 동일한 것으로 깎아내리는 것인가요"라고 반문한다. 금수의 경우에 인의예지신 가운데 어느 한두 가지 덕성을 갖추는 경우는 있지만 오상 전체를 갖춘 경우는 없고, 그러므로 사람과 금수의 구분은 오상을 기준으로 해야 한다는 것이 한원진이 말하고자 한 것이다.

이제 인성과 물성의 동이 논쟁은 오상의 전체를 금수가 갖추고 있느냐로 전개된다. 이간은 오상이란 것 자체가 나뉘어 존재할 수 있는 것이 아니라고 생각한다. 그 이유는 오상은 분리될 수 있는 성질의 것이 아닌 이인데, 한원진이 이에 대해 올바르게 이해하지 못한 것으로 본다. 그래서 이에 대해 다음과 같이 설명하고 있다.

"우주 사이에는 이와 기뿐입니다. 천지 만물은 순수하고 지극히 선하며 소리도 없고 냄새도 없는 오묘한 실체인 이 한 가지에 근원하는 것입니다. 존대하여 지목해서 태극이라 말하는 것은 그 혼연일체인 것을 지칭한 것이며, 갖추어 나열하면서 다섯 가지 도리[五常]라고 말하는 것은 그 조리가 찬연한 것(을 지칭한 것)입니다. 이는 곧 천명이 심원하여 그침이 없는 실체로서 사람과 사물이 품수한 바의 온전한 덕입니다. 예로부터 하나의 근원이 되는 이인 본연의 성을 말한다면 어찌 성과 천명을 쪼개고 사람과 사물을 나눌 수 있겠습니까. 이것이 (『중용』을 지은) 자사의 이른바 천명의 성이요(주자는 '천명의 성은 인의예지일 뿐'이라 했으니, 다만 이 한 구절의 말씀으로 모든 논쟁을 종식시킬 수 있을 것입니다), 주자가 말한 이(理)가 같다는 것이며, 율곡이 말한 이(理)가 통한다는 것입니다."

이는 천지 만물이 동일하게 지니고 있는 순수 지선의 실체며, 소리도 냄새도 없는 묘체로써 언제 어디서나 동일한 하나의 근원으로 존재한다는 것이다. 그 이를 태극이라고 부르기도 하고 오상이라고 부르기도 하는데, 태극이라고 부르는 것은 그 혼연함을 존대하는 것이고, 오상이라고 부르는 것은 그 조리를 차례로 열거하여 제시한 것이기 때문이라는 것이다. 태극은 굳건함과 순함 두 가지로 구분하여 설명할 수도 있고, 인의예지신이라는 다섯 가지로 구분하여 설명할 수도 있는 것이다. 그런데 현실에서 드러나는 특성을 들어서 제시하다보니까 마치 남자는 굳건한 성을 지니고 있고 여성은 순한 성을 지니고 있다고 말하게 되는데, 굳건함과 순함은 동전의 양면과 같은 것이므로 남성이나 여성이나 동일한 것을 지녔을 뿐이라는 것이 이간의 생각이다.

그런데 한원진은 태극과 오상을 구분하여, 태극은 개체에 내재한 이를 형기적인 측면에서 따로 떼어내어 지칭해 말하는 것이고, 오상은 기질에 기인해서 이를 지칭하는 것으로 이해하고 있다. 기질에 기인해서 지칭한다는 것은 이와 기는 서로 떨어져 존재할 수 없는 관계에 있다는 점에 주목하여 특정한 기에 들어 있는 이를 지칭하는 명칭이 성이라고 정의한 것이다. 한원진의 주장은 '태극=이=천명'은 한 가지인 반면에 '오상=기질에 기인한 이=성'은 사람과 사물이 같지 않다는 것이다.

태극과 오상을 구분하는 한원진의 주장에 대해서 이간은 이(理)를 올바르게 이해하지 못한 소치라고 말한다. 『중용』에서 '천명지위성'이라고 말한 것에서 천명이 바로 성이므로 근원적인 이와 본연의 성은 동일한 것으로 사람과 사물로 나누어 다르다고 말해서는 안 된다는 것이다.[1] 그러므로 한원진의 주장처럼 성과 천명을 쪼개고, 본연의 성인 오상으로 사람과 사물을 나누는 것은 옳지 않다는 것이다. 그러한 자신의 입장은 바로 『중용』에 나타난 자사의 천명의 성, 주자의 이동(理同), 율곡의 이통(理通)이라는 말과 동일한 것이라고 주장한다. 이간은 특히 주자가 '천명의 성은 인의예지일 뿐'이라고 말한 것에서 자신감을 갖고, 이 한 구절을 따르기만 한다면 그간의 모든 논쟁이 종결될 수 있으리라고 확신하고 있다.

이간이 보기에 한원진이 이기 가운데 이를 올바르게 이해하지 못하였는데, 바로 '이가 태극이고, 태극이 오상이요 천명'이란 점을 모르고 있다는 것이다. 이간은 '이=태극=천명=본연지성=오상'을 천지 만물이 모두 동일하게 지니고 있는 것이라고 주장하는 것이다.

이나 성을 통한 사람과 금수의 변별성을 거부한 이간에게는 기가 구분의 근거로 제시될 수밖에 없다. 그러면 두 번째로 기에 대한 논의를 살펴보자.

"그 바른 것과 치우친 것, 통한 것과 막힌 것의 구분과 어두

---

1) 주자가 '성은 바로 이다. 사람과 사물이 태어남에 각기 부여받은 바의 이를 얻음으로 인하여 건순 · 오상의 덕을 삼으니, 이른바 성이라는 것이다.'고 한 것에서 '각기'라는 말을 한원진은 '각기 달리'로, 이간은 '각기 동일하게'로 이해하고 있다.

운 것과 밝은 것, 강한 것과 약한 것의 다름은 곧 천지 만물이 그 형체를 각각 달리하는 근거가 되는 것입니다. 사람은 고귀하고 사물은 천박하다고 하는 구분은 온전함과 치우친 것 사이의 구별이요, 성인은 지혜롭고 일반인은 어리석다는 구분은 선함과 악함의 차이입니다. 이는 즉 조화와 생성의 지극한 변화요, 기의 밀고 당기는 기능의 극치입니다. 예로부터 서로 다른 몸의 이인 기질의 성을 말하는 자가 어찌 일찍이 사람과 사물을 한 가지로 바라보고 성인과 범인을 동등하게 바라보았겠습니까. 이는 정자(程子)의 이른바 '타고난 욕구의 성'이요, 주자의 이른바 '이가 절대 같지 않다'고 할 때의 이며, 율곡의 이른바 기의 국한됨입니다."

기는 이와 달리 구분의 근거다. 사람은 바르고 통한 기를 타고 난 반면에 금수의 경우에는 치우치고 막힌 기를 타고났기에 사람은 고귀하고 금수는 천박하다. 또한 사람 사이에도 기의 어둡고 밝음에 따라 지혜로운 자와 어리석은 자가 나뉘고, 강함과 약함에 따라 성인과 평범한 사람이 구분된다. 좋은 기를 지니고 있으면 성인이나 지혜로운 자가 되고, 나쁜 기를 지니고 있으면 평범하거나 어리석은 자가 된다. 기는 온갖 조화와 생성의 지극한 변화 가운데서 천차 만별의 차이를 만들어 내게 된다. 이러한 기의 차이를 고려하여 말하는 것이 서로 다른 몸의 이이고 기질의 성이라는 것이다. 따라서 사람과 사물, 성인과 평범한 사람의 구분 근거를 말하고자 한다면 기의 차이를 제시해야 하는 것이다. 율곡이 말한 기의 국한됨[기국(氣局)]이 바로 그런 서로 다른 몸의 이인 기질의 성을 지목한 것이라는 주장이다.

이러한 이간을 두고 사람과 금수를 구분하지 못하는 것에 빠진 것 아니냐고 한원진이 지적하였던 것에 대해서 이간은 다름과 같이 반박한다.

"그러나 저의 이론이 또한 어찌 사람과 금수의 다름에 미치지 않았겠습니까. 본연으로 말하면 성과 천명은 본래 사람과 금수 사이에 다름이 있을 수 없습니다. 그러나 기질로서 말한다면 기의 바르고 통한 것을 얻은 것이 사람이고, 치우치고 막힌 것을 얻은 것이 금수입니다. 그런데 바르고 통한 것 중에 또한 맑은 것과 흐린 것 순수한 것과 잡박한 것 사이에 구별이 있고 치우치고 막힌 것 가운데 또한 일부 통한 것과 완전히 막힌 것 사이의 구별이 있습니다. 이것이 곧 사람과 금수의 매우 다양한 다른 내용입니다."

즉, 모든 차이는 기로 인한 것인데 사람은 정통한 기를 얻은 반면에 금수는 치우치고 막힌 기를 얻었다. 치우치고 막힌 기는 절대로 정통한 기가 될 수 없으니, 사람과 금수 사이에는 뚜렷한 구분이 존재한다. 금수의 경우에는 일부 통한 것이 있을 수 있는데, 그 통한 것이 금수에게서 나타나는 인의예지신 가운데 일부의 모습인 것이다. 예컨대, 집에서 기르는 개와 같은 동물은 신의가 있다든가 벌이나 개미들이 질서 있는 행동을 하는 것과 같은 것이다.

이간이 이처럼 사람과 금수의 구분을 기질의 차이로만 설명하는 것은 모든 구분은 마땅히 기의 차이로만 설명해야 한다는 것을 말한다. 그리고 기질의 차이로 설명하는 것으로 충분하게 사람이 금수보다 왜 뛰어난 존재인지 설명할 수 있으며, 그렇게 함으로써 사람 사이에 차이를 수양과 노력을 통해 극복 가능함을 제시할 수 있다고 보기 때문이다.

2) 선인과 악인의 구분은 선천적인가

인성과 물성을 둘러싼 오상 논쟁이 사람과 금수를 구분이 선험적인 것인가에 관한 것이었다면, 미발에 관한 논쟁은 선인과 악인의 구분이 선험적인 것인가 경험적인 것인가에 관한 논쟁이다. 한원진은 사람에 따라 선악이 선험적으로 구분되어 있다고 주장한다. 군자 / 소인, 선인 / 악인 등으로 구분되는 것은 사람에 따라 부여받은 기질이 다르고, 그 기질에 따라서 선험적으로 구분되어 있다는 것이다. 이러한 구분을 인정하지 않는다면 모든 사람은 선험적으로는 선하다고 해야 할 것이고, 결국은 불교에서 말하는 심선론에 빠져 유교와 불교를 구분하지 못하게 될 것을 우려한 듯하다.

한원진은 선인과 악인의 구분을 기질에 따른 것이라는 데에서 나아가 이러한 차이 또한 성이라고 말한다. 성이라고 해야만 선험적인 차이로 인정할 수 있을 것이기 때문이다. 그러나 성이 악하다고 하는 말은 성선설을 근간으로 하고 있는 성리학에서는 일종의 반란에 해당한다. 한원진의 주장은 그렇게까지는 나아가지 않는다. 그는 성은 하나일 뿐이지만 본연의 성과 기질의 성이라는 두 가지의 이름이 있음에 주목한다. 그리고 이렇게 두 가지 이름이 있는 이유를 이를 따로 가리켜 말하는 것과 기를 아울러 지목하여 말하는 것에 차이라고 한다. 성선이라고 할 때의 성은 본연의 성인 데 반해서 그가 사람들 사이의 차이를 설명할 때의 성은 기질의 성에 한정된다.

성리학에서 성을 말할 때 본연지성과 기질지성을 나누고, 본연지성은 이(理)만을 지목하여 따로 말한 것이고 기질지성은 이와 기를 아울러 지목하여 합해서 말한 것으로, 본연지성은 순수하게 선한 것인 데 반해서 기질지성은 선한 것도 있고 악한 것도 있다고 설명하는 것은 일반적이다. 그런데 문제가 되는 부분은 다음과 같은 설명이다.

"미발(未發)의 전에 이는 기 안에 갖추어져 있는데 오로지 이만을 말하면 조금도 다른 것이 섞이지 않은 지극히 선한 것이니 이른바 본연지성이고, 기까지 아울러 말하면 선악이 일정하게 [들어 있는 것이니] 이른바 기질지성입니다."

본연지성과 기질지성은 이만을 말하느냐 아니면 기까지 아울러 말하느냐의 차이이지만 미발의 전에 선악이 일정하게 정해진 기질지성이 있다는 이 말은 논란을 야기하였다. 선악은 마음이 겉으로 드러난 뒤에 나타나는 것이지만 그러한 선악이 드러나기 위해서는 이미 미발 상태의 기질지성에 이미 선악이 일정하게 배태되어 있는 것을 추정할 수 있다는 것이다. 그가 생각하는 미발은 기가 작용하기 이전의 상태로, 드러나면서 기의 작용으로 가능태로 존재하던 선악이 그대로 나타나게 된다고 이해한 것이다.

여기서 미발이란 말은 『중용』의 "희로애락의 감정이 드러나지 않은[미발] 것을 중(中)이라 하고 드러나 모두 절도에 맞는 것을 화(和)라 이르니, 중이란 것은 천하의 큰 근본이요 화란 것은 천하의 공통된 도(道)다"라는 구절에서 나온 말이다. 여기서 드러남과 드러나지 않음은 마음에 감정이 드러나느냐 드러나지 않느냐의 문제다. 감정이 드러나지 않은 상태에서는 기질의 영향을 전혀 받지 않아서 편벽되거나 치우친 바가 없어 중이라고 설명된다. 미발은 기질의 영향이 없으므로 본연지성의 모습을 그대로 유지하고 있고, 기질지성을 논할 수 있는 곳은 아니었다. '미발의 중'은 천하의 대본(大本)으로서 순수하게 선한 상태로 이해되어 왔다. 그러므로 한원진이 미발 상태에도 선악이 일정한 기질지성이 있다고 주장하는 것에 대해서는 논란이 발생할 수밖에 없었던 것이다.

한원진은 미발 상태는 외물과 아직 접촉하지 않아 기가 작용하지 않기 때문에 성이 고요하고 안정되어 선만 있고 악이 없지만, 태어나면서부터 지니고 있는 기질은 있고, 그 기질에는 선악이 있으니 그 기질과 성을 아울러 말한다면 아직 드러나지는 않았지만 미발 상태에 이미 기질의 선악이 있다는 것이다. 아직 작용하지는 않았지만 이와 기는 서로 떨어져 존재할 수 없으니, 미발 상태에서도 본연지성이 머물러 있는 기를 아울러 말할 수 있다는 것이다.

반면, 이간은 기의 청탁수박에 의해 이의 중과 부중(不中)이 나뉘는 것이 기질지성이고, 이러한 기질의 영향에 의해 이의 나뉨을 기질을 감안하여 성을 말한다는 의미에서 아울러 지목하여 말하는 것이라고 이해한다. 이간은 기질지성을 기질에 따라 성이 중이 되기도 하고 부중이 되기도 하는 것이라고 본 것이니, 기질지성을 기질을 고려한 성이라고 이해하는 것이며 기질지성은 이발의 상태에서나 말할 수 있는 것이다. 본연지성과 기질을 아울러 지목하여 말하여 기질지성이라고 하는 것은 동일하나, 한원진은 본연지성과 기질을 합해서 말하는 것이라고 한 데 대해서, 이간은 기질의 영향을 고려한 본연지성의 발현 양태로 이해하고 있는 것이다. 따라서 이간의 입장에서는 기질지성이란 미발에서는 나타날 수 없을 뿐 아니라 존재할 수도 없고 드러난 뒤에 비로소 발생한다는 것이다.

그런데 한원진과 이간의 논쟁이 기질지성을 둘러싸고 벌어지고 있지만 실은 근본적으로 미발이란 개념에 대한 이해에 차이가 있다. 한원진은 미발을 희로애락의 감정이 드러나기 이전의 상태로서 기질의 작용이 없는 상태[기불용사(氣不用事)]라고 이해하고 있다. 그러므로 외부에 감응하여 발하는 순간 기질이 작용하게 되는 것이고, 발한 뒤에 나타나기 위해서는 발하기 이전인 미발에 그 가능태가 존재해야 한다는 생각인 것이다.

그러나 이간이 생각하고 있는 미발은 한원진이 말하는 것처럼 이발의 시간적 선재로서의 미발이 아니다. 미발과 이발을 시간적 선후로 생각했던 한원진이 미발지전(未發之前)이란 표현을 사용하는 반면에 이간은 미발지시(未發之時)라는 표현을 사용하고 있다. 즉, 한원진에게는 전후의 관계 속에서 미발을 말하고 있는 반면에 이간은 미발인 때라고 말하면서 특정한 상태를 설정하고 있는 것이다. 즉, 이간이 이해하고 있는 미발은 시간적으로 앞서 존재하는 상태라기보다는 가장 이상적인 심리 상태라고 볼 수 있다. 예컨대, 어린아이가 우물에 빠질 위험에 처한 순간 자신의 이해 관계를 떠나 살리고자 하는 마음 상태처럼 삽시에 드러나는 것이다.

그렇기에 이간은 이러한 한원진의 미발 이해를 깊은 뜻을 보지 못한 것이라고 말한다. 그는 미발을 심기와 본연지성의 합일됨을 지목하여 말하는 것이야말로 제대로 갖추어 말하는 것이라고 한다. 그래서 "성리의 선은 비록 심기에 근본하지는 않지만, 그 선의 보존되고 없어지는 것은 실지로 심기의 선함과 선하지 않음에 관계된다. 마음은 곧지 않은데 스스로 중(中)할 수 있고, 기는 불순한데 이는 스스로 화(和)가 될 수 있는 것 같은 것이 천하에 있을까"라는 말을 할 수 있게 되는 것이다.

이간은 주자의 글을 분석하여 주자가 미발을 말하는 방식에 세 가지 방식이 있다고 분석한다. 미발을 다만 중인이 사물과 접촉하지 않았다고 가볍게 말한 것, 근원적인 곳에서 깊게 말한 것, 그리고 이 마음이 보존되느냐 마느냐는 것을 갖추어 말한 것이 있다는 것이다. 이는 한원진의 주장이 근거가 없는 것은 아니지만 주자가 가볍게 말한 것만을 미발로 보는 잘못에 빠진 것이라고 본 것이다.

이간은 본연지성이 보존될 수 있는 마음의 상태까지 갖추어 말하게 되면서 이기를 겸해서 말할 수 있게 되었고, 기인 심과 이인 성을 일치시켜 말할 수 있게 되었다고 자부한다. 이것이 이른바 심성일치(心性一致), 이기동실(理氣同實)이라는 이간의 주장인 것이다. 이간은 다음과 같이 자신과 한원진이 말하는 미발에 대해 정리하였다.

"명덕(마음의 밝은 덕성)의 본체는 성인이나 범인이나 동일하게 얻은 것이고, 혈기의 맑고 탁함은 성인과 범인이 다르게 받은 것입니다. 명덕은 곧 천군(天君. 사람의 마음)이요 혈기는 곧 기질입니다. 천군이 주재하면 혈기는 몸에 물러나고 마음이 텅 비어 밝아지니, 이것이 대본(大本)의 소재로서 자사의 이른바 미발입니다. 그러나 천군이 주재하지 않으면 혈기가 마음에서 작용함으로 맑고 탁함이 한결같지 않게 되니, 이는 선악이 뒤섞인 것으로서 한원진이 말한 미발입니다."

사람의 본래 마음은 금수와 달리 음양오행의 바르고 통한 기를 얻어서, (내면적으로 유지되는 마음의) 고요함과 (외부 사물에 대해 알맞게) 감응함의 오묘함인 중화(中和)의 덕을 갖추어 만물 가운데서 가장 신령하고 고귀한 존재가 될 수 있는 근거가 된다. 『대학』에서 명덕이라고 말하는 것이 바로 이 마음을 가리키는 것으로 명덕은 성인이나 범인의 구별 없이 사람이면 누구나 동일하게 지니고 태어났다는 것이다. 공자는 마음을 "잡으면 보존할 수 있고 버리면 없어진다"고 표현하였고, 맹자는 "인의예지의 마음"이라고 하였으며, 주자는 "원래는 선하지 아니 함이 없는 본래의 마음"이라고 표현하고 있는데, 이 모든 것이 지칭하는 것이 바로 본심이라는 것이다. 그 본심의 기는 정통(正通)한 것으로 여타 존재와 구분되는 사람이 고귀한 근거다.

반면에 혈기는 사람이 지닌 동물적인 모습으로 이해된다. 유학에서 사람이 수양을 하고 학문을 하는 이유가 덕성을 함양하여 성인이 되고자 하는 것이라면 그러한 성인의 상태를 바로 혈기를 인의예지의 마음으로 다스려 마음과 성이 일치[심성일치(心性一致)]하고, 이와 기가 함께 충실[이기동실(理氣同實)]하게 존재하는 상태에서 찾아야 하는 것으로 이해한다. 도척이나 장교와 같은 악인에게 부족한 것은 그와 같은 성인의 마음이라는 것이다. 한원진은 이러한 본심에 대해 이해하지 못해서 기와 관계없는 공허한 이를 내세우고 있다고 비판하는 것이다.

이러한 이간의 주장에 대해 한원진은 심기와 혈기, 즉 본연지심과 기질지심으로 심을 나누어 각각 본연지성과 기질지성을 배치시키는 마음과 성을 각기 두 가지로 하는 이심이성(二心二性)의 이론이라고 비판한다. 그리고 심을 중심으로 성을 논하게 됨으로써 결국은 성선을 포기하고 심선으로 나아가는 것처럼 보인다고 다음과 같이 비판하였다.

"성이 기의 선을 기다려 선하다면 어찌 기질지성이라고 하는 것이 아니겠으며, 어찌 기를 대본(大本)으로 삼은 것이 아니라고 하겠습니까. 그게 맞다면, 맹자는 당연히 기가 선하다고 말했지 성이 선하다고 말하지 않았을 것입니다."

심기의 강조와 그 결과 나타나는 심선설은 한원진이 유교와 불교를 구분하지 못할 우려가 있다고 비판하고 있는 부분이다. 그러나 이간에게 미발이란 이상적 상태면서 후천적 노력을 통해 쟁취해 나가야 할 목표가 되고 있으며, 그 미발은 심선을 통해 비로소 가능한 것이었다.

한원진이 성인과 범인, 선인과 악인의 구분을 선천적인 것으로 설명하고자 하였던 데 반해서 이간은 사람 사이에 선천적인 구분은 없다고 주장하였다. 그리고 '미발'을 한원진은 선천적인 것으로 이해하고 있는 데 반해서 이간은 선험적 내지는 초험적 상태로서, 이념적 지향점으로 이해한 것이다. 이간의 입장에서는 사람들 사이의 구분을 선험적인 것으로만 설명한다면 내면적 도덕성의 함양이라고 하는 수양의 가능성이 없어지게 되는 것을 우려한 것으로 보인다. 이간에게서의 사람이란 수양하기에 따라서는 성인이 될 수 있는 가능성을 지닌 존재인 것이다.

4. 주자 성리학을 넘어 조선 성리학의 길로

고려 말에서 조선 초기에 걸쳐 수입된 주자 성리학은 본래의 모습과는 다른 독자적인 조선 성리학으로 발전해갔다. 이간과 한원진도 누가 더 정확하게 주자 성리학을 이해하고 있는가를 두고 대립하였지만, 그 가운데 주자 성리학이 지닌 모순을 노정시키면서 주자 성리학과는 구분되는 조선 성리학의 길을 예비하고 있었다. 두 사람의 논쟁은 후일 녹문 임성주의 유기론과 노사 기정진의 유리론이라는 조선 성리학의 새로운 결실을 맺게 된다.

한원진과 이간의 논쟁은 크게 '오상'과 '미발' 두 가지 개념을 둘러싸고 전개되었다. 오상을 두고 한원진은 분리되어 존재한다고 주장하였고, 이간은 분리되어 존재할 수 있는 성질의 개념이 아니라고 했다. 미발을 둘러싼 논쟁은 미발 개념에 대한 이해가 상이한 데서 비롯하였다. 미발에 대해 한원진은 "사람의 감정이 드러나기 이전에 그 사람의 선악이 있다고 할 수 있는가 없는가?"의 문제로 이해하고 있던 반면에, 이간은 맹자가 말한 '어린이의 마음'이나 '성인의 마음'과 같은 이상적인 경지로 이해하여 선악 자체에 대한 논의 자체가 무의미하다고 보았다. 한원진은 사람과 금수의 구분을 명확하게 하고, 나아가 지배층과 피지배층, 조선과 청나라의 구분을 정당화하려는 것이었던 반면에, 이간은 사람이 사람다울 수 있는 도덕성을 회복해야만 사회 질서를 바로잡을 수 있다고 본 것이다.

이들의 주장에 대한 어느 한쪽의 정당성은 논리적으로도 고증을 통해서도 확정될 수 없었다. 그러므로 이 문제는 그 자체로 해결하기보다는 그들의 사회관, 세계관의 차이로 이해하는 것이 타당하다. 기존 질서를 지키고자 했던 한원진의 경우는 여타 존재에 대비하여 사람의 존엄성을, 이적에 대비하여 중화의 존엄성을, 범인에 대비하여 성인의 존엄성을 지키려 했기에 구분의 논리가 필요했고, 수양을 통한 사람의 변화 가능성에 대한 신뢰를 보였던 이간은 사람의 가능성, 변화 가능성, 교육 가능성, 성취 가능성에 대해 말하고 그러한 성취를 이룬 사람들에 의한 새로운 사회 질서를 부지불식간에 표현하고 있다. 서인 노론계 학자들로서 두 사람은 모두 보수적인 입장이었지만 현실 문제를 해결하기 위하여 선택한 접근 방법에는 커다란 세계관의 차이가 있었던 것이다.

두 사람은 주자를 통한 고증으로 자기 주장을 정당화하려고 했지만 두 사람의 주장 모두 일정 부분 근거가 있었다. 주자에게는 인성과 물성을 나누는 것이나 미발의 문제에는 관심이 있었지만, 오상의 분리 존재의 논리적 타당성이나 미발의 상이한 용례에 대한 검토는 없었다. 사실 이일분수(理一分殊) 또는 이통기국이라는 성리학의 명제가 제기된 오상의 문제에 대한 답변으로 볼 수 있다. 그러나 이일분수나 이통기국에 대한 구체적인 검토가 진행되자 그 표현이 함축하고 있는 의미는 풍부하지만 그만큼 구체적 의미는 애매하다. 한원진과 이간 두 사람 사이의 논쟁으로 성리학적 개념이 지닌 풍부하지만 애매한 의미의 한계가 드러나면서 이를 해결하려는 시도가 조선 성리학을 새로운 방향으로 발전해가게 해주었다. 논쟁을 통해 한원진과 이간 자신도 조금씩 자신의 주장을 세련되게 발전시켰으며, 전체적으로 보면 주자 성리학을 정확하게 이해하려는 논쟁이 주자 성리학을 넘어서서 조선 성리학의 새로운 길을 예비한 것이었다.

제6장
홍대용과 최한기
—주자학적 사유의 극복을 위한 두 가지 길

1. 주자학의 철학적 문제 의식과 이에 대한 비판

고려말에 도입된 주자학은 조선 왕조에 이르러 점차 정치·교육·의례·일상 생활 등 사회 전반을 규제하는 지배 이념으로 자리잡았다. 그 결과 조선 시대 지식인들의 일반적인 삶의 모습은 주자학을 공부하면서 주자학의 가르침을 내면화하고 실천하는 것이었다고 해도 과언이 아니다. 한마디로 그들은 주자학의 가르침에 따라 이 세계를 바라보았고 인간의 삶을 사유했다고 할 수 있다. 조선 왕조 오백 년 동안 사회 전반을 주도한 사유 체계는 주희(朱熹 : 1130~1200)에 의해 체계화된 주자학이었던 셈이다.

주자학의 실천 철학은 인격의 함양[修己]과 올바른 정치[安人] 두 가지로 모아진다. 도덕적인 인간이 되어서 도덕적인 사회를 건설하는 것이 주자학이 지향하는 이상적인 인간의 모습이라고 할 수 있다. 주자학적 가치 체계에서 보자면, 인격의 함양과 올바른 정치는 똑같이 중요하지만, 먼저 인격을 함양하고 올바른 정치를 하는 것이 제대로 된 순서다. 주자학에서는 인격의 함양 없이 정치를 올바로 하는 것은 불가능하다고 보았기 때문이다. 그만큼 인격을 함양하는 것, 즉 도덕적인 인간이 되는 것은 주자학에서 중요한 의미를 지닌다. 그래서 주자학의 철학 이론은 "어떻게 하면 도덕적인 인간이 될 수 있을까"라는 질문으로부터 시작된다.

현실적으로 모든 인간이 도덕적인 것은 아니다. 실제로 이 세상을 살아가는 사람 중에는 도덕적이지 않은 경우가 많다. 주자학은 이러한 현실을 인정하면서도, 동시에 인간이 도덕적이 되어야 하고 또 그렇게 될 수 있다고 보았다. 이에 대해 주자학에서는 모든 인간이 도덕적 본성을 부여받았으나 몸과 마음의 삐뚤어진 욕망 때문에 그 본성을 제대로 실천할 수 없다고 설명한다. 주자학의 다양한 개념과 이론적 장치들은 잘못된 욕망을 제어하고 도덕적 본성을 제대로 실천하는 인간, 즉 도덕적인 인간이 되기 위한 방법론이라고 해도 지나친 말은 아니다.

주자학에서 자연을 보는 관점도 "어떻게 하면 도덕적인 인간이 될 수 있을까"라는 근본적인 질문과 밀접한 관련이 있다. 주자학의 자연관은 이중적이다. 주자학에서 본 자연은 일차적으로 우주적 본질, 즉 천리를 담고 있는 자연이다. 이런 측면에서 자연은 천리를 구현하고 있는 존재라고 말할 수 있다. 현실정치에 많은 관심을 가졌음에도 불구하고 자연 속에 묻혀 살기를 소망했던 주자학자들이 적지 않았던 것은 자연이 인간의 사사로운 욕망을 씻어줄 수 있는 정화수의 역할을 한다는 생각과 무관하지 않다. 반면에 주자학에서 본 자연은 인간보다 하위에 있는 존재이기도 하다. 주자학에서는 금수와 초목이 인간과 달리 도덕적인 실천을 제대로 할 수 없다는 점에서 인간보다 열등한 존재라고 보았기 때문이다. 여기서 도덕적인 실천이란 천리의 실천을 의미한다. 이렇듯 주자학의 자연은 천리의 담지자이기도 하지만 천리를 제대로 실천할 수 없는 존재이기도 하다.

조선 후기에 이르러 주자학적 사유의 시대적 한계를 직시하고, 새로운 눈으로 이 세계를 보려는 사유가 등장하기 시작하였다. 특히 인간과 자연을 보는 관점의 측면에서 주목되는 사상가가 홍대용(洪大容 : 1731~1783)과 최한기(崔漢綺 : 1803~1877)이다. 인간과 자연에 대한 이 두 사람의 견해는 같지 않다. 홍대용은 인간과 자연을 균등한 존재로 본 반면에 최한기는 인간과 자연의 차이에 주목하였다. 또한 홍대용은 자연을 도덕적인 존재로 본 반면에 최한기는 자연을 비도덕적인 존재로 이해하였다. 이 같은 차이에도 불구하고, 이 두 학자는 주자학적 사유의 한계를 비판하고 새로운 사유 체계를 제시했다는 공통점이 있다. 홍대용과 최한기가 우리나라 철학사에서 갖는 일차적인 의미는 바로 기존의 사유 체계를 비판하고 그 대안을 제시했다는 점에 있다. 비판적인 눈으로 이 세상을 성찰하는 것이 철학자에게 부여된 중요한 의무 가운데 하나이기 때문이다. 이 글은 조선 후기에 등장했던, 주자학의 인간관과 자연관을 극복해가는 두 가지 방식을 홍대용과 최한기를 통해 살피는 것이 목적이다.

2. 주자학의 인간관과 자연관

1) 자연은 천리의 담지자다

주자학에서는 만물이 태극이라는 근원에서 생겨난다고 본

다. 태극에서 만물이 생겨나는 과정을 체계적으로 설명한 것은 주돈이(周敦頤 : 1017~1073)의 『태극도설(太極圖說)』이다. 주돈이는 태극에서 음양과 오행이 차례로 생겨나고 태극과 음양 오행의 상호 작용으로 만물이 생겨난다고 설명하였다. 여기서 음양과 오행은 기의 특정한 형태를 지칭한다. 반면에 태극이 무엇인가에 대해서는 약간의 논란이 있는데, 주희는 태극을 리라고 규정하였다. 이렇게 되면 리에서 음양오행의 기가 생겨나고, 리와 기의 상호 작용으로 만물이 생겨나게 된다. 주희의 철학에서 리는 만물이 생겨나는 원천, 즉 근원인 셈이다.

주자학에서 리는 만물이 생겨나는 근원이지만, 단순히 만물이 생겨나기 이전의 근원만을 의미하지 않는다. 왜냐하면 리는 만물 안에 내재해 있기 때문이다. 주자학은 리(理)와 기(氣)라는 두 범주로 이 세계를 설명한다. 만물은 단순히 기의 덩어리만이 아니라 리를 내재하고 있는 존재다. 만물은 리와 기의 합이므로 이 세상에 리 없는 존재는 없다. 이에 대해 이이(李珥 : 1536~1584)는 다음과 같이 말하였다.

천지의 사이에 모든 사물은 각기 리(理)가 있으니, 위로는 해 · 달 · 별로부터 아래로 초목 · 산천에 이르기까지 그리고 미세하게는 술찌끼 · 타고남은 재에 이르기까지 모두 도체(道體)가 깃들어 있는 것으로서 지극한 가르침 아닌 것이 없다.

이 글은 산수의 아름다움이나 산수의 멋만 알아서는 안 되고 산수에 깃들어 있는 도체, 곧 도의 본체를 알아야 산수를 제대로 아는 것이라는 맥락에서 나온 글이다. 이처럼 주자학에서는 금수와 초목은 물론 술을 걸러내고 남은 술찌끼와 타고남은 재에도 리가 깃들어 있다고 보았다. 한마디로 모든 사물에는 리가 있다는 것이다. 그렇다면 타고남은 재와 같이 아무 쓸모가 없는 것처럼 보이는 것에도 있다는 리(理)는 과연 무엇일까.

주자학에서 말하는 리는 기본적으로 원리, 이치라는 의미로 이해할 수 있다. 주자학에서는 리가 이 세계를 관통해 있다고 본다. 이 세계를 관통해 있다는 점에서 그 리는 곧 자연의 리인 셈이다. 자연에 관철되어 있는 이 리는 인간이 제멋대로 만든 리가 아니라 본래부터 그러한 리다. 그래서 그 리를 흔히 하늘의 원리, 즉 천리라고 한다. 하늘의 원리란 우주적 원리라는 뜻이다. 왜냐하면 그것은 우주의 모든 존재에 관철되어 있는 원리이기 때문이다. 그 원리의 구체적인 내용을 한 글자로 하면 성실[誠]이고 네 글자로 원·형·이·정(元亨利貞)이다. 유가에서 바라본 하늘은 매우 성실하다. 해와 달 그리고 온갖 별들의 운행은 일정한 궤도와 시간에 따라 움직이면서 밤과 낮의 교체, 계절의 순환을 빚어낸다. 만물은 봄에 소생하여, 여름에 무성하게 자라고, 가을이면 결실을 맺는다. 그리고 겨울이 되면 만물은 본래 상태로 돌아가 편안하게 쉬면서 다음을 기약한다. 만물이 소생하고[生], 자라고[長], 결실을 맺고[收], 돌아가 쉬는 것[藏]은 곧 자연의 가장 기본적인 운행이다. 만물의 생·장·수·장을 가능하게 하는 하늘의 특성을 가리켜 원·형·이·정이라고 한다. 인의예지는 바로 원형이정을 인간의 덕목으로 표현한 것이다.

기와 함께 만물을 이루고 있는 리는 바로 원형이정이라고 하는 천리를 뜻한다. 원형이정은 하늘의 원리이기도 하지만, 동시에 만물에 내재해 있는 만물의 원리이기도 하다. 그래서 주자학에서는 모든 사물이 각자 하나의 태극, 즉 우주적 원리를 가지고 있다고 하였다. 이에 대해 주자학은 하늘에 떠 있는 달과 물에 비친 달의 비유를 들어 설명하였다. 하나의 달이 하늘에 떠 있지만 지상의 물마다 달의 모습이 비쳐지듯이 태극은 하나이지만 모든 사물에 태극이 내재해 있다는 것이다. 주자학에서 자연은 태극, 즉 천리의 담지자이고 천리가 유행하는 공간인 셈이다.

주자학자들은 모든 존재가 천리를 함유하고 있다고 보았다. 주자학에서는 사물에 내재해 있는 천리를 그 사물의 본성이라고 한다. 그들에 따르면, 금수와 초목은 타고난 기의 한계로 인해 인간과 같이 천리를 온전하게 실천할 수는 없다. 하지만 새와 짐승들이 나름대로 외부 대상을 인식하고 운동하는 것, 초목이 자라고 시드는 것, 꽃이 피고 지는 것 역시 무질서하게 제멋대로 일어나는 현상이 아니다. 물이 아래로 흘러내리고 불이 위로 타오르는 것도 마찬가지다. 이것이 자연의 질서다. 그러한 현상들은 사물들이 각자의 본성에 따른 것이다. 배나무에는 배꽃이 피지 다른 꽃이 피지 않는다. 물은 아래로 흐르지 위로 흐르지 않는다. 사물들은 저마다 본성이 있고 그 본성에 따라 움직이기 때문이다. 그리고 그 본성은 하늘이 부여한 것이다. 그래서 그 본성을 천리라고 한다. 한마디로 자연은 일정한 질서에 따라 정연하게 움직인다. 자연의 질서가 곧 자연의 리다. 이렇듯 주자학에서 본 자연 세계, 즉 이 우주는 리를 매개로 질서 정연하게 움직이는 거대한 유기적 통일체다.

주자학자들이 본 자연은 단순히 겉으로 보이는 자연만이 아니라 천리, 즉 도체가 관통해 있는 자연이었다. 다음은 이황(李滉 : 1501~1570)의 언급이다.

솔개가 날고 물고기가 뛰노는 것은 진실로 기다. 그러나 솔개가 날고 물고기가 뛰노는 것의 본질은 리다. 자사(子思)가 이 시를 인용한 뜻은 본래 기에 있지 않고 다만 솔개와 물고기에 나아가 그 리의 본체가 드러나고 그 리의 미묘한 작용이 일어나는, 생동감 넘치는 오묘한 경지를 관찰하도록 함에 있다.

솔개가 날아서 하늘에 이르고 물고기가 연못에서 뛰노는 것과 같은 자연 현상은 곧 기의 작용이다. 기의 작용은 눈에 보인다. 그러나 우리 인간이 자연에서 보아야 할 것은 단순히 날고 뛰노는 것과 같이 겉으로 드러나는 현상이 아니다. 이황이 자연에서 진정으로 보아야 할 것이라고 생각한 것은 그 현상 이면에 관통하고 있는 본질, 즉 리다. 겉으로 드러나는 자연 현상 이면에는 그것을 가능하게 하는 리의 본체가 있다. 우리 눈에 보이는 구체적인 자연 현상은 그 본체가 바깥으로 표현된 것이다. 주자학에서 본 자연은 천리가 유행(流行)하는 자연이다.

2) 인간은 도덕적 실천의 주체다

주자학에서 만물을 바라보는 관점은 이중적이다. 하나는 만물이 똑같이 리와 기의 합으로 이루어져 있다는 것이다. 여기서 리는 태극, 천리 등으로 불리는 우주적 원리, 즉 원형이정의 원리다. 이러한 관점에서 보면 만물은 똑같이 우주적 원리를 구현하고 있는 존재가 된다. 주자학의 이상주의적인 관점이라고 할 수 있다. 반면에 주자학은 인간, 금수, 초목을 상하 수직적으로 보기도 한다. 이를 주자학의 인간중심주의적 관점 또는 현실주의적 관점이라고 할 수 있다. 이 관점에 따르면, 인간은 인의예지를 실천할 수 있는 도덕적인 존재인 반면에 인간 이외의 존재는 인의예지를 제대로 실천하지 못하거나 전혀 실천할 수 없는 존재다. 주자학에서는 이러한 차이를 기에 의해서 설명한다.

이러한 설명에 따르면, 인간을 포함해서 만물은 똑같이 태극, 즉 천리를 가지고 있다. 그러나 기의 차이로 인해 그 리는 현실적으로 다르게 표현된다. 하늘에는 하나의 달이 떠 있지만 물에 비친 달의 모습은 물의 상태에 따라 천차만별인 것처럼 천리는 하나이지만 만물에 내재해 있는 리의 모습은 다르다는 것이다. 어떤 물은 고요하지만 어떤 물은 출렁이며, 어떤 물은 맑고 깨끗하지만 어떤 물은 혼탁하기 때문에, 그 물에 비친 달의 모습은 다를 수밖에 없다. 심지어는 아주 혼탁한 물에서는 달의 모습을 찾아보기도 어렵다. 마찬가지로 만물은 리를 담고 있는 기가 어떠하냐에 따라 그 기에 담겨 있는 리의 현실적인 모습은 달라진다.

주자학에서는 기의 다양성으로 만물의 차이를 설명한다. 인간은 소통되고[通] 바른[正] 기로 이루어져 있기 때문에 인의예지의 리를 온전히 갖추고 있고 완전하게 실천할 가능성이 있는 존재다. 반면에 완전히 막히고[塞] 치우친[偏] 기를 가진 초목은 인의예지의 리를 제대로 실천할 수 없는 존재다. 다만 금수는 초목에 비해 상대적으로 덜 막히고 덜 치우친 기를 가진 존재이므로 종에 따라 한 가지의 도덕적 덕목을 실천할 수는 있다. 예를 들어 이리는 인을 실천할 수 있고 개미와 벌은 의를 실천할 수 있다는 것이 그것이다. 늑대나 이리 같은 존재는 자식을 매우 사랑하며, 벌과 개미는 집단 안에서 자신에게 부여된 역할을 충실하게 하는 데서 착안한 설명이다. 정리하자면 만물은 천리를 부여받았다는 점에서 동일하지만, 초목은 기가 막히고 치우쳤기 때문에 그 천리를 전혀 실천할 수 없고 인간은 기가 통하고 바르므로 천리를 온전하게 실천할 수 있다. 금수는 그 중간이므로 천리 가운데 일부를 실천할 수 있다. 이러한 설명에 따르면 인간이 만물의 중심이 되는 것은 당연하다. 주자학은 만물이 똑같이 천리의 산물이라는 것을 인정하면서도 실질적으로는 인간이 다른 존재보다 우월하다는 것을 인정하였다.

주자학은 인간이 천리를 완벽하게 실천할 가능성이 있다는 점에서 그렇지 못한 금수나 초목보다 우월한 존재로 본다. 그러나 현실적으로 누구나 천리를 완전하게 실천할 수 있다고 본 것은 아니다. 인간이 천리를 부여받았고 그 천리를 실천할 가능성이 있다는 것과 실제로 천리를 실천한다는 것은 별개다. 천리, 즉 인의예지라는 도덕적 원리를 완전하게 실천하는 사람이 곧 성인이다. 하지만 보통 사람은 언제나 도덕적인 삶을 사는 것이 아니며 오히려 악한 짓을 저지르는 경우도 많다. 이 같은 차이를 주자학에서는 기로 설명한다. 맑고 깨끗한 기를 가진 사람은 성인이다. 혼탁하고 잡된 기를 가진 사람은 어리석은 사람이다. 어리석은 사람은 혼탁하고 잡된 기 때문에 타고난 천리를 제대로 실천하지 못한다. 그래서 악한 사람이 될 가능성이 높다. 보통 사람은 어리석은 사람보다 덜 혼탁하고 덜 잡된 기를 가지고 있으므로 노력에 따라서 천리를 실천할 수도 있고 그렇지 못할 수도 있다. 이렇듯 주자학에서는 인간을 정점으로 한 인간-금수-초목의 위계 질서라는 틀로 이 세계를 파악하였다. 그리고 인간 안에서도 성인에서 어리석은 사람에 이르기까지 상하 수직적인 위계를 인정하였다. 물론 이 위계 질서의 서열은 리를 얼마나 실천하느냐에 따라 정해진다. 이런 위계 질서에서 보면 주자학의 자연은 천리를 제대로 실천하지 못하는 존재며, 그래서 인간보다 열등한 존재가 된다.

3. 인간중심주의에 대한 비판 : 홍대용

1) 사람과 사물은 평등하다

홍대용의 탈주자학적 문제 의식이 잘 드러나 있는 글은 『의산문답(醫山問答)』이다. 이 글이 조선 사상사에서 갖는 큰 의미는 주자학적 세계관에 대한 비판을 통해 새로운 사유의 길을 제시했다는 데 있다. 홍대용은 주자학에서처럼 인간을 중심으로 이 세계를 바라보지 않았다. 그의 눈에는 인간이 인간 이외의 존재보다 우월하지 않다. 그의 주장에 따르면, 인간이 인간 이외의 존재보다 우월하다는 것은 인간의 편견일 뿐이다.

『의산문답』에 나오는 허자(虛子)와 실옹(實翁)의 대화는 그가 이 세계를 어떤 관점에서 보았는지를 잘 드러내준다. 여기서 헛된 사람이라는 뜻의 허자가 통속적인 주자학자라면, 알맹이가 있는 노인이라는 뜻의 실옹은 바로 홍대용 자신의 분신이라고 할 수 있다. 이 대화에서 실옹은 "초목은 감지 능력[知]은 있어도 인식 능력[覺]이 없고, 금수는 인식 능력은 있어도 추리 능력[慧]이 없다"고 전제한 후, 이 세 가지 생물 사이에 귀천의 등급이 있는지를 물었다. 여기서 지(知)가 무엇을 의미하는지는 정확하지 않다. 다만 홍대용이 다른 곳에서 "비와 이슬이 내리면 싹이 트는 것은 측은지심이고, 서리와 눈이 내리면 나뭇잎이 지는 것은 수오지심이다"라고 한 것에 비추어보면, 지는 식물이 외부 환경을 나름대로 인지하고 대응하는 능력으로 보는 것이 좋을 듯하다.

아무튼 허자는 이 질문에 대해서 "천지의 생물 중에 오직 사람이 존귀합니다. 저 금수는 추리 능력[慧]이 없고 초목은 추리 능력도 인식 능력[覺]도 없으며 예법[禮義]도 없습니다. 사람이 금수보다 존귀하고 초목이 금수보다 미천합니다"라고 답하였다. 이렇듯 허자는 감지 능력 · 인식 능력 · 추리 능력 이외에 예법[禮義]이라는 기준을 적용해서 인간 · 금수 · 초목에 귀천이 있다고 답했는데, 도덕을 기준으로 인간을 가장 귀한 존재로 파악한 것은 주자학의 인간 중심적 도덕주의에서 나온 답변이라고 할 수 있다. 허자의 이러한 답변에 대해 실옹은 다음과 같이 반론을 폈다.

그대는 진실로 사람입니다. 오륜과 오사(五事 : 몸가짐 · 말하기 · 보기 · 듣기 · 생각하기를 공손히 하는 일)는 사람의 예법이고, 무리를 지어 다니면서 먹고 사는 것은 금수의 예법이며, 떨기로 나서 무성한 것은 초목의 예법입니다. 사람의 입장에서 사물을 보면 사람이 존귀하고 사물이 미천하지만 사물의 입장에서 사람을 보면 사물이 존귀하고 사람이 미천합니다. 하늘의 입장에서 보면 사람과 사물이 마찬가지입니다. 대저 금수는 추리 능력이 없는 까닭에 거짓이 없고, 초목은 인식 능력이 없는 까닭에 하는 짓도 없습니다. 그렇다면 사물이 사람보다 훨씬 존귀합니다.

실옹은 추리 · 인식 · 감지 능력과 관련하여 인간 · 금수 · 초목의 차이를 분명하게 인식하고 있었다. 하지만 그의 입장에서 보자면 그 차이는 글자그대로 인간 · 금수 · 초목의 차이일 뿐 우열은 아니다. 그는 만물의 차이를 인정했지만 우열은 인정하지 않았다. 그래서 그는 인간에게만 예법이 있다는 허자의 주장을 받아들이지 않았다. 인간과는 달리 금수 · 초목에게 예법이 없다는 허자의 주장은 금수 · 초목은 도덕적인 존재가 아니기 때문에 인간보다 열등하다는 의미다. 역으로 말하자면 인간만이 도덕적인 존재이므로 인간이 인간 이외의 존재보다 우월하다는 뜻이다.

홍대용은 예법에 대해 새로운 방식으로 접근하였다. 그의 주장에 따르면, 예법이라는 것은 결코 인간만의 것이 아니다. 통상 유학자들이 말하는 예법, 즉 오륜과 오사는 단지 인간의 예법일 뿐이며, 금수에게는 금수의 예법이 있고 초목에게는 초목의 예법이 있다. 따라서 인간만이 예법을 가지고 있다고 보는 것은 인간의 편견이다. 한 걸음 더 나아가서 그는 어떤 측면에서 금수·초목이 사람보다 훨씬 존귀하다고까지 하였다. 이를 흔히 사람과 사물이 균등하다는 의미에서 인물균등론이라고 한다.

홍대용은 관점의 상대성을 근거로 주자학의 인간중심주의를 부정하였다. 그에게서 인간의 눈은 더 이상 이 세계를 투명하게 인식하는 절대적인 인식의 눈이 아니다. 소가 소의 눈으로 이 세계를 보고 말이 말의 눈으로 이 세계를 보듯이, 인간은 인간의 눈으로 이 세계를 볼 뿐이다. 다시 말해 인간의 눈은 이 세계를 보는 수많은 눈 가운데 하나일 뿐이다. 홍대용은 주자학이 인간의 눈에 부여한 인식론적 특권을 인정하지 않았다.

인간의 눈에는 오륜이 불변의 도덕률일 수 있지만, 소에게는 여물을 먹고 되새김질 하는 것이 그 무엇보다 소중한 소의 예법일 수 있다. 초목의 경우도 마찬가지다. 초목은 초목 나름대로 삶의 방식이 있는 것이고, 그 방식이 곧 초목의 예법인 것이다. 인간의 눈이 소나 말의 눈보다 더 정확하게 이 세계를 본다고 믿을 만한 근거가 없다. 특정한 종의 편견에서 벗어나 이 세계를 객관적으로 볼 수 있는 제3의 관점이 필요한 것은 이러한 이유에서다. 그래서 그는 사람의 관점이 아니라 하늘의 관점에서 사물을 보아야 한다고 역설하였다.

인간을 존귀하게 여기는 것은 곧 인간을 우월하게 여기는 인간의 편견이다. 그와 같은 인간의 편견은 참된 인식을 방해하므로 하늘의 입장에서 이 세계를 보아야 한다는 것이 실옹의 주장이다. 여기서 하늘이란 구체적인 하늘이라기보다는 특정한 종이나 특정한 개체의 관점을 벗어난 제3의 관점을 뜻한다. 결국 실옹의 주장이 갖는 직접적인 의미는 인간을 우월하게 여기는 인간의 편견에서 벗어나라는 것이고, 그럴 때만이 참다운 인식이 가능하다는 것이다. 이상에서 보듯이 도덕성을 기준으로 인간-금수-초목의 수직적 위계 질서를 설정한 주자학의 인간중심주의를 부정하고 비판했다는 것이 홍대용의 인물균등론이 갖는 중요한 사상사적 의미라고 할 수 있다.

2) 인물균등론과 인물성동론은 어떻게 다를까

홍대용은 석실서원(石室書院)에서 후학을 가르치던 김원행(金元行)의 문하에서 공부를 하였다. 석실서원은 바로 김상용·김상헌 형제를 비롯하여 김수항·민정중·이단상·김창협 등을 모신 서원으로 이른바 낙학(洛學)의 산실이었다. 아울러 김원행은 김창집의 친손자이자 김창협의 양손자로서 어려서 종조부인 김창흡에게 배우다 이재의 문하에서 공부하였다. 홍대용이 석실서원에서 김원행에게 배웠다는 것은 그의 학문적 계보가 노론, 그 가운데서도 낙학의 정통 선상에 있음을 뜻한다. 따라서 이 세계를 바라보는 그의 관점도 낙학의 인물성론, 즉 인물성동론의 영향을 받았을 것으로 예상할 수 있다. 실제로 인간과 사물을 보는 그의 견해에는 인물성동론의 자취가 묻어나고 있음을 부정할 수 없다.

홍대용이 "사람과 사물의 본성은 같다"고 하여 인물성동론과 비슷한 주장을 펼친 것은 사실이다. 하지만 그를 단순히 주자학의 인물성동론자로 평가하는 것은 그에 대한 올바른 평가가 아니다. 그는 낙학의 인물성동론을 있는 그대로 받아들이지 않았을 뿐 아니라 주자학의 이론 틀을 회의하고 새로운 대안은 제시했다는 점에서 주자학을 벗어나 있기 때문이다. 물론 홍대용의 사상은 주자학을 학문적 배경으로 해서 탄생했기 때문에 그의 이론에는 리 · 기 · 인 등 주자학의 주요 개념들이 그대로 사용되고 있다. 하지만 그 개념들은 그의 이론 체계 안에서 주자학과 다르게 배치되었으며, 그 결과 그 의미 역시 주자학과 일정한 차이를 보였다.

홍대용이 『의산문답』에서 사람과 사물이 균등하다고 했을 때는 "사람과 사물의 리는 동등하다"는 존재론적 원리가 이미 전제되어 있었다. 홍대용에 의하면 인간에게는 인간의 리가, 금수에는 금수의 리가, 초목에는 초목의 리가 존재하는데, 이 리라는 것은 구체적인 표현 형태가 다르지만 그 내용은 똑같이 인(仁)과 의(義)다. 그래서 금수와 초목의 리도 사람의 리와 같다. 왜냐하면 인간뿐 아니라 금수와 초목의 리 역시 인이고 의이기 때문이다. 이에 대해서 그는 "비와 이슬이 내리면 싹이 트는 것은 측은지심이고, 서리와 눈이 내리면 나뭇잎이 지는 것은 수오지심이다"라고 하였다.

유가의 전통적인 이론에 따르면 측은지심과 수오지심은 인간에게만 있는 마음이다. 측은지심은 남이 불행에 처했을 때 불쌍하게 여기는 마음이다. 수오지심은 불의를 보고 자신의 처지를 부끄러워하거나 불의를 저지른 대상에 대해 분노하는 마음이다. 맹자는 이 두 마음에다 사양지심과 시비지심을 더하여 사단(四端)이라고 하였다. 이때 단(端)은 다른 해석의 여지가 있지만, 주희는 단서로 해석하였다. 위의 네 가지 마음은 인간이 인의예지라는 네 가지 본성을 가지고 있다는 단서가 된다는 뜻이다. 주자학 이론에 따르면, 측은지심을 비롯한 사단의 마음은 인간만이 온전하게 발휘할 수 있고 동물은 간혹 발휘하는 경우가 있다. 반면에 식물은 어떤 경우에든 측은지심을 발휘할 수 없는 존재다. 하지만 홍대용은 식물에게도 마음이 있는 것은 물론 측은지심과 수오지심과 같은 도덕적인 마음이 있다고 보았다.

비와 이슬이 내릴 때 싹이 트는 것이 측은지심이고 서리와 눈이 내릴 때 잎이 지는 것이 수오지심이라는 것은 무슨 의미일까. 홍대용은 초목이 인식 능력[覺]은 없어도 감지 능력[知]은 있다고 보았다는 것은 앞에서 이미 언급하였다. 홍대용은 한 걸음 더 나아가서 썩은 거름[糞壤]까지도 인의 리를 가지고 있다고 보았다. 거름이 미천한 존재이긴 하지만 거름을 거름답게 하는 리 역시 인의(仁義)이고, 그런 점에서 거름은 진주·옥과 같은 보석[珠玉]과 다르지 않다. 여기서 확인할 수 있는 것은 홍대용에게 리, 즉 인이라는 것은 만물이 성취해야 할 목적이나 도달해야만 하는 이상으로서 존재하는 것이 아니라는 점이다. 다시 말해 홍대용의 철학에서 리, 즉 인은 만물이 그것을 어느 정도 성취했느냐에 따라 서열이 매겨지는 가치 기준이 아니다. 썩은 냄새가 나는 거름이나 서리가 내리면 떨어지는 잎도 인(또는 의)을 구현하고 있다는 것은 인이라는 우주적 본질이 먼저 존재하고, 그것이 만물을 통해 자신을 표현한다거나 만물로 하여금 자신을 구현하도록 주재한다는 의미가 아니다.

오히려 만물의 다양한 존재 성격이나 운동 방식을 동등한 것으로 파악하고, 그것을 인이라는 도덕적 범주로 규정했다고 이해해야 마땅하다. 홍대용은 기의 현실적 모습을 통해 구체적으로 드러나는 다양한 존재 원리 내지 운동 법칙을 똑같이 리라는 이름으로 부르고, 그것을 인이라는 도덕적 덕목으로 해석한 것일 뿐이다. 홍대용의 철학에서 리는 존재, 즉 기의 주어가 아니라 존재의 술어인 셈이다. 이러한 견해는 기가 리를 얼마만큼 실현하느냐 하는 것에 따라 만물의 귀천과 인간의 지우(智愚)가 결정되는 주자학의 이론 체계와 다르다.

이간(李柬)을 비롯한 인물성동론자들은 모든 사물이 인의예지신이라는 오상을 갖추고 있다는 것에 논의의 초점을 맞춘다. 그런 점에서 인물성동론은 사물에 오상이라는 도덕적 본성이 온전하게 갖추어져 있지 않다고 보는 인물성이론과 다르다. 하지만 인물성동론자들은 사물에 내재해 있는 오상이 기질로 인해 드러나지 않는다는 것을 동시에 인정하였다. 동론은 사물도 오상을 갖추고 있다는 것을 들어 인간과 사물의 성이 같다는 것을 양보하지 않는다. 하지만 동론은 현실적으로 사물이 도덕적 본성을 제대로 실현할 수 없다고 본다는 점에서 이론과 다르지 않다. 이를테면 늑대의 인이나 개미의 의라는 것도 천리 또는 오상의 부분적인 표현일 뿐이다. 인간과 인간 이외의 존재 사이에는 건널 수 없는 심연이 가로 놓여 있는 셈이다. 이것은 실질적으로 인간과 사물의 차등을 인정하는 것이므로 이른바 주자학의 인물성동론자들은 진정한 동론자가 아니었다고까지 말할 수 있다.

홍대용은 만물의 차이를 분명하게 인식하고 있었지만 그 차이 자체를 차등화하지 않았다. 보석과 썩은 거름은 분명 같지 않다. 그러나 이 양자는 가치적으로 평등하다는 것이 그의 인물균등론이다. 그는 아름다운 보석의 보배로움과 썩은 거름의 미천함을 기라고 하였다. 보석의 아름다운 모습과 현란한 빛, 그리고 썩은 거름의 흉측한 모습과 역겨운 냄새가 기가 빚어내는 현상이라는 의미일 것이다. 기의 측면에서 아름다운 보석과 썩은 거름은 분명히 다른 모습을 하고 있다. 하지만 동시에 그는 아름다운 보석을 보배롭게 하는 것뿐 아니라 썩은 거름을 미천하게 하는 것 역시 인의라고 하였다.

썩은 거름을 미천하게 하는 것이 인의라는 것은 무슨 의미일까. 썩은 거름을 썩은 거름답게 하는 것, 즉 흉측한 모습과 역겨운 냄새가 있기 때문에 썩은 거름은 썩은 거름이 될 수 있다. 그와 같은 천함이 없다면 썩은 거름은 자신의 역할을 수행할 수 없다. 초목은 썩은 거름이 있어야 제대로 자랄 수 있기 때문이다. 이렇게 보면 썩은 거름이 초목을 키워내는 것이나 사람이 물에 빠지려는 어린아이를 측은하게 여기는 것이나 다르지 않다. 사람이 측은하게 여기는 마음을 가질 수 있는 것이 바로 인 때문이라면 거름이 초목을 먹여 살리는 것, 다시 말해 거름이 흉측한 모습을 하고 역겨운 냄새를 발산하는 것 역시 인 때문이라고 하지 못할 이유가 없다.

사람과 사물을 균등하게 보는 것은 사람을 사물보다 우위에 두는 주자학의 위계적 사유와 다를 뿐 아니라 사물도 오상을 가지고 있다는 인물성동론과도 일정한 차이가 있다. 이것은 홍대용의 철학적 문제 의식이 주자학의 그것과 다르다는 것을 의미한다. 그의 철학은 리를 이 세계의 모든 존재가 실현해야만 하는 우주적 가치로 설정하고, 그 리를 얼마나 실현하느냐에 따라 현실의 존재를 서열화하는 위계적 존재론에서 벗어나 있다. 앞에서 본 것처럼 그에게는 인간이 금수나 초목보다 우월하지 않다. 그의 말처럼, "초목의 리가 금수의 리이고, 금수의 리가 사람의 리이고, 사람의 리가 하늘의 리"이기 때문이다. 한마디로 만물은 평등하다.

4. 도덕적 선험주의에 대한 비판 : 최한기

1) 인간의 마음은 우물물과 같다

최한기는 1836년에 그의 주요한 철학적 저술인 『신기통(神氣通)』과 『추측록(推測錄)』을 썼다. 중화주의 체제의 중심국인 중국과 자본주의 체제의 대표 격인 영국이 벌인 최초의 군사적 대결인 아편전쟁이 일어나기 4년 전의 일이다. 근대적인 군함과 대포로 무장한 서구 열강의 등장으로 중화주의 체제가 그 한계를 명확하게 드러낼 무렵 최한기의 철학이 탄생했던 것이다.

한역 서학서의 유입 등으로 서구 문명의 실체가 점차 확인되면서, 중화와 오랑캐라는 이분법적인 틀로 이 세계를 보던 전통적인 화이관이 의심받기 시작한 것은 이미 오래 전이었다. 최한기는 여기에서 한 걸음 더 나아가 서양의 문물을 적극적으로 수용해야 한다고 역설했을 뿐 아니라 실제로 서양의 과학적 지식을 습득하기 위해 부단히 노력하였다. 그가 중국에서 간행된 신간 서적을 구입하느라 가산을 탕진하고 남대문 밖에서 셋방살이를 했다는 것은 새로운 지식의 습득에 얼마나 열성적이었는지를 말해주는 사례다. 곤궁하게 살아야 하는 그의 처지를 딱하게 여겨 땅 마지기나 있는 고향으로 돌아가는 것이 좋겠다는 지인의 충고에도 신간 서적을 구입하는 것이 용이하다는 이유로 끝내 서울을 떠나지 않았던 것도 마찬가지다.

최한기에게 서양은 더 이상 배제의 대상이 아니라 적극적으로 교류해야 할 미래의 동반자였다. 하지만 최한기를 걸출한 사상가로 자리매김할 수 있는 것은 그가 단지 서구의 문물을 받아들일 것을 주장했다는 데 있지 않다. 최한기의 철학적 작업은 서구의 문물, 특히 과학 기술적 지식을 받아들일 수 있는 철학적 토대를 구축하는 것이었다. 최한기가 접한 서양의 과학 기술적 지식은 중세적인 것에서 근대적인 것까지 망라되어 있으나, 중요한 것은 그것들이 동양의 것과 다른 새로운 지식 체계였다는 점이다. 최한기의 입장에서 보았을 때 서구의 역법, 천문학, 의학 등과 같은 지식들은 일정한 한계가 있긴 하지만, 동양의 것들보다 현실 세계를 더 정확하게 설명하는 지식 체계였다. 최한기가 고심했던 문제는 바로 그와 같은 서양의 과학 기술적 지식을 철학적으로 어떻게 정당화하느냐 하는 것이었다. 달리 말하자면, "어떻게 하면 현실 세계, 즉 사실의 세계를 정확하게 알 수 있는가" 하는 것이 최한기의 근원적인 질문이었다. 최한기의 철학적 사유는 이러한 문제 의식에서 출발한다.

이처럼 최한기의 철학적인 문제 의식이 주자학과 근본적으로 달랐다. 주자학은 일차적으로 "어떻게 하면 도덕적인 인간이 될 수 있을까"라는 질문을 던졌다. 인간의 마음에 도덕적인 본성을 상정한 성선설이나 인간의 도덕적 본성을 천리로 규정한 성즉리설 등은 바로 이 같은 철학적인 질문에 답을 하기 위한 이론적인 장치였고, 격물 · 궁리, 존양 · 성찰 등의 공부론은 그 질문에 대한 답으로 나온 방법론이었다. 반면에 최한기는 "어떻게 하면 현실의 세계를 정확하게 인식할 수 있을까"라는 질문을 던졌다. 최한기의 생각으로는 주자학의 이기심성론과 공부론이 이 같은 질문을 해결하는 데 도움이 되지 않음은 물론 오히려 장애가 될 뿐이었다.

주자학은 도덕적 본체인 성을 마음속에 설정하고 그것의 실현을 목적으로 삼았기 때문에 인식과 실천 모두에서 마음이 강조되었고, 그만큼 물질적 객관 세계는 소홀히 될 수밖에 없었다. 최한기는 이에 대해서 다음과 같이 말하였다.

만약에 이기적인 욕망에 가렸기 때문에 내 마음 안에 본래 갖추어져 있는 리를 드러내지 못한다고 생각하여 평생 동안 힘을 써서 이기적인 욕망을 없애 하루아침에 환하게 관통하기를 바란다면 선불교의 돈오설에 가까울 것이다.

최한기의 철학 체계에서 우리가 인식해야 할 대상은 마음 안에 있는 도덕적 원리가 아니라 마음 바깥에 존재하는 자연·인간·사회의 객관적인 법칙이었다. 최한기에게 필요한 인간은 도덕적인 본성을 가지고 태어나 도덕을 실천하면서 사는 인간이 아니라 이 세계를 정확하게 인식하는 인간이었다.

최한기는 이러한 문제 의식에 따라 물질적 객관 세계를 중심에 두는 이론 체계를 구상하였다. 이에 따라 그는 주자학의 대전제였던 도덕적 본체가 마음 안에 있다는 성즉리설을 부정하였다. 그는 인간의 마음을 맑은 우물물에 비유하여 설명하였다. 이것은 영국의 경험주의 철학자 로크가 말한 백지와 유사하다. 그에 따르면, 새로 솟아나는 맑은 우물물에 아무런 색깔이 없는 것처럼, 처음 태어난 어린아이의 마음에는 그 어떤 관념이나 지식이 없다. 맑은 물에 노란 색을 넣으면 노랗게 되고 빨간 색을 넣으면 빨간 색이 되듯이 인간의 마음은 경험이 쌓여감에 따라 지식이 축적되는 것이다. 경험 이전에는 마음 안에 그 어떤 관념도 없었다는 것이 최한기의 주장이다.

그의 인식론에서 인식은 감각 기관과 물리적 대상의 만남, 즉 감각 경험으로부터 시작된다. 보고 듣고 냄새 맡고 하는 감각 경험에 근거하지 않은 지식은 참된 지식일 수 없다. 추리나 판단 같은 사유 작용 역시 견문이 쌓이고 경험이 축적되면서 생기는 것이다. 그래서 그는 "어릴 때부터 장성할 때까지 얻은 지식은 물론 추리와 판단은 모두 내가 스스로 얻은 것이지 하늘이 나에게 준 것이 아니다"라고 말하기도 하였다.

또한 최한기는 인간의 측은지심과 같은 도덕적인 마음, 희로애락 같은 일반적인 감정 그리고 성적 욕구까지도 경험 없이는 존재할 수 없다고 보았다. 그에 따르면, 과거에 사람이 무거운 것에 깔리거나 물에 빠져 죽은 사람이 많다는 것을 들어서 알기 때문에, 어린아이가 우물에 빠지려는 것을 보면 놀라고 측은한 마음이 생긴다. 깔리거나 빠지는 재난에 대하여 듣지 못한 사람은 어린아이가 우물에 빠지는 것을 보아도 측은한 마음이 생기지 않는다는 것이다. 이는 측은지심을 인(仁)의 발현이라고 이해하는 주자학의 심성론과 전면적으로 배치되는 주장이다. 최한기에게 인은 인간이기만 하면 누구나 타고나는 도덕적 본성이 더 이상 아니다.

최한기는 심지어 희로애락에 대해서도 보고 듣고 냄새 맡고 맛을 보는 것과 같은 경험이 축적됨에 따라 갖게 되는 것이지 인간이면 누구나 날 때부터 가지고 태어나는 것이 아니라고 하였다. 이뿐 아니라 그는 이성에 대한 욕구까지도 경험에 의해 형성되는 것으로 보았다. 그에 따르면, 이성에 대한 욕구는 어릴 때부터 예쁜 여자를 보거나 성에 대한 이야기를 들었던 것이 마음에 축적되었기 때문에 일어나는 것이지 배우지 않아도 될 수 있고 힘쓰지 않아도 얻을 수 있는 것이 아니다. 이처럼 최한기는 측은지심과 같은 도덕적인 마음, 희로애락과 같은 일반적인 감정, 이성에 대한 욕망 그리고 추측과 같은 사유 작용까지도 경험을 통해 형성되는 것으로 보았다.

이처럼 최한기 철학에서 인간은 도덕적인 본성을 타고나지 않았다. 그리고 이상적인 인간형도 타고난 도덕적인 본성을 완벽하게 실현하는 인간도 아니다. 최한기의 철학에서 인간은 감각 경험을 바탕으로 외부 대상 세계를 인식하고 외부 대상 세계에 대한 지식을 축적해가는 인간이라고 할 수 있다.

2) 자연은 도덕적이지 않다

최한기가 접한 서양 근대의 과학 기술은 마음만 들여다보는 공부로서 얻을 수 있는 것이 아니다. 그것은 인간의 마음 바깥의 세계를 탐구해서 그 세계가 지닌 물리적 성질과 그 법칙, 즉 수학적 인과 법칙을 알아낼 때 가능한 지식 체계다. 과학 기술의 지식은 마음 어느 곳에도 있지 않기 때문에 그에게 중요한 것은 마음의 학문, 즉 심학이 아니라 넓은 의미의 자연학, 즉 객관존재학이었다.

최한기가 주자학의 공부론인 궁리설을 비판하고 그것의 대전제, 즉 마음속에 모든 리가 본래부터 갖추어져 있다는 원리를 부정한 것은 바로 이러한 이유에서다. 그의 입장에서 보자면 우리가 인식해야 할 대상은 마음이 아니라 마음 바깥에 객관적으로 존재하는 자연 · 인간 · 사회였다. 최한기 철학에서 근본적인 문제 의식은 마음속에 있는 도덕적 본체를 어떻게 실현할 것인가에 있었던 것이 아니라 어떻게 하면 객관적으로 존재하는 객관 세계의 법칙을 정확하게 인식할 것인가에 있었다.

그렇다면 최한기가 인간의 인식 대상으로 설정한 자연은 어떤 존재일까. 최한기가 이해한 자연은 인간의 의식 바깥에 객관적으로 존재한다. 그것은 인간과 무관하게 존재하며 인간과 무관하게 운동 변화하는 객관 존재다. 그에 따르면, 인간이 없더라도 천지의 운동 변화는 스스로 있으며, 나의 존재 여부는 자연의 운동 변화와 무관하다. 자연이란 하늘의 영역이므로 사람의 힘으로 증감할 수 있는 것이 아니다. 이와 같이 자연과 인간을 분리해서 이해하는 것은 인간 행위의 도덕성 여부가 자연의 운행에 영향을 미친다는 이른바 천인감응설에 기반한 전통적인 자연 이해와 구별된다. 그러므로 그가 인용한 '천지와 그 덕(德)을 같이 한다'라는 말은 자연과의 도덕적 합일이 아니라 자연에 대한 정확한 파악과 이에 근거한 적절한 실천이라는 측면에서 해석해야 한다.

자연을 정확하게 파악해야 하는 이유는 자연에 순응하면서 살아야 하기 때문이다. 봄에 곡식을 심고 가을에 거두며 여름에 베옷을 입고 겨울에 갖옷을 입는 것은 자연의 질서에 순응하는 것이다. 최한기는 이를 승순(承順)이라고 하였다. 인간은 자연의 법칙을 거스르며 살 수 없다. 사실 자연을 이용한다는 것은 곧 자연의 법칙을 파악하고, 그렇게 파악된 자연 법칙에 따라 자연을 활용한다는 의미다. 최한기는 자연, 더 나아가 존재하는 모든 것의 운동 법칙에 승순하는 것을 선(善)이라고 하였다. 경전과 역사서에서 일상적인 글에 이르기까지 수없이 등장하는 '선(善)'이라는 글자, 이를테면 선한 정치·선한 가르침·선한 말·선한 행위 등의 선이라는 글자는 존재의 운동·변화 및 그 법칙에 승순한다는 뜻이다.

자연에 대한 정확한 파악이란 곧 자연의 이치에 대한 정확한 인식을 뜻한다. 최한기는 자연의 이치라는 뜻으로 물리(物理)라는 용어를 사용하기도 했는데, 그가 말하는 물리라는 개념에는 도덕성이 탈각되어 있다. 이는 도덕학에 종속되어 있던 동양의 전통적인 자연학이 도덕학의 굴레에서 벗어날 수 있는 장을 마련했다는 의미가 있다. 최한기의 철학 체계에서 최고 범주는 기다. 리는 우주의 도덕적인 본질이 아니라 기의 법칙일 뿐이다. 이에 대해 최한기는 "기라는 것은 천지를 가득 채우고 끊임없이 순환하는데, 모이고 흩어지는 것이 때가 있어서 그 조리를 리라고 한다"고 하였다. 기의 움직임은 무질서하지 않고 일정한 규칙이 있는데, 리는 바로 그 규칙성을 지칭한다는 의미다.

더욱이 그는 그 법칙을 파악하는 데는 더하고 빼는 것과 같은 계산 방법이 유용하다고 보았다. 그에 따르면, 기의 운동 변화에는 모두 일정한 법칙이 있어서 그 빠르고 느린 것이 자연히 차이가 있다. 큰 것으로는 천체의 궤도, 작은 것으로는 일상적인 일까지 모든 것이 평범한 헤아림이나 억측으로는 다 알 수 없는 것이다. 그래서 기의 운동을 측량하는 데는 수를 계산하는 학문이 필요하다. 왜냐하면 리를 정확하게 파악하는 데는 수학보다 나은 것이 없고 사물을 측량하는 것도 수학을 벗어나지 않기 때문이다. 자연의 수학화라고 할 만하다.

이렇게 리를 도덕적 원리로서가 아니라 자연의 법칙으로 이해하고 있다는 것은 『추측록』의 「추기측리(推氣測理 : 기에 근거해서 리를 인식한다)」에서 구체적으로 다루고 있는 내용에서도 확인된다. 이 단원에서 최한기는 지구 구형설, 지전설, 해와 별의 타원 궤도, 별의 운행 속도, 밀물과 썰물의 원인, 낮과 밤 또는 겨울과 여름이 생기는 원인, 바람이 생기는 원인 등에 대해 논하고 있기 때문이다. 이처럼 최한기의 리는 도덕적 성격이 탈각된 물리의 성격이 강하다.

이렇듯 최한기가 이해한 자연은 천리의 유행이라는 도덕적 질서 속의 자연이 아니었다. 이는 그가 자연을 도덕적인 맥락에서 이해하지 않았다는 의미다. 그가 바라본 자연은 일정한 법칙에 따라 운동 변화하는 자연이기 때문에 그의 철학에서 관건은 그 법칙을 어떻게 하면 정확하게 인식하고 그 법칙에 따라 살아가느냐는 것이었다. 최한기에 이르러 자연은 도덕적 합일의 대상에서 객관적이고 정확한 인식 대상으로 의미가 전환되었다.

5. 새로운 지식에 대한 인식론적 토대의 구축

주자학은 이 세계를 도덕의 눈으로 바라본다. 도덕의 눈으로 바라본다는 것은 이중의 의미가 있다. 하나는 이 세계의 모든 존재를 도덕적인 존재로 본다는 뜻이고, 다른 하나는 도덕이라는 잣대로 모든 존재의 지위를 평가한다는 뜻이다. 하지만 이 둘은 양립하기가 쉽지 않다. 왜냐하면 도덕의 잣대로 이 세계를 보면 비도덕적인 존재, 나아가 악한 존재가 있을 수밖에 없고, 그렇게 되면 모든 존재를 도덕적인 존재로 보는 것과 충돌하기 때문이다. 아무튼 리와 기 두 범주로 이 세계를 설명하는 주자학의 다양한 논의들 속에는 모든 존재를 도덕적인 존재로 보는 이상주의 세계관과 현실의 악을 인정하는 현실주의 세계관이 긴장 관계를 유지하면서 공존하고 있다고 할 수 있다.

주자학에서는 인의예지가 인간의 본성이라는 것을 인정하면서도, 그 인의예지를 천리 또는 태극이라고 하여 우주의 보편적인 원리로 규정하였다. 주자학의 이론에서 인의예지는 단순히 인간의 원리에 그치지 않고 우주의 원리로 그 의미가 확장된 셈이다. 이렇게 되면 인간만이 아니라 인간 이외의 존재 역시 도덕적인 존재로 그 지위가 격상될 수 있는 길이 열리게 된다. "모든 존재는 태극을 가지고 있다"는 주자학의 기본 태제는 주자학의 도덕주의적 세계관을 단적으로 드러내준다.

주자학이 모든 존재가 천리, 즉 도덕적 원리를 구비하고 있다고 본다고 해서 모든 존재를 평등하게 본 것은 아니다. 왜냐하면 도덕적 원리를 구비하고 있다는 것과 그 원리를 실제로 실천할 수 있다는 것은 차원이 다르기 때문이다. 결론적으로 말하자면 주자학에서는 인간만이 도덕적 원리를 제대로 실천할 수 있다고 보았다. 인간 이외의 존재는 도덕적 원리를 전혀 실천할 수 없거나 불완전하게 실천할 수 있을 뿐이다. 그 결과 도덕적 원리를 온전하게 실천할 수 있는 인간으로부터 전혀 실천할 수 없는 무생물에 이르기까지 상하 수직적인 계층 구조가 형성된다. 이를 인간중심주의적 세계관이라고 할 수 있다.

이처럼 주자학은 도덕주의적 세계관과 인간중심주의적 세계관이 교차하고 있다. 이론적으로는 모든 존재가 도덕적 원리, 즉 태극을 가지고 있지만 현실적으로 그것을 실천할 수 있는 가능성은 종에 따라 다르다는 것이 그것이다. 정리하자면, 이 세상의 모든 존재들은 도덕적 질서 속에 있으며, 각자 그 질서가 부여하는 일정한 위치를 가지고 있다는 것이 이 세계를 바라보는 주자학의 기본 관점이다.

조선 후기에 이르러 주자학적 사유의 시대적 한계를 직시하고 새로운 눈으로 이 세계를 보려는 사유가 등장했는데, 그 예로 홍대용과 최한기를 들 수 있다. 홍대용의 인간관과 자연관은 두 가지 특징이 있다. 하나는 인간과 자연을 균등하게 보았다는 것이고, 다른 하나는 인간뿐 아니라 자연도 도덕적인 존재로 보았다는 것이다. 그는 금수와 초목에도 도덕적인 마음이 있다고 주장하였다. 그에 따르면, 비와 이슬이 내릴 때 싹이 트는 것이 측은지심이고 서리와 눈이 내릴 때 잎이 지는 것은 수오지심이다. 심지어는 썩은 거름과 같이 역겨운 존재도 인의 이치를 가지고 있다고 그는 보았다. 그런 점에서 인간과 사물은 균등하다. 홍대용의 인물균등론은 곧 주자학이 가지고 있는 인간중심주의적 세계관에 대한 거부다.

최한기는 주자학이나 양명학과 같이 심을 중심에 두는 학문

체계를 비판하고 객관 세계를 중심에 두는 이론 체계를 구상하였다. 그의 철학적 관심사는 객관 세계의 법칙을 정확하게 인식하고 그렇게 파악된 법칙에 순응하는 삶이었다. 이에 따라 인간은 객관 존재를 인식하는 인식 주체로 새롭게 규정되었다. 이로써 인간은 도덕적인 본성을 선험적으로 타고난, 도덕 실천의 주체에서 벗어날 수 있었다. 아울러 그는 자연 세계를 덮고 있던 도덕의 그물망을 제거하고 자연에 대한 수학적 접근을 모색하였다. 이는 최한기의 자연관이 주자학의 도덕주의적 자연관에서 벗어났음을 의미한다.

이처럼 인간과 자연에 대한 이 두 사람의 견해는 같지 않았다. 정리하자면, 홍대용은 인간과 자연을 균등한 존재로 본 반면에 최한기는 인간과 자연의 차이에 주목하였다. 또한 홍대용은 자연을 도덕적인 존재로 본 반면에 최한기는 자연을 비도덕적인 존재로 이해하였다. 하지만 이 두 학자에게는 주자학의 인간관과 자연관을 비판하고 새로운 대안을 제시했다는 공통점이 있다. 이는 이 두 학자와 주자학자들이 던진 철학적 화두가 달랐다는 것을 의미한다. 주자학자들은 일차적으로 "어떻게 하면 도덕적인 인간이 될 수 있을까"라는 질문을 던졌다. 그들의 철학 이론은 바로 이러한 질문에 대한 해답이라고 할 수 있다. 반면에 홍대용과 최한기가 철학적인 작업을 하면서 던진 일차적인 질문은 "어떻게 하면 이 세계를 객관적으로 인식할 수 있을까"라는 것이었다. 그들이 이 같은 질문을 던졌던 것은 인식론적 전환 없이는 조선 후기에 새롭게 유입되던 서구의 자연과학적 지식을 소화해낼 수 없다고 생각했기 때문이다. 그들의 중요한 철학적 문제 의식은 바로 새로운 지식에 대한 인식론적 토대를 구축하는 것이었다. 주자학의 인간중심주의에 대한 홍대용의 비판과 주자학의 도덕적 선험주의에 대한 최한기의 비판은 바로 그러한 문제 의식의 산물이었다.

제7장
최제우와 정약용
—성리학 극복과 상제천 부활의 두 양상

1. 궁핍한 시대의 철학자의 역할

무소불위의 자본의 힘이 전 세계를 지배하고 있는 오늘날, 철학의 입지는 갈수록 좁아지고 철학자들의 목소리는 점점 더 힘을 잃어가고 있다. 반면 사회는 점점 더 '승자독식의 사회'로 재편되어 경쟁은 더 치열해지고 삶은 더 각박해지고 있는 것 같다. 최근 미국의 거대 금융 자본이 무너지는 것을 보면 가진 자들도 결코 안심할 수 없는 체제가 지금의 세계 체제다. 그래서 가진 자들은 여유를 가지고 베풀기보다는 끊임없는 허기와 갈증으로 약자들의 곳간을 약탈하려는지도 모른다. 모두가 불행한 시스템으로 가고 있다. 이 속에서 인간의 존엄성이니 인권이니 주체적 삶이니 정신적 자유니 하는 말들은 참으로 가소롭게 되어버렸다.

생태계는 어떤가. 생태계 파괴는 많은 사람들의 우려에도 불구하고 더욱 심각해지고 있다. 지나친 개발에 따른 환경 오염과 오존층 파괴, 계속되고 있는 사막화, 생물의 멸종과 질병의 증가, 자원의 고갈도 더욱 심해지고 있다. 무엇보다 심각하게 몸으로 느낄 수 있는 것은 기후 변동이다. 전 지구적으로 기상 이변이 속출하고 있어 태풍이나 폭우는 더 강해지고 폭염이나 가뭄은 더 자주 나타나고 있다.

또한 세계는 여전히 전쟁과 내전, 분쟁과 갈등, 테러와 대테러, 대량 학살과 이로 인한 난민 발생, 기아와 질병 등으로 고통 받고 있다. 최근의 이라크 전쟁과 아프가니스탄, 수단의 다이푸르 사태, 레바논 사태, 팔레스타인, 사라예보, 알제리, 체첸 등 분쟁과 갈등으로 수많은 민간인들의 희생이 계속되고 있다. 이처럼 정신적 삶의 자리는 점점 왜소화되고, 생태계 파괴와 전쟁과 죽임, 분쟁과 갈등이 지속되는 원인은 무엇인가.

여기에 대해 '이것 때문이다'라고 말할 수 있는 명확하고 단일한 답은 존재하지 않는다. 그러나 분명한 건 우리의 문명이 뭔가 잘못되어가고 있다는 것이다. 그것을 산업자본주의라고 하든 신자유주의라고 하든 간에 거기에 인간이 빠지고, 생명에 대한 존엄성이 빠지고, 자연에 대한 외경심이 사라지고 오로지 자본의 강퍅한 논리만이 남았다는 것이다. 승자독식의 사회이지만 사실 영원한 승자도 없는 만큼 결국 이 시스템은 누구의 행복도 보장하지 않는 지극히 비효율적인 시스템이다.

그렇다면 오늘날 철학은 지금 우리 문명을 지탱하고 있는 '삶의 방식'에 대한 근원적 반성을 촉구하는 자기 목소리를 오히려 높여야 할 때가 아닌가. 생명과 생태계 파괴를 막고, 인간의 존엄성 나아가서는 인간의 신령성을 회복해내야 진정한 행복도 자유도 가능할 것이다. 이제 시장에 모든 것을 맡길 것이 아니라 적극적으로 평화의 길과 공존공생의 길을 모색해야 한다. 이는 지금까지의 우리 문명에 대한 근본적 반성과 함께 새로운 방법론을 찾아야 한다는 것을 의미한다. 인간과 생명을 다른 관점에서 보고 그 바탕 위에서 우리 삶의 방향성과 삶의 방식을 새롭게 설정해나가는 것이 필요하다는 말이다. 동시에 오늘날 서양 철학에서 해체해버린 주체를 다시 세우고 '인간의 재발견'에 나서야 한다. 구조주의나 포스트구조주의에서 인간 주체를 해체해버리고 나니, 운동의 주체가 사라져버리고 담론만 무성하다. 그 와중에서 생명은 무참히도 죽어갔다. 대응해야 할 적은 저리도 서슬이 퍼렇게 살아 있는데 이쪽은 자진해서 무장해제해버린 격이다. 물론 구조주의나 포스트구조주의에서 제기하는 문제는 충분히 의의가 있다. 그렇기 때문에 서양 철학자들의 고민을 충분히 반영하면서도 실천적 주체의 재발견이라는 이중적 고민과 지혜가 필요하다. 그래야 오늘날 산적한 문제에 대응할 수 있는 새로운 윤리의 재건도 가능할 것이다.

결국 자연과 인간에 대해 새로운 관점의 모색이 필요하다는 말이다. 그것을 서양 철학 안에서도 찾아야 하겠지만, 우리의 전통 안에서 힌트를 얻을 수 있는 것이 있다면 적극적으로 되살려 재해석하는 작업도 필요하다고 본다.

여기서 주목하고자 하는 것이 자연과 인간에 대한 동학의 관점이다. 동학은 자연을 유기적이고 살아 있는 영적 생명적 네트워크로 볼 뿐 아니라, 그것을 신령하고 거룩한 한울님으로 공경해야 한다는 것을 가르쳤다. 또한 만물은 서로의 기화 작용에 의해 생장시키고 있으며, 천지는 처음부터 완성된 상태로 창조된 것이 아니라 우주적 기화 작용에 의해 지금도 계속 생성 과정에 있으며, 그것을 생성시키는 힘은 초월적으로 존재하는 어떤 절대자에 의해서가 아니라 그 안에 있는 기운[至氣] 스스로의 법칙(무위이화)에 의해 작동하게끔 되어 있다고 한다. 물론 그 힘을 인격적으로 높여 한울님의 작용이라고도 할 수 있지만 만물을 초월해 있는 어떤 절대자를 따로 상정한 것은 아니다. 우주적인 기운[至氣] 그 자체가 애초에 모든 만물을 낳은 생명의 근원으로서 한울이며, 동시에 신령한 우주적 영적 에너지로서 스스로의 법칙에 의해 변화하고 생성하는 존재다.

또한 동학의 가장 핵심인 시천주(侍天主) 사상에 의하면 모든 사람들이 자기 안에 거룩한 한울님을 모시고 있다고 한다. 때문에 모든 사람은 남녀노소, 상하귀천을 막론하고 누구나 거룩하고 신령한 우주적인 주체로서 높임을 받아야 마땅하다고 한다. 이는 나중에 우리에게 더 많이 알려진 '사람이 곧 하늘'이라는 인내천 사상으로 발전하였다. 이런 생태적 감수성과 인간에 대한 재발견은 오늘날 심각한 생태계 파괴와 물신화된 사회 그리고 모든 것이 경제적 가치에 의해 지배되고 인간의 가치가 점점 땅에 떨어져 있는 오늘날 되새겨볼 만한 것이 아닌가 한다.

그럼 동학의 자연과 인간에 대한 인식의 배경을 좀더 자세하게 알아볼 필요가 있겠다. 그를 위해서 우선 방법론적으로, 거의 같은 시대적 상황과 비슷한 문제 의식을 가졌지만 해결책이 달랐던 실학, 그 중에서도 수운과 유사하게 고대 원시 유학의 상제천(上帝天)을 다시 부활시킴으로써 새롭게 자연과 인간을 바라본 다산 정약용과의 대비를 통해서 살펴보고자 한다.

2. 도덕과 분리된 자연과 신령한 한울로서의 자연

동학을 창도한 수운(水雲) 최제우(崔濟愚 : 1824~1864)와 실학의 집대성자로 불리는 다산(茶山) 정약용(丁若鏞 : 1762~

1836)은 모두 18세기 후반부터 19세기 중반에 이르는 사회적 혼란기에 당시 시대를 온몸으로 치열하게 고민하고 같이 아파하면서 대안을 내놓은 실천적 지식인이라고 할 수 있다. 당시는 정조의 개혁 정치가 그의 갑작스런 죽음으로 결국 실패로 끝나고 정조 사후 정권을 잡은 안동 김씨 일파에 의한 세도 정치가 시작되던 시기였으며, 흔히 삼정의 문란으로 대표되는 국정의 난맥상과 민생 경제의 파탄, 이에 따른 대규모의 농민 반란, 게다가 서세동점의 위기감이 팽배하던 시기였다. 이런 시기에 당시 세상을 이끌던 성리학은 이기론, 사단칠정론, 인물성동이론 등의 공소한 이론 논쟁에 빠져 실제 목적인 수양을 통한 도덕적 개인으로서의 군자를 양산하지도 못할 뿐 아니라 당시 어지러운 사회적 혼란을 선도할 힘을 상실하였다. 한마디로 당시는 성리학적 질서가 더 이상 작동하지 않고 와해되고 있었고 민생 경제는 파탄지경에 있었다. 따라서 당시의 과제는 이것을 어떻게 해결함으로써 국난을 극복하고 민생의 안정을 도모할 것인가에 있었다.

이러한 때 다산과 수운은 당시의 성리학적 세계관에 대한 반성으로 자연을 새롭게 인식하고 고대의 상제천을 부활시켜 형식화된 도덕에 실천적 의미를 부여하려고 했다는 점에서 공통점이 있다. 또한 둘 다 퇴계의 학문과 직간접적인 영향 관계가 있다. 다산의 학문의 연원은 퇴계로부터 내려와 성호 이익을 잇는 기호남인이며, 수운은 퇴계의 적통을 잇는 이현일, 이상정 등 영남남인의 가학(家學)을 계승한 인물이다. 둘 다 성리학을 극복하고 그 과정에서 서학의 영향을 받았고, 원시 유학의 상제천을 부활시키며 하늘의 섬김[事天]을 강조하는 공통점이 있지만 실상 서로 전개된 양상은 달랐다. 그렇다면 뭐가 달랐으며 그들이 궁극적으로 지향한 것은 무엇이었나.

그들이 추구한 것은 궁극적으로 도덕적 이상 사회의 건설이라는 점에서 동일하다. 다산은 이론 논쟁에 빠져 있는 성리학자들과는 달리 국가 경영과 민생 안정을 위한 실질적 방책을 마련하려고 하였다. 그는 "먼저 경학으로 기초를 세운 뒤에 옛 역사를 섭렵하여 그 득실과 치란(治亂)의 근원을 알아야 한다. 또 실용의 학문에 마음을 두고 옛 사람이 나라를 경영하고 구했던 글들을 즐겨보아야 한다. 마음에 늘 백성들을 윤택하게 하고 만물을 육성시키겠다는 뜻을 가지고 있은 뒤에라야 독서하는 군자가 될 수 있다"(『與猶堂全書』,제1집 「詩文集」 21권, '寄二兒·壬戌')라고 하였다.

수운의 경우에도 그의 구도의 동기는 나라를 보전하고 백성들을 평안하게 하자는 보국안민(輔國安民)에 있었다. 그는 "우리나라는 악질이 세상에 가득 차서 백성들이 언제나 편안할 때가 없으니 이 또한 상해의 운수요, 서양은 싸우면 이기고 치면 빼앗아 이루지 못하는 일이 없으니 천하가 다 멸망하면 또한 순망지탄이 없지 않을 것이라. 보국안민의 계책이 장차 어디서 나올 것인가"(『동경대전』, 「포덕문」)라고 하였고, "일세상 저 인물이 도탄중 아닐런가 함지사지(陷之死地) 출생들아 보국안민 어찌 할꼬"(『용담유사』, 「권학가」)라고 탄식했다.

그러나 두 사람 다 기존의 방식, 즉 성리학으론 안 된다고 생각하였다. 당시 성리학은 말로는 인륜과 도덕을 부르짖었지만 실제적인 인륜 도덕을 담보하지 못했다. 결국 두 사람은 성리학을 극복하고 옛날의 성인들이 하늘을 섬기고 천도에 순응하던 삶으로 돌아가야 참된 도덕적 실천이 가능하다고 보았다. 다산은 "옛날의 학자들은 인간의 본성은 하늘에서 근본하였고, 사물의 이치는 하늘에서 나왔고, 인륜이 달도(達道)라는 것을 알아, 효제(孝悌)와 충신(忠信)을 하늘 섬기는 근본으로 삼고, 예악(禮樂)과 형정(刑政)을 사람 다스리는 도구로 삼고, 성의(誠意)와 정심(正心)을 하늘과 사람을 이어주는 관건으로 삼았다"(『與猶堂全書』, 제1집, 「詩文集」 11卷, '五學論1')라고 하였다. 수운은 "주역(周易) 괘의 대정수(大定數)를 살펴보고 삼대(三代)적 경천(敬天)한 이치를 자세히 읽어보니, 이에 오직 옛날 선비들이 천명에 순종한 것을 알겠으며 후학들이 잊어버린 것을 스스로 탄식할 뿐이로다"(『동경대전』, 「수덕문」)라고 읊었다.

하늘을 섬기는 것이 본래 옛날 선비들의 학문의 본령이었다는 것에 대해서는 한목소리지만 정작 하늘에 대한 강조의 맥락은 달랐다. 다산은 우선 전통적인 자연관과 주자학의 자연관, 즉 이기론에 대해 비판한다. 전통적인 자연관에서는 인간을 포함한 우주 전체를 하나의 유기체로 파악하고, 자연과 인간이 서로 영향을 주고받는 감응의 관계로 이해해왔다. 그래서 인간의 선악 행위에 하늘이 감응하여 상벌을 내린다는 것이 전통적인 이해 방식이었다. 주자학은 이것을 좀더 세련되게 발전시켜 이기론(理氣論)을 정립하였는데, 리(理)는 모든 존재의 궁극적 원리이자 인간의 선한 본성의 도덕적 근원이다. 기(氣)는 우주에 가득 차서 만물을 형상화시키는 무형의 질료이자 에너지다. 인간을 비롯한 모든 만물은 이 기로부터 생성되지만, 그것을 그것으로 존재시키는 것은 리라는 것이다. 그러므로 모든 만물에는 그 본성으로서 하늘의 리(天理)가 똑같이 들어와 있다고 한다. 이런 이기론의 정립은 본래 우주 자연을 객관적으로 설명하려는 자연과학적 관심에서라기보다는 인간의 도덕적 본성의 형이상학적 근거를 명확하게 하기 위해 정립된 이론적 성격이 강했기 때문에 이 이기론을 둘러싸고 수많은 논쟁이 벌어졌던 것이다.

다산은 자연과 인간을 분리하지 않고 서로 영향을 주고받는다든지 또는 인간의 도덕적 행위를 천리라고 하는 형이상학적 원리에 근거지우는 방식이 실제 자연에 대한 그릇된 인식의 결과며, 이는 추상적이고 공허한 이론일 뿐 실제 구체적인 생활에서 도덕의 실천에 아무런 도움이 되지 못한다고 보았다. 다산은 또 전통적인 음양오행설이나 풍수지리 등을 원리적으로 해석하는 태도에 대해서도 인정하지 않았다.

결국 다산은 인간의 도덕 실천의 초월적 근거를 인간 밖의 자연에서 찾고, 그 자연을 도덕적인 존재로 이해하는 도덕적 자연관과 우주의 궁극적이고 도덕적인 원리가 모든 사물 속에 내재해 있다고 하는 성리학의 천리 개념에 문제 제기를 하였던 것이다. 이는 당시 서학의 영향 아래 인간과 자연을 구분하려는 문제 의식에서 싹튼 것으로 보이며, 또한 인륜 도덕을 곧바로 일상의 영역에서 문제 삼지 않고 형이상학적인 담론으로 추상화하는 경향에 대한 문제 제기라고 볼 수 있다. 그래서 그는 자연을 더 이상 인간의 도덕적 근원으로 생각하지 않고 인간의 도리(道理)와 자연의 물리(物理)를 구분하였던 것이다.

그렇기 때문에 그에게 하늘[天]은 도덕의 근원으로서의 이법천(理法天)이 아니라 그냥 창공으로서의 하늘에 불과하였다. 그는 "저 푸르고 푸른 형체가 있는 하늘은 우리 인간에게 지붕처럼 덮고 있는 것에 불과하고, 그 등급도 땅 · 물 · 불과 똑같은 등급에 지나지 않으니, 어찌 우리 인간의 성과 도의 근본이겠는가"(『與猶堂全書』 제2집, 6권 「孟子要義」)라고 하였다. 그는 이 물리적 창공으로서의 하늘은 객관 대상에 불과할 뿐 도덕적 형이상학적 근원이 아니며, 당연하게도 영적인 존재도 아니기 때문에 그 무엇을 명령하거나 주재할 수도 없다고 보았다. 기존의 천리(天理)와 천명(天命) 개념을 비판한 것이다.

그런데 재미있는 것은 여기서 상제천 개념을 불러낸다는 것이다. 그는 이 하늘(자연) 너머에는 이 천지 자연을 만들고 주재하며, 인간에게 무엇을 명령하고 인간 행위에 감시도 하는 어떤 초월적인 절대자가 있어야 한다고 보았다. 그것이 주재천(主宰天)으로서 창공천과 다른 진정한 하늘로서 바로 고대 유학에서 말했던 상제다. 그는 서양 철학에서처럼 상제의 존재를 증명하고 있지는 않다. 아니 할 필요가 없었는지도 모르겠다. 고대 경전에 너무나 많은 전거를 찾을 수 있기 때문이다. 다만 그는 주자(朱子) 이후 그 살아 활동하는 상제의 영명(靈明)함과 주재(主宰)함을 잃어버리고 추상화시킨 것을 개탄하며 고대의 상제를 다시 불러내 새롭게 규정하였다. 그래서 그는 상제를 유일무이한 절대적 존재로서, 어떤 형체나 형질이 없지만 영명성과 주재성을 지니고 있는 정신적 실재로 보았다.

또 상제는 인간이 태어날 때 인간에게 선을 좋아하고 악을 싫어하는 경향성을 부여하였는데, 이것을 인간의 본성으로 이해하였다. 그리고 인간에게 그런 선한 경향성을 부여하여 선하게 살기를 원하는 바라는 것을 곧 상제의 명령[天命]으로 이해한다. 이는 기존의 성리학자들이 인간의 본성과 천명을 너무 형이상학적으로 해석하던 것을 상제라는 절대적 존재의 도덕적 명령으로 쉽게 풀어내고 있는 것이다. 그러므로 상제의 영명 주재성은 항상 사람이 살아가는 동안에 그 행위를 밝게 감찰하는 것이다. 여기서 다산은 인간이 도덕적으로 살아야 하는 이유와 그 실천적 동기를 더욱 강력하게 부여하고 있는 것이다. 왜냐하면 상제가 우리에게 착한 경향성을 부여했고, 지금 실시간으로 우리의 행위를 감찰하고 있기 때문에 우리는 선한 행위를 하지 않을 수 없는 것이다.

그는 여전히 우주 자연의 생성은 전통적인 기(氣)의 모이고 흩어지는 작용으로 설명하지만, 그 기는 단지 물리적 질료와 에너지에 불과할 뿐 영명함이나 주재함과는 거리가 먼 것이었다. 그런 작용은 그 너머에 기(氣)의 작용과 자연 변화를 조화·주재하는 존재로서 상제를 설정함으로써 해결하고 있는 것이다.

반면 동학에서의 자연관은 자연을 독립된 대상으로 보지 않고, 신령스럽고 혼원한 기운으로 이루어져 하늘과 땅과 인간이 그 안에서 유기적으로 연결되어 상호 영향을 주고받는 신령한 무대로 생각하였다. 천지인(天地人)의 구도 속에서 천지와 인간의 관계를 유기적으로 파악하고 우주를 하나의 기운, 혼원한 우주적 기운인 지기(至氣)의 작용으로 파악한 것이다. 이는 전통적인 자연관을 계승하고 있다고 볼 수 있는데, 다만 그 지기를 좀더 영적 정신적 존재로 생각하고 그 위에 따로 이(理)의 주재를 상정하지 않는다는 데 다름이 있다. 수운은 『동경대전』에서 지기를 직접 풀이하면서 "지(至)라는 것은 지극한 것이요, 기(氣)라는 것은 허령이 창창하여 일에 임하여 간섭하지 않음이 없고, 일에 임하여 명령하지 않음이 없다. 그러나 모양이 있는 것 같으나 형상하기 어렵고, 들리는 것 같으나 보기는 어려우니, 이것은 또한 혼원한 한 기운이다"(『東經大全』, 「論學文」)라고 하였다.

수운은 지기를 '허령'으로 표현하면서 그것이 마치 어떤 인격적 존재처럼 일에 간섭하고 명령하는, 이 우주 안에 가득 차 있는 신령한 에너지라고 말하고 있는 것이다. 그런 면에서 영적이며 정신적 실재이기도 한데, 그렇다고 이 영적 실재가 이 우주 밖에 초월적으로 또는 인격적인 형상으로 있는 것은 아니다. 수운의 지기(至氣) 개념은 우주의 궁극적 실재로서 이해되며, 이는 만물의 근원적 질료이기도 하고 또 스스로의 법칙[無爲而化]에 따라 만물을 화생시켜놓고 그 만물 안에 참여하고 있는 존재로 이해된다. 이때 지기는 단지 물리적 형체만을 만드는 데 그치는 것이 아니라, 우리의 정신 현상의 원인이 되기도 한다. 또한 때때로 인간의 기도와 간구에 응답하고 신비 체험을 경험하게 하는 원인으로서 어떤 영적 실재로 이해되기도 한다. 다시 말해서 인간 정신 안에서 어떤 계기에 의해 경험되는 또 다른 정신, 어떤 면에서 '최고의 정신'이기도 하다. 수운은 인간의 정신에 경험되는 또는 인간의 간구함에 응답하는 그래서 신앙의 대상이 되기도 하는 이 최고의 정신을 '한울님', '천주(天主)'라고 이름한다.

이런 점 때문에 흔히 수운의 신관을 초월적이고 인격적인 신관으로 보기도 한다. 하지만 그의 신에 대한 관념은 시간이 지나면서 변한다는 점을 주목할 필요가 있다. 그는 바깥에서 하늘의 음성을 듣는 신비 체험을 통해 동학 창도의 결정적 계기를 마련하였기 때문에 처음엔 한울님이 바깥에 절대자로 존재하는 것으로 생각하였다. 그러나 하늘의 마음과 사람의 마음이 하나라는 '오심즉여심(吾心卽汝心)'을 깨닫고, 하늘은 저 바깥에 초월적으로 존재하는 것이 아니라 인간 안에 모셔져 있는 존재라는 것을 깨닫는다. 이렇게 시천주(侍天主)를 깨닫고 나서부터 천주를 이 우주 밖에서 우주를 창조하고 그것을 주재하며 감찰하는 절대자가 아니라 지기의 신령성과 기화적 에너지의 작용으로 이해하게 된다. 즉, 지기(至氣)가 물질로도 형상화되고 정신으로도 형상화되는 궁극적 실재라면, 천주는 그런 지기의 정신성의 최고 표현인 것이다. 그래서 인간의 정신 안에서 특정한 계기에 의해 경험될 수도 있지만 그 자체 실체성을 가진 것은 아닌 것이다.

이렇게 볼 때 천지 만물 역시 지기라는 한울의 자기 생성 내지는 자기 현현이다. 이것을 수운은 '조화(造化)'라는 말로 풀이하고 있는데, 이 '조화'의 의미에는 창조와 생성의 의미를 함께 함축하고 있다. 한울이 만물을 창조한 것으로 끝난 것이 아니라 그 안에서 내재하면서 스스로 변화하고 스스로를 표현하며[自化, 自顯] 생성・변화하고 있는 것이다. 그러므로 동학의 자연은 단순히 질료나 에너지가 아니라 살아 있는 생명적 흐름이고 우주적 신령이며, 스스로의 원리에 의해 자화 자현하면서 만물을 생성시키고 있는 한울 그 자체다. 이처럼 수운은 다산이 자연을 단지 물리적 창공이나 인간 바깥의 객관 대상으로만 보던 것과는 달리 지기의 생명력과 영성으로 가득 차 있는 "한울님 조화의 자취"로 본 것이다.

이후 해월 최시형은 수운의 이런 자연관을 더 발전시켜서 "만물이 또한 시천주 아님이 없으며, 저 새소리도 시천주의 소리니라"라고 하였고, 만물 하나 하나가 다 한울이요 일 하나 하나가 다 한울이라[物物天, 事事天]는 생태학적 선언을 하였다. 그는 또 한 어린이가 나막신을 신고 땅을 쿵쿵거리며 뛰어다니는 것을 보고 그 소리에 놀라 가슴을 어루만지며, "땅을 소중히 여기기를 어머님의 살같이 하라. 어머님의 살이 중한가 버선이 중한가"라며 땅을 어머님의 살결같이 소중히 여기라고 가르쳤다(『海月神師法說』, 「誠敬信」). 이는 그의 마음의 경지가 하늘과 하나가 되어 모든 존재를 자기와 똑같은 한 몸으로 느끼며 살았다는 것을 보여준다. 해월은 공경을 일상에서 생활화함으로써 동학적 인간상을 정립하고 동학적 인격의 전형을 몸소 보여주었다. 이는 자연스럽게 하늘과 인간의 공경은 물론 천지 자연, 물건 하나까지도 공경하라는 '경물(敬物)' 사상으로 발전하였다.

이처럼 동학의 자연은 신령하고 거룩한 한울로서의 우주 생명이자 우주 기운이며 우주 정신인 동시에 그것이 표현된 모든 만물의 생명적 네트워크로서, 그 자체 공경을 받아야 하는 '천지부모(天地父母)'로 여겨졌던 것이다.

3. 인간의 재발견(행동하는 영명한 주체와 하늘을 모신 인간)

이제 위의 자연에 대한 인식의 변화가 어떻게 인간에 대한 인식의 전환과 새로운 인격적 실현으로 나갔는지를 알아보자.

먼저 다산은 앞에서도 언급했듯이 성리학적인 천인합일적 사유 방식을 극복하고 주자학의 추상적이고 관념적 인간 이해에서 현실의 구체적인 인간 모습을 그려냄으로써 실제 현실에서 도덕 실천이 가능하도록 하는 데 주력하였다. 주자학적인 공소한 이기론(理氣論)의 틀에 기대지 않고 인륜적 질서를 건립하려고 하였던 것이다. 그래서 자연과 인간을 분리하려고 했다는 이야기는 했는데, 그는 나아가 인간과 만물은 각각 다른 원리와 속성을 가졌다고 주장하였다. 그는 "모든 인간은 배태되었을 초기에 각각 하늘의 영명(靈明)을 부여받아 다른 모든 존재[萬類]를 초월하여 만물을 향용하게 된다"라고 하였다. 인간은 상제로부터 영명함을 부여받아 우주 안의 다른 생명체와는 구별되는 존재로 서게 되었다는 것이다. 하늘의 영명함을 부여받았기 때문에 인간은 처음부터 '영명한 존재'로서의 존엄성과 도덕적 실천의 능력을 가지는 것이다. 다산은 인간과 동물을 영명성을 통해 구분함으로써 인간에게만 고유하고 특수한 도덕과 인륜을 확보하려 하였다. 여기서 인륜이란 개인들을 엮는 사회적 관계의 그물로서 하나의 공동체적 삶의 영역이자 공동의 선을 표현하는 유교적 개념이다. 이는 한편 원시 유학의 회복이면서 참 유학적 인간관의 회복을 의미하는 것이었다. 그러므로 그의 인간관은 지금까지의 실학 연구에서 흔히 언급되어 왔듯이 근대적인 자아를 함축하는 것으로 이해될 필요는 없다. 그의 인간에 대한 이해는 여전히 유학적 틀 안에 놓여 있다. 유학에서의 인간관은 공동체적 연대에 기초하여 개별적 자아를 인정하는 것이지 서양처럼 개별적 자아를 우선시하는 것은 아니다.

그는 또 인간을 정신과 형체가 묘하게 합일하여 둘로 나눌 수 없는 존재[神形妙合]로 보았다. 이는 지금까지 성리학의 마음 중심의 인간 이해와는 달리 실천의 주체를 마음과 몸이 결합된 총체로서의 몸으로 본 것이다. 그러므로 그는 도덕 실천을 단지 마음의 문제로 보지 않고, 몸을 통해 생활 속에서 실제적 행위(行爲)로 드러나는 것을 중시하였다. 그래서 그는 "옛 성인의 마음 다스림과 성품을 잘 기르는 것은 일상에서의 실천[行事]에 달려 있었다"라고 하여 옛 성인들이 실제로 몸을 기준으로 항상 실천을 언급한 것에 의미를 부여하였다. 예의 실천을 중시한 것도 바른 그런 맥락이었다. 그런데 어느 때부터 성리학은 심학적 성향이 강해져서 내면에 항상 도의심이 충만하도록 사욕을 억제하는 흔히 "존천리거인욕(存天理去人慾)"과, 감정이 일어나기 전에 본성을 함양하는 미발공부(未發工夫)에 주력해왔던 것이다. 그래서 그는 유학은 본래 심학이 아니라 신교(身敎)라는 점을 애써 강조하고 있다.

그러므로 다산은 선천적인 도덕 본성의 함양보다는 후천적 노력을 중시하였다. 실제 생활에서 도덕적 행위가 일을 통해서 또는 대인 관계를 통해서 드러나는 것이 중요하다는 것이다. 이는 한편으로 그 당시 입으로만 도덕을 외치고 실제 도덕을 순종하지 않던 썩은 선비들에 대한 준엄한 비판이기도 하였다. 그래서 그는 주자 식의 미발공부를 비판하고 용력(用力)을 집중하여 인륜의 구체적 행사(行事)를 강조하였다. 또한 개인의 인격적 실천은 내면적 덕성 함양으로 끝나는 것이 아니라 인화(人和), 즉 공동선(共同善)의 체현으로 나아가야 한다는 점을 강조하고 있다.

다산은 또 조선 성리학에서 일대 논쟁이 된 도심(道心)과 인심(人心)에 대해서도, 도심은 상제가 부여한 영명(靈明)의 기호, 즉 도의성과 연관된 심으로서 선을 좋아하는 경향성으로, 인심은 선과 악을 선택하고 결정하는 내면적 자주권으로 해석하면서 인간 스스로 선을 선택하는 자주적인 역량을 강조하였다. 그는 "하늘은 인간에 대하여 자주의 기능을 마련해주어, 선하고자 하면 선을 실제로 행하고 악하고자 하면 악을 실제로 행하게 하였다. 들떠서 안정되지 않을 때도 그 권능은 자신에게 있는 것이어서, 금수에게 고정된 마음이 있는 것과는 같지 않다. 그러므로 선을 행하는 것이 실은 자신의 공(功)이며, 악을 행하는 것은 자신의 죄(罪)인 것이다. 이것이 바로 심(心)의 기능이다"라고 하였다. 이는 인간을 스스로 선악을 선택하는 자주적인 권능을 가진 존재로 본 것이고, 그런 만큼 또 스스로를 끊임없이 규율해야 하는 '자율적 주체'로서의 역량을 강조하고 있는 것이기도 하였다.

그는 나아가 인간의 평등성을 언급하기도 하는데, "가르침에는 유(類)를 가리지 않으며 사람들은 모두 다 요순이 될 수 있다"고 하여 교화에 만민의 차등이 있어서는 안 된다고 주장하였다. 또 인재 등용과 관련해서도 지역에 따른 차등, 친소에 따른 차등, 당파에 따른 차등, 적서(嫡庶) 귀천 등 신분에 따른 차등도 타파해야 한다고 역설하기도 하였다.

그러나 인심의 자주권과 도덕성에 기초한 인간 평등은 인정하지만 반면 예에 의한 사회적 차별은 필요하다고 보았다. 이는 다산이 추구한 것은 목적은 유교적 왕도 정치(王道政治)의 재건이지 서양 근대가 추구한 민주 정치는 아니었던 것이다. 그의 인간관은 결국 유교적 왕도 정치와 무너진 인륜적 질서를 재확립하기 위한 '도덕적 인격체의 성취'라는 유교적 이상을 목표로 한 것이었다.

반면, 수운은 자신의 시천주(侍天主) 체험을 수운 자신뿐 아니라 모든 인간에게 확대됨으로써 당시의 계급적인 인간 이해를 넘어서는 새로운 인간관을 형성하게 된다. 수운은 스스로 시천주의 시(侍) 자를 "안으로 신령(神靈)이 있고 밖으로 기화(氣化)가 있어 온 세상 사람들이 각기 알아서 옮기지 않는 것"(『東經大全』, 「論學文」, "侍字, 內有神靈, 外有氣化, 一世之人各知不移者也")으로 해석한다. 수운은 이 해석을 통해 인간의 본질을 안으로 지기의 신령을 모시고[內有神靈], 밖으론 전우주의 생명과 유기적인 기화 작용을 통해 교감하는[外有氣化] 존재로서, 이 생명의 그물망, 그 질서에서 벗어나서 고립적으로 존재할 수 없는[各知不移] 존재로 보았다. 따라서 수운의 시천주의 자각은 한울님이 저 멀리 천상에 있지 않고 인간의 몸 안에 실제로 현존하고 있다는 체험이며, 동시에 나라는 존재가 우주 전체 생명과 유기적으로 연결되어 있다는 자각이었다. 또한 모든 존재 각각이 스스로 한울을 모신 신령하고 거룩한 우주적 주체라는 자각이었다.

그런데 시천주는 다만 신이 안에 있느냐 바깥에 있느냐의

'내재성 중시'의 문제만은 아니다. 수운의 시천주는 신의 내재성에 대한 강조라기보다는 내 안에 영으로 모셔져 있는 마음을 실제로 하늘님으로 모시고 공경하라는 실천적 명령에 그 강조점이 있다. 그러므로 동학의 시천주는 내유신령으로서의 마음을 하늘로 보고, 그 마음을 모시고, 가꿔나가는 지속적인 신앙과 수련을 강조한다. 마음이 바로 하늘이므로 마음 밖에 따로 하늘을 두고 그것에 비는 것은 '비는 것 같으나 실지가 없는 것'이다. 실제 마음을 붙들고 그 마음을 섬기고 공경하는 것, 비유하자면 마음이라는 밭에 뿌려진 하늘의 씨앗을 매일 잊지 않고 물주고 거름 주고 가꾸고 키워서 마음밭 전체를 온갖 아름다운 꽃의 정원으로 만드는 것과 같다. 따라서 마음을 실제 그렇게 가꿔나가는 것이 참된 하늘 섬김이며, 그렇게 마음을 발양시켜나가는 것이 수행이다. 그래서 동학에서는 신앙과 수행이 둘이 아니다.

이렇게 시천주를 해석하는 것이 가능하다면, 반대로 인간의 측면에서 보면 인간은 누구나 천주를 몸 안에 모시고 있는 신령하고 거룩한 존재라는 것을 표명한 것으로 볼 수 있다. 이는 왕조 시대에 계급과 귀천을 막론하고 인간은 누구나 한울님을 모신 평등한 존재며 거룩하고 신령한 존재라는 것을 천명한 것이다. 그래서 수운은 시천주의 자각 후, 그의 두 여종을 해방시켜 한 사람은 수양딸로 한 사람은 며느리로 삼았다고 한다. 또한 한문체인 『동경대전』 외에 한글 가사체인 『용담유사』를 지어 부녀자와 어린아이들까지, 즉 모든 백성들이 볼 수 있도록 하였다. 이는 그의 자각이 단순한 관념이 아니라 철저한 실천적 자각이었음을 보여준다.

이처럼 수운의 인간 이해의 출발점은 '한울님을 모신 존재'다. 인간은 상하귀천과 남녀노소를 막론하고 모두가 한울님을 모신 거룩한 존재며 동시에 각각이 우주의 중심적 주체다. 이 주체들은 독립적인 중심이면서도 모든 우주의 다른 존재들과 연결되어 있다. 이 주체는 바깥의 초월적 중심을 향해 있는 것이 아니라 각각 독립적인 자기의 중심을 향해 있지만 그것은 전체 '지기의 생명'으로 통합된다. 그러므로 이 주체는 개체성을 포기한 전체성으로의 복속이 아니다. 이 중심은 자율적이며 자존적이면서도 모든 존재와 소통할 수 있는 주체이기도 하다. 하나하나가 우주의 중심이면서 근원적 존재와 연결되어 있다. 이렇게 한 개체로서 거룩하고 신령하면서도 전체와 기화 상통하고 있다는 것은 인간의 근원적 불안과 소외를 극복하게 하고 생명의 근원적 중심에 동참하게 한다. 여기에 바로 '인간의 재발견'이 있다는 것이다.

한편, 수운은 시천주의 체험을 통해 도달한 최고의 인격을 지상신선이라는 비유적인 용어로 표현하고 있다. 수운은 "입도한 세상 사람 그날부터 군자되어 무위이화될 것이니 지상신선 네 아니냐"(『용담유사』, 「교훈가」)라고 하여 '지상신선'이라는 표현을 즐겨 사용하였다. 여기서의 '지상신선'은 도교적인 '신선'이 아님은 물론이다. 그렇다면 수운이 말하는 '지상신선'은 어떤 인간상을 내포하는 말인가.

수운이 추구하는 이상적 인간상은 시천주를 자각한 사람이다. 자기 몸에 한울님을 모시고 있다는 것을 온전히 자각하려면 수운이 그랬듯이 수련을 통해 하늘의 기운을 느끼고 자기 안에서 하늘의 영을 만나는 강령(降靈) 체험을 해야 하는데, 이 체험을 통해 내유신령(內有神靈)과 외유기화(外有氣化)를 확실하게 체험하게 된다고 한다. 이런 점에서 동학은 종교다. 그러나 이 시천주 체험은 기존의 성리학적 도덕 담론에 비하면 상당히 실질적인 실천을 담보하고 있다. 왜냐하면 기화 체험을 통해 실제 몸의 기운이 신령해지고 마음도 거룩해지는 놀라운 변화가 일어나는 것이다. 시천주 체험은 단순한 기운 체험으로 끝나는 것이 아니라, 내적 정화와 인격적 변화를 동반하는 것이다. 그런 신령스러운 마음과 기운이 접한 상태를 '기화지신(氣化之神)'이라고 하는데, 수운은 서학과 동학을 비교하면서 서학에는 바로 이 '기화지신'이 없기 때문에 헛된 것이라고 비판한다. 이렇게 신령스러운 존재로의 변화, 그래서 항상 한울님의 마음에서 떠나지 않고, 지기의 전체 생명과 기화상통하면서 사는 인간이 일차적으로 수운이 생각한 현인군자며 지상신선이라고 할 수 있다.

수운은 이어서 시천주를 체험함으로써, 자기 안팎으로 신령과 기화의 작용을 확실히 체험한 사람은, 한울 조화(造化)를 알게 되고 나아가 그 조화에 동참할 수 있는 존재가 된다고 한다. 이것이 수운은 '조화정(造化定)'이라고 한다. 이는 앞서 언급한 지기의 '무위이화(無爲而化)'의 스스로 그러한 이치를 알고 그 이치에 순응한다는 것을 의미한다. 수운은 이 천도의 질서를 알아 따름으로써 한울의 생성과 조화에 적극 참여하게 되므로 오히려 적극적인 '창조적(創造的) 주체'로서의 노작(勞作)이 가능하다고 한다. 이로써 한울의 '노이무공(勞而無功)'(『동경대전』, 「포덕문」)을 도와 우주적 과업을 이루는 것, 이것이 인간이 만물 중에서 가장 뛰어난 이유라고 설명한다.

그러나 이것으로서 완성이 아니고, 더 나아가 만사를 다 깨닫는 '만사지(萬事知)'에까지 이르러야 이상적 인간상에 도달했다고 할 수 있다. 만사지에 이르려면 영원토록 잊지 않는 '영세불망(永世不忘)'의 끊임없는 수행이 필요하다. 하늘의 덕에 합하는 '조화정'에 이르러 오랜 기간 영세불망으로 그 마음을 지키게 되면, 천도의 진리를 완전히 체득하는 만사지가 된다는 의미다. 그러므로 여기서 '지(知)'는 어떤 것에 대한 지식적 앎이 아니다. 천도의 질서를 깨달아 오랫동안 무젖어 익숙해짐으로써 몸과 마음이 그 질서와 하나가 된 것을 말한다.

결국 수운이 추구한 이상적 인간상은 한울님이 내 안에 모셔져 있다는 것을 체험하고, 내면의 깊숙한 곳에서 전체 하늘과 소통함으로써 존재의 소외와 불안을 떨쳐내고 천지와 더불어 창조적(創造的)이면서도 동역적(同役的)인 우주적 주체로 우뚝 설 것을 역설하고 있는 것이다.

4. 사상사적 의의와 한계

지금까지 살펴봤듯이 다산과 수운은 모두 당시 성리학적 질서가 무너지고 그 학문적 한계가 명확하게 드러나던 때에 성리학을 극복하고 당시 사회적 혼란을 바로잡을 수 있는 좀더 실천적인 새로운 학문을 모색하였다. 그 결과 두 사람 모두 고대의 상제를 부활시킴으로써 추상적 담론에 매몰된 성리학적 이론을 탈피하여 실제 생활에서 곧바로 적용될 수 있는 구체적이고도 현실적인 실천을 촉구하였다. 특히 다산은 당시 청나라를 통해 들어온 서양의 과학적 성과에 대해 숙지하고 기존의 전통적 자연관의 문제점을 신랄하게 비판하였다.

그래서 자연과 인간을 분리하고 전통적인 천인감응설이나 음양오행론, 풍수지리설 등을 비판하기도 하였다. 그리고 인간관에서도 형이상학적인 심성론으로 인간 본성을 다루지 않고 경험적인 측면에서 인간의 본성을 도덕적 경향성 정도로 해석함으로써 도덕의 문제를 내면의 '본래성의 회복'으로 보기보다 오히려 '후천적인 노력'을 더 중시할 수 있었다. 그래서 그는 내면의 덕성보다는 몸을 통한 구체적인 실천을 더 중시하였다. 이때 이 몸은 그냥 신체가 아니라 신체, 정신의 이원성을 넘어서 신체와 정신이 하나로 어우러져 있는 전일적 몸이다. 이것은 수양의 측면에서 매우 중요한 의미를 가진다. 수양을 단순히 마음의 차원에서만 접근하지 않고 신교(身敎)의 차원, 즉 인륜적 실천에서 접근했다는 점이다. 또한 좀더 실천적이고 자율적이고 주체적인 인간상을 제시하여 평등하고 자율적인 근대적 인간상을 제시하였다고 평가받았다.

그러나 엄밀하게 말해서 그가 제시한 인간상은 근대적 인간상이라기보다는 전통 유학의 본령을 다시 회복하려는 것이었다. 그는 여전히 공동체적 연대를 중시했으며 전제 왕정의 튼튼한 기초를 다시 마련하고 신분의 엄격한 구분 아래 인륜적 질서를 회복하려고 하였을 뿐이다. 또한 성리학을 비판하면서 나온 그의 자연관도 그 당시에서는 분명 의미 있는 사상이었지만 오늘날처럼 자연에 대한 외경심이 없이 단지 경제적 가치로만 대상화되어 파괴되고 있는 때는 어떤 의미를 줄 수 있을지 의문이다. 오히려 오늘날에는 전통적인 자연관처럼 천지를 살아 있는 유기체적인 것으로 보고 인간과 떼려야 뗄 수 없이 생명적 교감을 나누고 있는 기운의 흐름으로 보는 것이 더 요구되기 때문이다. 나아가 동학에서처럼 그 자체가 신령한 한울로서 공경해야 하는 존재로 보는 것이 더 필요한 생태론적 관점이라고 하겠다.

이런 측면에서 보자면 소박한 종교적 신비주의에 바탕하고 있긴 하지만 오늘날에는 오히려 동학에서 얻을 수 있는 힌트가 더 많지 않나 하는 생각이 든다. 수운의 사상사적 의의 역시 하늘을 새롭게 해석함으로써 형식화된 윤리에 실제성을 부여했다는 점이다. 그러나 다산과는 달리 하늘을 바깥에 있는 초월적 권위체가 아니라 내 몸에 모시고 있다고 함으로써 하늘과의 관계를 수직적이지 않고 수평적인 관계로 변화시켰다. 이는 이후 모든 존재가 하늘을 모시고 있다는 인간의 존엄성과 평등성으로 나갈 수 있었다. 하늘을 섬기는 것을 강조한 데서는 다산과 같다. 다산은 하늘을 초월적인 권능을 가진 절대자로서 인간의 모든 행위를 감찰하는 존재로 상정하고, 그러므로 인간은 항상 삼가고 두려워하는 계신공구(戒愼恐懼)의 태도를 중시함으로써 도덕에 더 실천적 동기를 부여했다고 할 수 있다. 그런 반면 실천을 타율적이고 외재적인 것으로 돌려버렸고 하늘과의 관계도 여전히 수직적인 점을 면하지 못했던 한계를 노정하였는 데 비해 수운은 하늘과의 관계를 수평적이고 주체적인 관계로 돌려놓았다는 의미가 있는 것이다.

또한 기(氣)의 의미를 풍부하게 하였다는 점을 들 수 있겠다. 성리학의 기론자들 역시 기를 담일청허(淡一淸虛)하고 허령(虛靈)한 것으로 보긴 했지만, 동학에서의 기는 더욱 영적 속성이 강화되었다. 기가 곧 영이면서 천주였다. 이로써 '지기일원론(至氣一元論)'을 정립했는데, 지기를 중심으로 리와 천과 천주와 귀신을 하나로 통합함으로써 일신론과 범신론을 넘어선 새로운 신관을 정립하였다.

또한 모든 서민들이 수도의 주체가 되어 군자 공동체를 열고자 한 측면에서 유교의 이상인 민본성이 동학에서 현실적으로 실현될 가능성을 얻었다는 평가도 있다. 물론 수운은 모든 문제를 인간의 마음의 문제로 돌리는 데서 여전히 적극적인 사회적 실천이나 제도적 변혁으로 나아가기는 힘든 한계도 있다. 때문에 동학은 1894년 전봉준의 동학 농민 운동을 만남으로써 비로소 역사 속에서 실천적 정당성을 건져낼 수 있었다.

그러나 무엇보다도 동학의 의의는 실천의 주체로서 '새로운 인간의 재발견'에 있다. 다윈의 진화론과 프로이트의 '무의식'의 발견은 인간의 존엄성과 이성적 주체를 해체시켰고, 최근의 포스트모더니즘 계열의 철학들은 우리가 너무나 당연하다고 믿었던 신념들에 대해 회의하게 하였지만, 막상 그런 반성 위에서 사회적 변혁을 시도해야 할 새로운 주체의 형성마저 흐리게 만들었다. 그러므로 이 시대에 필요한 것은 전 지구적 위기를 극복하고 새로운 삶의 방식을 만들어갈 새로운 인격의 탄생과 그것의 구체적 실현 방안이다. 동양 철학이 서양 철학을 보완하고 현대 사회에 의미를 줄 수 있는 것은 바로 이 부분이다. 동양 철학의 핵심은 수양론에 있었다. 수양을 통한 인격의 변화와 새로운 주체의 재발견이 그것이다. 그러나 정치적 실천마저 지도자의 도덕적 자질의 문제로만 돌림으로써 한계를 지니기도 하였다. 그러므로 그것이 서양의 실천적인 정치철학적 기획과 만날 때 비로소 새로운 변혁이 가능한 게 아닌가 한다.

여기서 점에서 동학의 인간 이해와, 간이한 동학 수련에 좀 더 주목할 필요가 있다. 동학의 수련은 애초에 나올 때부터 전문 수행자들을 위한 것이 아니라 글 모르는 무지렁이 백성들을 위한 것이었다. 그래서 21자의 간단한 '시천주' 주문을 외움으로써 마음을 깨닫고 자기의 본래성을 깨닫게 하는 것이 동학의 수행이다. 이 과정에서 수운이 체험했던 것처럼 우주적 기운을 체험하고 가르침을 받을 수도 있다. 하지만 중요한 것은 수련을 통해서 결국 마음이 본래의 하늘마음으로 바뀌는 것이다. 지금까지 미워하고 시기 질투하며 성내고 전전긍긍하고 욕망에 사로잡혀 있던 마음을 바르고 밝고 착하고 의로운 마음으로 전환시키는 것이다. 수행을 통해 참마음을 회복하고 새로운 주체로 거듭나는 것, 해월처럼 땅의 아픔을 자신의 아픔으로 느낄 수 있는 생태적 감수성의 회복, 머리를 통한 실천이 아닌 가슴으로 느끼고 몸으로 익어져서 나오는 실천, 여기에 동학의 가장 큰 역할이 있는 게 아닌가 한다.

5. 생명 살림과 문명 치유의 길 찾기

오늘날의 위기가 전적으로 서구 근대 학문의 탓이라고 할 필요는 없다. 서구 근대 학문의 치열한 진리 탐구 역사와 현대 문명에의 기여에 대해 높이 평가할 부분도 많다. 그러나 그들이 자연을 대하고 생명을 바라보는 방식에서 너무 눈에 보이는 부분에만 치중한 나머지 생명을 전일적으로 바라보지 못하고 자연을 정복과 지배의 관점에서 바라본 점은 문제가 없다고 할 수 없다. 때문에 학문의 발전이라는 측면에서라도 생명 현상을 비롯하여 세계를 바라보는 방식을 좀더 다양화하고 좀더 전일적인 관점에서 바라볼 필요가 있다고 하겠다. 여기서 동양의 학문이 세계를 바라본 다양한 관점들을 보완적으로 받아들일 필요가 있다. 그런 측면에서 주자의 성리학도 여전히 살펴볼 가치가 있고, 다산의 고민과 동학의 지혜에 귀 기울일 필요가 있다고 본다.

특히 수운은 불연기연을 통해 세계를 바라보는 새로운 통합적 관점을 제시하였다. 여기서 불연(不然)은 '그렇지 않은 것', '기필키 어려운 것', 즉 경험할 수 없거나 생각해도 알 수 없는 것을 말하고, 기연(其然)은 '그러한 것', 즉 우리의 감관으로 경험할 수 있는 것이나 조금만 생각해보면 알 수 있는 것을 말한다. 즉, 눈에 보이는 것과 논리적으로 추론해서 알 수 있는 것을 기연이라고 하고, 눈이 보이지도 않고 증명할 수도 없고 추론해서 알 수도 없는 사실들을 불연이라고 한다. 수운은 이 불연기연의 논리를 통해 드러난 질서의 이면에는 숨겨진 차원의 질서가 있어서 겉으로는 모순, 반대되는 현상도 근원에서는 통합되어 있을 수 있다는 것을 피력하고 있다. 또한 감각을 통한 경험과 이성적 인식의 차원 외에 다른 인식의 차원이 있을 수 있다는 가능성을 적극적으로 열어두고 이것이 궁극적으로 통합되어야 한다고 역설한다.

또한 수운은 시천주의 사상을 통해서 모든 존재, 심지어 무기물조차도 영을 지니고 있고 생명이 있음을 피력하였다. 우주 자체가 보이지 않지만 생명으로 드러날 수 있고 영성을 가진 기운 덩어리며, 모든 것이 하늘의 기운에서 화해난 것이라는 관점을 폈다. 그러므로 인간과 자연도 모두 하늘의 현현이며, 그 안에는 하늘의 영과 하늘 기운과 하늘 생명이 내재[內有神靈, 外有氣化 各知不移]되어 있다고 파악하였다. 그러므로 모든 존재는 그 자체로 하늘의 영과 기화 작용으로 나타난 하늘이기에 모시고 섬겨야 하는 존재며, 나아가 모든 존재가 근원에서는 나와 다름없이 하나라는 인식을 할 수 있었다.

나아가 해월은 이것을 모든 만물이 다 하늘[物物天]이며 모든 일이 다 하늘[事事天]이라는 경물(景物) 사상으로 승화시켰다. 또한 '땅은 어머니의 살결'이라고 하였고 천지(天地)를 부모님처럼 섬기라고도 하였다. 작은 것에서부터 생명을 느끼고 그것을 한울님처럼 공경하라는 수운과 해월의 가르침은 오늘날 현대를 사는 우리에게 자연을 대하고 생명을 대하는 새로운 마음가짐을 가르치고 있다고 하겠다.

우리는 동학의 생태적 감수성과 영성 안에서 생명에 대한 깊은 통찰과 인간의 내면에 모셔져 있는 무궁 생명에 대한 자각을 통해 이 정신적 궁핍의 시대에 새로운 인간 주체를 되살리고, 이 '주체의 되살림'을 통해 뭇 생명을 살리고, 나아가 병든 문명을 치유해낼 수 있는 힌트를 얻어야 할 때가 아닌가 한다.

제2부
서양의 인간관과 자연관

제1장
플라톤과 아리스토텔레스
—형상 중심의 두 존재론, 그 같음과 다름

1. 왜 플라톤과 아리스토텔레스인가

현대의 가장 지배적인 자연관은 단연코 서양 근대의 과학혁명과 함께 형성되었다고 할 수 있다. 서양 근대 문명을 수용한 모든 국가에서 과학 교과서를 통해 전파하는 이러한 과학적 자연관에 필적할 만한 다른 합리적 관점은 아직 없는 것 같다. 서양 근대의 자연관은 고대 그리스의 자연관, 특히 아리스토텔레스의 목적론적 자연관과 중세 교회의 권위가 결합된 교조적인 이론의 틀을 부수고 탄생했다. 성공적인 실험과 관찰, 그것을 가능하게 해준 기술의 발전, 그리고 수학적 언어와 논리로 무장한 근대의 자연관은 오늘날 압도적인 지위를 확보하고 있음에 틀림없다.

그러나 더 이상 자연에 접근하는 다른 관점이 있을 수도 없고 필요하지도 않다는 식의 과학에 대한 맹목적 태도는, 마치 근대가 뚫고 나온 중세의 교조적 태도를 연상시킨다. 오늘날 우리에게 간절히 요청되는 것은 어떠한 교조적인 권위도 인정하지 않으려는 근대의 개척자들이 지녔던 태도다. 반성적인 검토를 허용하지 않는 근대의 독주는 중세의 교조적 관점만큼이나 배타적이고 위협적일 수 있기 때문이다.

플라톤이나 아리스토텔레스의 세계관은 우리에게 매우 낯설고 따라서 이해하기 어려운 부분이 많다. 그러나 그들이 탐구했던 문제들 속에는 우리가 미처 주목하지 못했던 풍요로운 개념들이 우리의 해석을 기다리고 있다. 물론 우리가 그들을 이해했다고 해서 그것이 오늘날 우리가 지닌 문제의 정답이 되는 것은 아니다. 그러나 적어도 우리와 낯선 그들의 세계를 통해, 우리의 낯익은 모습을 낯설게 만드는 효과를 기대할 수는 있다. 다시 말해서, 근대 이후의 과학적 세계관도 그 이전의 세계관과 마찬가지로 세계를 인식하는 다양한 관점들 중 하나라는 것을 보여줄 수 있다. 이는, 거울 없는 이 시대에 현대의 우리 모습을 비춰볼 수 있는 고대 그리스의 거울을 발굴하는 일이라 하겠다.

2. 이데아와 자연 세계 : 플라톤의 자연관

플라톤에게 자연은 세계의 전체가 아니다. 우리가 감각적으로 경험하는 세계를 자연이라고 하고, 존재하는 모든 것을 망라하여 세계라고 부른다면, 자연은 세계의 일부분일 뿐이다. 감각적인 자연 세계를 초월해 있는 완전한 존재인 이데아(형상)의 세계가 있기 때문이다. 자연 세계의 사물들은 이데아를 모방한 불완전한 존재다. 그래서 플라톤이 생각한 자연 세계는 이데아와의 관계를 통해서만 온전히 이해될 수 있다. 따라서 우리의 논의도 이데아에 대한 검토를 거친 후에 감각적인 자연 세계를, 그리고 인간의 위상을 살펴보는 순서로 진행될 것이다.

1) 존재에도 정도가 있나

이데아설을 모르고 플라톤을 이해할 수는 없다. 그만큼 이데아설은 플라톤 철학의 핵심이라고 할 수 있다. 그러나 이데아는 널리 알려진 그 명칭과는 달리 이해하기가 결코 만만치 않다. 아마도 그 첫째 이유는 플라톤 자신에게 있을 것이다. 그는 ≪대화편≫ 어디에서도 이데아가 무엇인지 명확하게 밝히고 설명한 적이 없다. 오히려 그의 ≪대화편≫이 이해를 더 어렵게 만들기도 한다. 이를테면, 이데아가 무엇인가를 탐구하는 작품인 『파르메니데스』 편을 보면, 이데아를 적극적으로 설명하기보다는 이데아에 대한 설명이나 정의들을 비판하는 내용으로 가득 차 있다. 그렇다고 해서 플라톤이 이데아의 존재를 부정하는 것은 결코 아니다.

어쨌든 플라톤은, 이데아는 완전하고 순수하게 존재하는(『국가』 477-479) 것이라고, 또는 완벽하게 참으로 존재한다고(『국가』 597) 말한다. 반면에 감각적 세계의 개체들은 이데아에 비해 열등하며(『파에드로스』 75B), 이데아를 열망한다(『파에드로스』 75A)고 말하고 있다. 감각적 개체들은 "존재와 비존재 사이"에 있다(『국가』 479C7). 그러므로 우리가 경험하는 이 감각적 세계를 이해하기 위해서는 완전한 존재라는 이데아가 도대체 무엇인가를 알아야 하며, 또한 "존재와 비존재 사이"라는 말이 무엇을 의미하는지 밝힐 필요가 있다.

먼저 "존재와 비존재 사이"가 어떤 의미인지 살펴보자. '존재'가 '있음'을, '비존재'가 '없음'을 의미한다면 존재와 비존재 사이, 있음과 없음의 사이는 있을 수 없다. 있으면 있고 없으면 없는 것이지 그 중간이 있을 수 있는가. 그런데 감각적 개체들이 존재와 비존재 사이에 있으며, 이데아는 감각적 개체들보다 완전하게 존재하고 더 존재(실재)한다면, 존재에도 점진적인 정도(degree)의 차이가 있다는 말이 된다. 이러한 존재의 정도를 이해해야 플라톤이 말하는 이데아의 정체는 물론 감각적 세계의 특성이 드러날 것이다.

우리가 존재라고 옮기는 고대 그리스어부터 살펴보자. '존재한다'에 해당하는 그리스어 동사는 부정형(不定形. infinitive)으로 '에이나이(einai)'며, 영어의 be 동사와 유사한 의미를 갖는다. 에이나이의 분사인 온(on), 명사인 우시아(ousia), 부사인 온토스(ontōs) 등이 에이나이의 파생어로 많이 쓰이며, 분사인 온에 정관사를 붙인 토온(to on)은 존재자를 의미하는 명사로 쓰인다. 영어의 be 동사 역시 분사 being이 있지만 그리스어의 우시아에 해당할 만한 명사(beingness?)나 온토스와 같은 부사(beingly?)는 없다. 영어에서는 대신 reality나 really를 사용할 수 있다. reality나 really에 해당하는 말까지 그리스어 에이나이 동사의 파생어가 대신하고 있는 것이다. 그만큼 에이나이는 의미의 폭이 넓다고 할 수 있다.

사실 그리스어 에이나이는 오랫동안 영어의 be 동사와 유사한 의미로 이해되어 왔다. 영어의 be 동사가 뒤에 보어를 갖는 계사적 용법("~이다")과, 보어 없이 독립적으로 쓰이는 존재적 용법("있다")으로 분류되듯이, 에이나이 역시 두 용법으로 분류하고, 보어 없이 독립적으로 쓰이는 경우에는 기본적으로 '존재한다(exist. 있다)'는 의미로 해석해왔다. 그러나 20세기 중반 이후의 연구들을 종합해보면(특히 C. Kahn), 독립적 용법의 경우에도 '존재한다'나 '있다'보다는 '그러하다'나 '맞다'라는 의미가 더 기본적이다. 에이나이가 독립적으로 사용될 때는 영어에서 be 동사 다음의 보어가 생략된 경우처럼, 사태가 '그러하다'는 의미를 갖는 경우가 더 일반적이라는 것이다. 영어에서 "Yes, it is"라고 대답할 때 is 뒤의 보어가 생략되고 is가 그 의미를 함축하는 경우와 같다. 물론 문맥에 따라 '있다'는 의미로도 당연히 사용될 수 있다. 다만 '있다'라는 의미가 기본적이며 일차적인 의미는 아니라는 말이다.

결국 '존재'나 '실재' 등으로 번역하는 그리스어 에이나이 동사 및 그 파생어인 '온'이나 '우시아' 등은 단지 '있음'의 의미만이 아니라 '그러함', '맞음', '사실임' 등의 뜻을 모두 함축하고 있다고 하겠다. 여기서 우리는 그리스어 에이나이가 '그러하다', '맞다', '사실이다'와 같은 인식적 의미, 즉 사태를 긍정하는 의미를 지니고 있음에 주목할 필요가 있다. 이러한 사태 긍정의 의미는 에이나이가 영어의 real의 의미를 포함하고 있다는 사실에서 쉽게 짐작할 수 있다. 그리고 영어의 real이 true의 뜻으로도 사용되듯이, 그리스어 에이나이는 '진리'의 의미를 갖는다. 이러한 여러 의미를 지닌 에이나이를 우리말로 옮길 때는 관행대로 '존재'라고 옮길지라도 '존재'라는 말에 함축된 그리스어의 다중적 의미를 간과해서는 곤란하다. '존재'는 단지 '있음'이 아니다.

이러한 '존재'의 의미 중에 함축된 '진리'의 의미는 존재의 정도를 이해하는 데 매우 중요하다. 영어의 true는 기본적으로 명제 및 판단에 적용된다. 어떤 명제가 사실인 경우에 그것은 참(true)이라고 하며(It is true that~), 그렇지 않으면 거짓(false)이라고 한다. 그러나 true는 true friend, true love 등에서와 같이 사물이나 사태를 직접 수식하기도 한다. 그리고 그런 경우에는 대체로 true 대신 real을 써도 그 의미가 거의 변하지 않는다고 할 수 있다. 우리말의 '참이다', '참되다', '진실하다' 등의 표현 역시 판단이나 명제에 대해서 뿐 아니라 사물이나 사태에도 적용된다는 점에서 영어의 real이나 true와 마찬가지라고 하겠다. 영어의 real, really, reality에 해당하는 단어들이 그리스어의 경우 모두 존재한다(에이나이)에서 파생되었다는 사실에서 우리는 영어의 real이 갖는 인식적 의미(true)가 그리스어 에이나이, 온, 온토스 등의 개념에 함축되어 있음을 충분히 짐작할 수 있다. 실제로 아리스토텔레스는 『형이상학』에서 존재(에이나이)의 의미를 분류하면서 '참(truth)'의 의미를 중요하게 다룬다.

영어의 true, real이나 우리말의 참된, 진실한 등의 표현을 사물이나 사태에 적용시켰을 때는 사물이나 사태가 참으로 그러하다고 기술될 만한 성질을 지니고 있음을 의미한다. 예컨대 true friend는 친구로서 지녀야 하는 특성을, true love는 사랑이라고 부를 만한 상황이나 마음이 있음을 뜻한다. 그리스어의 '존재'는 이러한 의미를 내포하고 있다. 그래서 '존재한다'는 것은 단지 '있음'만이 아니라 '참되게 그러하다', '진실로 그러하다'는 의미를 담고 있다. 다시 말해 존재는 진리의 의미를 함축하고 있으며 존재론과 인식론이 쉽게 분리되지 않는다.

이제 '존재와 비존재 사이', '더 존재한다' 등의 표현에서 드러난 존재의 정도에 대해 살펴보자. 존재와 비존재의 의미를 단지 있음과 없음으로만 이해한다면 그 중간은 있을 수 없다. 그러나 존재가 진실한, 참된 등의 의미를 포함한다면 존재의 정도 차이를 인정할 수 있게 된다. '더 진실한 친구', '더 참된 사랑'이 가능하듯이 존재에도 정도 차이가 있다. 그래서 '더 존재하는'(그리스어로는 mallon onta, 영어로는 more real, 『국가』 515d)이라는 식의 표현이 가능한 것이다. 그래서 완전하고 순수하게 존재하는 것이 있고, 부족하고 열등하게 존재하는 것이 있다.

플라톤에 따르면 순수한 존재, 제대로 된 존재는 불변하는 영원한 존재며 달리 될 수 없는 존재여야 한다. 그래서 존재의 정도에서 가장 높은 지위를 차지하는 것이 이데아다. 이데아는 완전하고 순수하게 존재하기 때문이다. 반면에 감각적 경험 세계는 순수한 이데아의 세계와 완전한 비존재 사이에 있다. 감각적 세계는 끊임없이 변화하는 세계이기 때문에 이데아의 세계보다 존재의 정도가 낮을 수밖에 없다. 이제 순수한 존재인 이데아가 무엇인지, 그리고 감각적 세계는 왜 그보다 존재의 정도가 낮은지 살펴볼 것이다.

2) 이데아, 어디에 있냐고?

이데아(idea)는 에이도스(eidos)라고도 하며 흔히 형상(영어로는 form)으로 번역된다. 이데아와 에이도스는 모두 '본다'는 뜻의 에이도(eidō)라는 동사에서 나온 명사로서, 기본적인 의미는 '보인 것'이다. 그러나 플라톤의 이데아나 에이도스는 감각적으로 볼 수 있는 형태나 모습이 아니라, 굳이 비유하자면 마음의 눈으로만 볼 수 있는 대상이다. 이성적 사유를 통해서만 파악할 수 있는 참된 실재라고 할 수 있다. 이러한 플라톤의 이데아나 에이도스는 일반적인 의미와 구별하여 그냥 '이데아'(또는 문맥에 따라 형상)라고 한다. 영어에서도 플라톤의 형상은 대문자(Form)로 표시하거나 Idea로 표기하는 것이 보통이다.

그러면 이성을 통해 파악하는 이데아라는 것이 무엇인지를 이해하기 위해 먼저 소크라테스의 물음에서 시작해보자. 소크라테스는 항상 사물 또는 사태의 본질을 묻는다. 예컨대, "용기란 무엇인가", "아름다움이란 무엇인가"와 같이 어떤 것의 정의를 내려보라고 묻는다. 정의(定義)란 본질을 기술한 것이니, 결국 본질을 말해보라는 물음이다. 이러한 소크라테스의 요구에 만족스런 답이 나오는 경우는 거의 없다. 그러나 그런 답이 주어졌다고 하자. 이를테면 "아름다움이란 X다"라고, 아름다움의 본질(X)을 밝히는 대답이 나왔다고 하자. 그러면 이제 이러한 정의에 부합하는 아름다운 대상이 있을까.

플라톤은 우리가 감각으로 경험하는 이 세계에서는 그러한 대상을 찾을 수 없다고 보았다. 언제나 필연적으로 아름다울 수밖에 없는 그런 아름다운 것은 감각적 세계에는 없다. 이 세계에서는 아무리 아름다운 것도 일면적이고 시간적인 아름다움을 가질 뿐이다. 아름다움의 정의에 부합하는 유일한 대상이 바로 아름다움의 이데아라고 할 수 있다. 아름다움의 이데아는 아름다움 자체인 셈이다.

그런데 '아름다움의 이데아'와 같은 것이 있는가. 그것은 우리의 생각 속에만 있는 하나의 관념에 불과한 것이 아닐까. 그러나 플라톤은 이데아가 실재한다고, 그것도 가장 완전한 실재라고 생각했다. 플라톤의 관점에서 보면, 만일 이데아가 우리의 생각 속에만 있는 주관적인 관념에 불과하다면 우리가 내리는 판단들은 모두 주관적인 단정에 불과하게 되고 객관적인 판단이 될 수 없다. 이데아는 참과 거짓, 옳고 그름, 아름다움과 추함 등을 판단하고 행동 결정을 할 수 있도록 해주는 객관적인 불변의 기준이기 때문이다.

우리는 사물이나 사태에 대해 어떠한 판단을 내린다. 예를 들어, "이 꽃은 아름답다"는 판단을 한다. 그런데 꽃이 아름답다는 판단은 꽃의 아름다움이 무엇인가를 알고 있으며, 그 기준을 갖고 있음을 전제한다. 그리고 꽃의 아름다움을 안다는 것은 다시 아름다움 자체가 무엇인지 안다는 것이며, 아름다움의 기준을 갖고 있다는 말이다. 이 '아름다움 자체'에 해당하는 것이 바로 아름다움의 이데아다. 이것은 아름다움의 판단 기준이며 근거다. 그리고 이 기준은 불변하는 것이어야 한다. 그렇지 않다면 우리의 판단은 가변적인 주장이 되고 말 것이다. 이처럼 플라톤의 이데아는 판단의 보편적 근거의 역할을 한다고 볼 수 있다. 윤리적 상대주의에서 벗어나는 것을 자신의 중요한 철학적 과제 중 하나로 여겼던 플라톤에게 이데아의 존재는 반드시 필요한 것이었다고 할 수 있다.

그래서 플라톤은 『국가』에서 개인적인 또는 공적인 일을 슬기롭게 행하기 위해서는 이데아를 알아야만, 그 중에서도 최고의 이데아인 '좋음(善)의 이데아'를 알아야만 한다고 강조한다. 좋음의 이데아, 즉 좋음 자체가 무엇인지를 알아야 이것을 기준 또는 틀(파라데이그마. paradeigma)로 삼아 올바르게 처신하고 또한 국가를 잘 다스릴 수 있다는 것이다.

물론 우리는 이데아와 같은 보편적 기준이 과연 있는지 의문을 가질 수 있다. 아름다움 자체 또는 아름다움의 본질이라는 것은 없으며, 단지 인간들의 주관적 설정에 불과하다고 생각할 수도 있다. 그러나 플라톤은 아름다움의 본질, 정의의 본질, 인간의 본질과 같은 보편적 본질이 객관적으로 실재한다고 주장하는 본질주의자다. 인간의 이데아는 인간의 본질이 완벽하게 구현된 인간의 모델이며 이상형이고, 아름다움의 이데아는 아름다움의 본질에 해당하는 아름다움의 이상형, 아름다움 자체다. 우리가 감각적으로 경험하는 이 세계에는 그런 이데아가 있을 수 없다. 감각적 대상들은 모두 시간과 공간의 특수성에 매여 있기 때문에 변화할 수밖에 없으며 보편적일 수가 없다. 그러므로 이데아는 경험의 세계를 초월해 있다.

여기서 이데아가 도대체 어디에 있느냐고 묻는다면 어리석은 질문이다. 이데아는 '어디에' 존재하는 것이 아니다. 시공간 속에 놓여 있지 않은 존재에게 어디에 있는지 밝히라는 요구는 처음부터 잘못 제기된 물음이기 때문이다. 그것은 이성의 눈으로 그 존재를 확인할 수밖에 없는 일이다. 이를테면 기하학적 정의를 완벽하게 만족시키는 삼각형은 시공간 속에 있을 수 없다. 그러나 기하학을 아는 자에게는 완전한 삼각형의 존재가 분명하게 인식될 수 있다. 이데아는 이처럼 이성에 의해서만 그 존재가 파악되는 대상이다. 그래서 이데아의 세계는 지적으로만 알 수 있는 세계라는 의미에서 가지계(可知界), 감각적 세계를 가시계(可視界)라고 부르기도 한다.

이데아가 이성에 의해서만 파악되는 존재라면, 그것은 단지 개념에 불과한 것이 아닐까. 물론 인간의 이데아, 아름다움의 이데아는 각각 인간의 개념, 아름다움의 개념이라고 할 수도 있다. 그러나 그 개념은 어떻게 알려지는가. 그것이 단지 인간이 주관적으로 구성한 것에 불과하다면 이는 플라톤의 생각과는 다르다. 플라톤은 그러한 개념들이 인간의 발명품이 아니라 객관적으로 실재하는 것이며 인간이 그것을 발견한다는 입장이다. 예컨대 삼각형의 개념은 인간의 발명품이 아니라 객관적으로 존재하는 것을 인간이 인식하는 것이다. 그런 의미에서 플라톤은 개념실재론자라고 할 수 있다.

이러한 플라톤의 생각은 파르메니데스(Parmenides)적인 전통에서 보면 그 역사적 맥락을 이해할 수 있다. 파르메니데스는 감각 경험에 의해 알려지는 일상적 세계는 독사(doxa. 믿음, 의견)의 세계에 불과하며, 사유를 통해 파악된 세계가 참으로 실재하는 세계며 진리의 세계라고 보았다. 감각은 우리를 속이지만, 논리적 사유는 존재의 세계를 있는 그대로 드러내준다고 본 것이다. 그래서 파르메니데스는 존재를 사유와 동일시한다. 논리적으로 올바르게 사유된 것은 존재하는 것이다.

이러한 파르메니데스의 영향을 강하게 받은 플라톤에게 이데아의 존재는 실재할 수밖에 없는 것이다. 이데아는 머리 속에 아무렇게나 떠오르는 관념이 아니라, 수학적 훈련은 물론이고 변증법적 훈련을 거쳐야 인식할 수 있는 사유 대상이기 때문이다. 그러한 엄밀한 사유를 통해 파악된 이데아는 감각에 의해 알려진 것보다 더 분명하고 확실하게 실재한다. 감각은 우리를 속이기도 하지만 이데아를 파악할 만큼의 엄밀한 사유가 우리를 속일 리는 없기 때문이다.

그런데 아무리 논리적으로 엄밀한 사유라고 해도 그러한 사유의 대상이 반드시 존재해야 할까. 우리는 완전한 삼각형, 아름다움의 이데아와 같은 것이 객관적으로 존재해야 하는지 의문을 가질 수 있다. 감각되거나 사유되었다고 해도 그것이 과연 실재하는지 의심하는 것은 당연해보이기도 한다. 감각했거나 사유했다는 사실이 곧 외부 세계의 객관적 실재성을 확보해주지는 않기 때문이다. 이러한 회의주의적 태도는 특히 근대 이후의 인식론적 경향이라고 할 수 있다. 그래서 영국의 버클리(G. Berkely) 같은 근대 철학자는, 존재한다는 것은 내가 지각한다는 것 이외의 다른 것이 아니라는 주장까지 하게 된다. 주관적 경험에서 어떻게 객관적 존재를 이끌어낼 수 있느냐는 생각이다.

반면에 고대 그리스 철학의 문제 의식은 좀더 대상 중심적이라고 할 수 있다. 근대인들이 객관적 세계가 어떻게 존재할 수 있는가라고 묻는다면, 그 반대로 고대 그리스인들은 없는 것을 어떻게 지각 또는 사유할 수 있느냐고 묻는다. 다시 말해 지각되거나 사유되는 것은 — 그것이 거짓 지각이나 사유가 아니라면 — 당연히 존재해야 하며, 없는 것을 지각하거나 사유

할 수는 없다는 입장이다.

이제 소크라테스의 물음을 다시 검토해보자. "아름다움이란 무엇인가"라는 질문에 올바른 답을 했다면, 즉 아름다움의 본질을 발견하여 그 정의를 내렸다면 그 정의에 대응하는 사실이 존재해야 한다. 아름다움의 본질, 아름다움 자체, 즉 아름다움의 이데아가 있어야 한다. 만일 그것이 없다면 아름다움의 정의는 '존재하지 않는 것'의 정의가 될 것이며, 따라서 제대로 된 정의가 아니다. 그러므로 논리적 검토를 거쳐 분명하게 사유된 수학적 대상이나 이데아가 존재한다는 것은 당연한 것일 수 있다.

3) 덜 존재하는 세계, 감각의 세계

이데아가 완전하고 순수한 존재인 반면에, 우리가 경험하는 감각적 세계의 개체들은 이데아에 비해 부족하며 열등한 존재다. 그래서 이데아에 비해 덜 존재(실재)하는 불완전한 존재다. 도대체 왜 감각적 개체들은 불완전한 존재일까. 가장 흔한 설명부터 살펴보자. 이데아는 영원하고 완벽하지만 물리적 세계의 사물들은 이데아에 근접할 뿐이라는 설명이다. 예를 들어, 아무리 잘 그린 삼각형이라고 할지라도 그것이 삼각형 자체 또는 삼각형의 이데아가 될 수는 없다. 삼각형은커녕 직선을 아무리 잘 그려도 직선 자체가 될 수 없다. 그러니 감각적 개체들은 불완전할 수밖에 없다.

이러한 설명은, 수학에 대한 플라톤의 신뢰감에 비추어볼 때 꽤 설득력이 있다. 그려진 삼각형은 삼각형의 정의를 만족시켜줄 수 없다는 점에서 불완전하며, 결국 감각 대상은 그것이 표상하는 가지적(이성으로 알 수 있는) 대상에 근접할 뿐이다. 그리고 플라톤은 이러한 불완전성을 윤리적 미적 맥락에도 그대로 적용시켜서, 감각적 현실 세계의 어떠한 정의로운 행동도 완전한 정의(正義)가 아니며, 어떤 아름다운 것도 아름다움 자체일 수 없다고 본다.

감각적 세계의 사물이나 사태는 이데아의 완벽함을 갖고 있지 못하므로 불완전하다는 이러한 설명은, 그 피상적인 설득력에도 불구하고 윤리적 또는 미적 문제에 대한 플라톤의 생각을 온전하게 설명해주기에는 부족하다. 감각적 세계의 불완전성을 철학사적 관점에서 조명해보면 좀더 설득력 있는 설명을 기대할 수 있다. 헤라클레이토스(Herakleitos)는 세상의 모든 만물이 끊임없이 변한다는 주장을 했다. 플라톤은 『테아이테토스』에서, 이러한 헤라클레토스의 주장대로 감각의 세계에서는 모든 것이 변화하기 때문에 어떤 것도 불변적인 성질을 가질 수 없고 따라서 어떤 것도 무엇이라고 규정할 수 없음을 주장한다. 그래서 감각적 세계는 참된 지식의 대상이 될 수 없다. 대상이 변하면 그것에 대한 지식도 변하고 따라서 불변적인 지식이 될 수 없기 때문이다. 그리고 감각 대상뿐 아니라 감각 주체 역시 끊임없이 변하기 때문에 감각을 통한 참된 인식이란 불가능할 수밖에 없다. 그렇다면 감각적 세계가 이데아에 비해 불완전한 이유는 끊임없는 변화로 인해 이데아와 같은 영원한 성질을 가질 수 없기 때문이다.

그러나 플라톤이 주로 문제 삼은 것은 감각 대상들이 끊임없는 변화한다는 사실보다는, 변화하지 않는다고 해도 상대적인 판단을 내릴 수밖에 없다는 사실이다. 예컨대, 철수는 영희보다는 크고 영철보다는 작다. 그래서 철수의 '큼'은 비교 대상에 따라 상대적이다. 이것은 철수의 키가 끊임없이 변화한다는 사실과는 상관이 없는 일이다. 사실 플라톤이 문제 삼은 감각 세계의 불완전성은 대부분이 이 같은 관점의 상대성과 관련된 것들이다. 여기서 우리는 다시 헤라클레이토스의 세계관을 살펴볼 필요가 있다. 헤라클레이토스는 만물의 변화만을 주장한 것이 아니라, 한 사물이 반대되는 두 성질을 동시에 갖고 있음을 주장한다. 예를 들어, 오르막길과 내리막길은 하나며, 하나의 음식이 어떤 사람에게는 좋은 음식이지만 어떤 사람에게는 나쁜 음식이다. 이처럼 감각의 세계가 이데아에 비해 불완전하고 덜 존재하는 이유는, 감각적 대상이 관점에 따라 그렇기도 하고 그렇지 않기도 하기 때문이다. 플라톤이 감각 세계의 상대성을 논하면서 직접 헤라클레이토스를 언급하고 있지는 않지만 헤라클레이토스의 세계관은 플라톤이 생각한 감각 세계의 모습을 잘 설명해준다.

그런데 우리는 헤라클레이토스가 본 바와 같이 반대되는 두 성질을 동시에 지닌 감각 세계가 왜 존재의 정도가 낮은지 좀 더 검토해볼 필요가 있다. 감각 대상들은 전적으로 그러한 것이 아니라 그러하기도 하고 그러하지 않기도 하다. 그러한 성질을 P라고 한다면, 감각 대상들은 어떤 관점에서는 P이지만 다른 관점에서 보면 not-P다. 이데아는 결코 P면서 not-P일 수가 없다. 반면에 감각적 세계에서는 아무리 아름다운 것 — 예컨대 헬렌 — 도 어떤 관점에서는 아름답지만 다른 관점에서는 아름답지 않을 수 있다. 어떤 때는 아름답지만 다른 때는 아름답지 않을 수 있다. 어떤 것에 비해서는 아름답지만 다른 것 — 플라톤의 말대로 여신 — 과 비교하면 아름답지 않다. 이처럼 감각적 존재들은 관점에 따라 상대적일 수밖에 없다. P의 이데아는 무조건 P일 수밖에 없지만, 감각의 세계에 개별적으로 존재하는 사물·행위·사태·제도 등은 P이기도 하고 not-P이기도 하다. 그래서 존재의 정도가 떨어진다.

그런데 어떤 것이 P면서 동시에 not-P임을 인정한다는 것은 모순을 인정하는 것이다. 그렇다면 플라톤은 감각의 세계가 모순의 세계라고 주장하는 셈이다. 이것은 "a는 P면서 동시에 not-P일수는 없다"는 모순율을 범하는 것인데, 그러한 세계에서는 어떠한 논리적인 주장도 불가능하게 된다. 과연 플라톤은 감각의 세계를 모순의 세계로 보았을까. 그는 동일한 어떤 것이, 동시에 동일한 부분에서 동일한 것들에 대해 상반된 성질들을 지닐 수는 없다고 말하는 것으로 보아(『국가』 436e), 모순의 세계를 인정했다고 보기는 어렵다. 그러므로 관점이나 시점에 따른 상대성을 근거로 플라톤이 감각의 세계를 모순의 세계로 파악했다고 해석할 수는 없을 것이다.

더욱이 관점에 따라 P이기도 하고 not-P이기도 하다는 사실이 곧 모순을 말하는 것도 아니다. 플라톤의 논의를 좀더 따져보자. 앞의 예에서처럼 헬렌은 다른 여자들보다는 아름답지만 여신보다는 아름답지 않다. 이것을 일반화하면, 명제(1) "X는 Y보다 P이고 동시에 Z보다 not-P다"로 표현할 수 있다. 그런데 명제(1)로부터 명제(2) "X는 P면서 동시에 not-P다"가 논리적으로 도출될 수 있는가. (1)에서 (2)는 나올 수가 없다. 다시 말해서 상대성을 주장하는 명제(1)에서 모순된 명제(2)가 나오지는 않는다.

감각의 세계는 상대적이므로 "P면서 not-P"인 모순의 세계라는 결론은 논리적으로 타당하지 않을 뿐더러 그런 모순의 세계를 플라톤은 받아들이지 않았다. 그러므로 플라톤 연구가 블라스토스(G. Vlastos)가 지적했듯이, 감각 세계가 그러하기도 하고 그러하지 않기도 하다는 말, 다시 말해 P면서 동시에 not-P라는 식의 표현은 글자 그대로 받아들여서는 곤란하다.

아름다움의 이데아가 아름다운 것은 아름다움의 이데아가 본질적으로 아름답기 때문이다. 반면에 헬렌이 아름다운 것은 헬렌의 본질 때문이 아니다. 헬렌의 아름다움이 사라진다고 해도 그녀는 여전히 헬렌일 수 있다. 다시 말해 헬렌이 아름답다는 사실은 우연적인 것이다. 아름다움의 이데아와 헬렌은 아름답다는 성질을 소유하는 방식에서 차이가 있다. 전자는 본질적인 방식으로 후자는 우연적인 방식으로 아름답다. 그래서 인식론적으로 표현하자면, 아름다움의 이데아가 아름답다는 것은 필연적 진리(necessary truth)이고, 헬렌이 아름답다는 것은 우연적 진리(contingent truth)라고 할 수 있다. 그렇다면 감각대상들이 그렇기도 하고 그렇지 않기도 하다는 플라톤의 말은, 감각의 세계가 모순의 세계라는 의미가 아니라 우연적 진리밖에 갖지 못하는 세계라는 의미로 받아들이는 것이 올바른 해석이라고 할 수 있다. 감각적 세계의 개체들이 불완전한 존재인 이유는 그것들이 논리학이나 수학의 세계와 같은 필연적 세계가 아닌 우연적 세계에 속해 있기 때문이다.

3. 중간의 존재, 인간 : 플라톤의 인간관

이데아의 세계와 감각적 자연 세계가 분리되어 있듯이, 플라톤은 인간의 영혼과 육체를 분리된 것으로 보았다. 이렇게 영혼(또는 정신)과 육체를 분리된 존재로 보는 대표적인 철학자로 우리는 플라톤과 데카르트를 꼽을 수 있다. 그런데 영혼과 육체라는 두 측면으로 인간을 이해하는 것은 어쩌면 가장 상식적인 생각인 듯하다. 우리도 흔히 인간의 '몸과 마음'을 말하듯이 말이다. 그러나 문제는 몸과 마음의 관계다.

우리가 흔히 영혼이라고 번역하는 고대 그리스어 프쉬케(psychē)는 영어 번역인 소울(soul)이나 우리말의 영혼과는 차이가 있다. 소울이나 영혼은 흔히 죽은 후에도 생존하리라고 믿는 영적인 존재를 의미하는 경향이 강하다. 고대 그리스인들의 경우에도 많은 사람들이 육체가 죽은 후에도 프쉬케는 불멸한다고 믿었으며, 그 대표적인 인물이 피타고라스와 플라톤이라고 할 수 있다. 그러나 프쉬케라는 낱말의 본래 의미 속에 그런 불멸성이 포함되어 있는 것은 아니다. 프쉬케는 살아 있는 모든 것이 지닌 생명의 원리라고 할 수 있다. 죽은 것이 아니라면 모두 프쉬케를 갖고 있기 때문이다.

이러한 프쉬케의 의미를 온전히 전달해줄 수 있는 마땅한 번역어를 찾기는 어렵다. 정신이나 마음도 인간의 프쉬케의 일부분이기 때문에 상통하는 부분이 있으나 프쉬케의 일반적 의미를 담아내지 못한다. 그래서 의미 차이에도 불구하고 관행대로 영혼으로 옮긴다.

플라톤은 인간의 영혼이 육체 속에 갇혀 있다고 보았다. 특히 초기 작품에서는 육체를 매우 저급한 욕망의 자리로 보고 영혼을 방해하고 오염시키는 것이라고 본다. 영혼은 육체적 욕망의 감옥에 갇혀 있는 것이다. 이러한 생각은 그의 인식론과 맥을 같이 한다. 눈, 귀 등 육체적인 감각 기관을 통한 인식은 영혼이 진리와 접촉하는 것을 방해하기 때문에 참된 인식에 도달하기 위해서는 육체의 감각 작용에서 벗어나야 한다.

인간의 죽음은 영혼이 육체로부터 탈출하는 일이다. 그리고 살아 있는 동안에도 인간은 육체의 속박에서 벗어날 준비를 해야 하는데 그 방법이 바로 철학이다. 철학을 통해 이데아를 파악할 수 있도록 노력하는 것이다. 그래서 철학은 영혼을 육체의 속박으로부터 벗어날 수 있도록 노력하는 연습이다. 철학은 죽음의 연습이다.

육체와 영혼을 분리된 존재로 보는 이원론의 문제는 항상 양자 사이의 관계에서 발생한다. 우리는 일상적으로 양자 사이의 상호 관계를 체험하는데 그런 상호 작용이 과연 어떻게 가능한지를 이원론에서는 설명하기가 어렵기 때문이다. 그래서 정신과 육체를 완전히 별개의 실체로 보는 데카르트도 일상적 차원에서는 양자의 상호의존성을 인정할 수밖에 없었다. 플라톤도 역시 후기에는 육체와 영혼의 관계를 좀더 긍정적으로 보고 있다. 후기 작품인 『티마이오스』에서 인간의 육체는 영혼이 효과적으로 활동할 수 있는 구조로 되어 있다고 주장한다. 인간의 직립에서 내장의 구조까지 모두 사유 활동에 유리하도록 만들어졌다. 육체가 영혼의 감옥만은 아닌 것이다.

그러나 전기와 후기에 일관되게 유지되고 있는 것은 인간의 정신적인 활동이 육체적인 것보다 우월하다는 점이다. 이를 잘 보여주고 있는 것이 『국가』의 영혼에 대한 설명이다. 인간의 영혼은 그 기능에 따라 계산하고 사유하는 이성(누스. nous)과, 명예나 인정받음과 같은 사회적 욕구를 지향하는 열정(또는 용기, 기개 등의 의미도 지닌 튀모스. thymos)과, 식욕이나 성욕으로 대표되는 육체적 욕구(에피튀미아. epithymia)라는 세 부분으로 나뉜다. 육체적 욕구는 영양 섭취와 종족 보존에 기여하며, 열정은 공동체적 삶을 가능하게 하는 등 나름의 중요한 가치를 지닌다. 그러나 무엇보다도 이성에 의해 절제되고 인도되어 조화를 이룰 때 이들 각 부분에게도 유리하다. 그리고 이성에 의한 이러한 조화가 바로 인간의 행복이다.

영혼의 세 부분은 국가의 세 계급과 그대로 대응한다. 이성에 상응하는 철인 왕 통치자, 열정에 상응하는 수호자, 욕구에 상응하는 생산자 계층이 각각 지혜, 용기, 절제의 덕을 발휘할 때 정의로운 국가가 되며 모두가 행복한 사회가 가능해진다. 한 개인의 영혼에서나 국가에서나 가장 중요한 것은 이성에 의해 통치되어야 한다는 점이다. 이것이 바로 플라톤에서 아리스토텔레스로 그리고 그 이후에도 서양 지성사의 큰 흐름이라고 할 수 있는 주지주의(intellectualism)의 전통이다.

인간의 육체는 비록 변화무쌍한 감각적 세계에 속하지만, 영혼의 사유하는 능력은 불변적이고 영원한 존재를 지향한다. 그래서 인간은 중간적인 존재다. 생성 소멸하는 육체에서 벗어나 신적인 것을 지향하는 존재다. 신적인 것이란 영원하다는 것이며, 인간의 진정한 모습은 이러한 영원함을 파악하는 이성에서 찾을 수 있다.

4. 퓌시스로서의 자연 : 아리스토텔레스의 자연관

우리는 앞에서 플라톤의 자연관과 인간관을 이해하기 위해 먼저 이데아론을 살펴보아야 했다. 그러나 아리스토텔레스에게는 이데아와 같은 초월적 세계가 없다. 플라톤의 이데아에 상응하는 아리스토텔레스의 형상은 자연세계 밖에 있지 않고 사물들에 내재한다. 그래서 아리스토텔레스의 자연관을 이해하기 위해 자연 밖의 세계를 살필 이유가 없다. 자연에 관한 아리스토텔레스 자신의 탐구도 양적으로나 질적으로 놀라운 성취를 보여주고 있다. 우리는 먼저 자연에 대한 아리스토텔레스의 기본적 관점과 질료형상론 그리고 그의 목적론적 세계관을 살펴볼 터인데, 이는 근대 이후의 기계론적 세계관과 흥미로운 비교가 될 것이다.

1) 자연적 존재의 원리, 자연(퓌시스)

그리스어 '퓌시스(physis)'는 대개 '자연(영어에서는 nature)'

으로 번역된다. 이는 몇 가지 문제가 있지만 큰 틀에서 볼 때 별 무리 없는 번역이라고 할 수 있다. 일상적인 우리말에서의 '자연'은 인공적이지 않은 존재들의 세계를 지칭하는 의미로서, 흔히 인위적인 것과 대비되어 사용된다. 아리스토텔레스도 모든 존재를 자연적인 존재와 그 밖의 다른 원인에 의한 존재로 구별하고 있는데, 여기서 다른 원인의 대표가 바로 인간의 기술이다. 그러므로 자연적인 것과 인위적인 것의 대비를 통해 자연 세계의 구획을 정한다는 점은 우리와 유사하다.

그러나 일반적으로 그리스어 '퓌시스'를 우리말의 '자연'으로 옮길 때 참고해야 할 점이 있다. 퓌시스는 퓌오(phyō)라는 동사가 그 어원이다. 퓌오는 '낳다', '생산하다'라는 의미를 지니며, 그 중간태와 수동태인 퓌오마이(phyomai)는 '생겨나다', '자라다'의 의미를 갖는다. 명사인 퓌시스는 사물이 생겨나서 성장하고 성숙해가는 과정과 결과, 본성, 원리 등을 의미하는 매우 포괄적이며 동적인 개념이다. 그래서 단순히 물리적 세계를 지칭하는 정적인 의미로만 이해할 수 없다는 사실을 기억해야 한다.

아리스토텔레스는 『자연에 관하여』라는 저술에서 고대 그리스인들의 자연관을 정리하고 비판하면서 자신의 견해를 피력하고 있다. 그에게 '자연적 존재'라는 것은 자신 안에 운동(및 변화)이나 정지의 원리를 지닌 존재를 의미하며, 그러한 내적인 원리, 충동, 힘 등을 퓌시스라고 부른다. 이를테면 돌은 아래로 떨어지는 퓌시스를, 불은 위로 올라가는 퓌시스를, 인간은 — 아리스토텔레스를 따르자면 — 알고 싶어하는 퓌시스를 갖고 있다. 또한 콩 심은 데 콩 나고, 인간이 인간을 낳는 것도 바로 자연적 존재들이 갖는 퓌시스 때문이다. 이런 의미에서 퓌시스는 '자연'이라기보다는 '자연성'(자연적 본성, 자연적 능력, 자연적 활동, 본성 등을 함축하여)이라고 하는 편이 더 어울릴 때가 많으나, 관례에 따라 '자연'으로 번역하는 경우에도 이러한 의미를 염두에 두어야 할 것이다.

자연적 존재는 스스로의 원인에 의해, 즉 자신의 내적인 원인 또는 원리에 의해 존재한다. 그러한 자연적 존재는 동물과 그 부분들, 식물 그리고 흙, 공기, 물, 불 같은 원소들이다. 그러나 자신 안에 운동과 정지의 원리를 갖는 존재라는 아리스토텔레스 자신의 좀더 엄밀한 규정에 따르면, 자연적 존재는 독립적인 존재여야 한다. 그래서 그는 자연(physis)을 갖는 존재는 실체(우시아. ousia)라고 말한다. 여기서 실체라는 것은 자기 결정적 원리와 힘을 내재한 독립적 존재다. 그 전형적인 예가 바로 동물이나 식물 같은 독립적인 개체라고 할 수 있다. 다시 말해서 자연적 존재란 자연(또는 자연성. physis)을 가진 존재며, 자연은 자연적 존재의 원인이라고 할 수 있다. 그래서 자연을 탐구한다는 것은 곧 자연적 존재의 원인을 탐구하는 것이다.

여기서 우리가 좀더 주의 깊게 검토해야 할 개념이 '원인'(아이티온. aition. 복수는 aitia)인데, 이것은 근대적 의미의 원인(영어의 cause)과는 많은 차이가 있다. 근대적 의미에서의 원인은, 결과를 낳는 충분 조건으로서의 선행 사태를 의미한다. 그러나 아리스토텔레스가 말하는 원인은 어떤 것의 근원이며, 존재의 근거를 묻는 '왜'라는 물음의 답이 될 수 있는 것들을 의미한다. 아리스토텔레스는 이에 대해 형상인(형상), 질료인(질료), 운동인, 목적인(목적)이라는 네 가지 종류로 원인들을 정리했는데 이것이 바로 그 유명한 4원인설이다. 이 네 가지 원인들 중에서 우리가 검토할 것은 우선 형상과 질료다.

2) 형상과 질료, 가능태와 현실태

플라톤의 형상(이데아)이 감각적 사물과 독립적인, 즉 질료와 분리된 독립적 위상을 갖는 반면에, 아리스토텔레스의 형상은 항상 질료와 결합되어 감각적 사물에 내재한다는 점에서 양자는 중요한 차이를 보여준다. 그러나 질료보다는 형상의 존재론적 지위를 더 근원적이라고 본다는 점에서 제자는 스승을 계승하고 있다. 자연적 존재의 경우 그 내재적인 형상이 바로 그 존재의 더 근원적인 원인이며 이것이 바로 자연(physis. 자연성, 본성)이다. 씨앗이 자라 나무가 될 수 있는 이유는 씨앗이 그렇게 성장할 수 있는 힘, 즉 씨앗에 내재된 나무의 형상 때문이며, 이것이 씨앗의 자연(자연적 본성, 퓌시스)인 것이다.

이제 질료와 형상의 관계를 살펴보자. 아리스토텔레스의 질료와 형상을 설명할 때 가장 흔히 예로 드는 청동상을 보면, 청동은 청동상의 질료이고 그 모양은 형상이다. 이는 형상과 질료가 불가분의 관계임을 잘 보여주지만, 형상에 대한 이해를 매우 피상적으로 만들기도 한다. 청동상의 경우에는 그 모양, 이를테면 헤르메스의 모양이 바로 형상이지만, 그렇다고 형상이 단지 모양이나 구조만을 의미하는 것은 아니다. 물론 형상, 즉 에이도스(eidos)라는 말 자체가 시각적 경험에 그 어원을 두고 있으며, 또한 아리스토텔레스가 형상을 모양을 뜻하는 모르페(morphē)로 표현할 때도 있듯이, 형상의 기본적인 의미는 모양이라고 할 수 있다. 그러나 아리스토텔레스의 존재론에서 형상은 사물의 모양이 아니라 본질적인 기능이나 활동으로 이해해야 한다. 만일 자동차의 예를 든다면, 자동차의 형상은 단지 자동차의 모양이 아니라 무엇을 실어 나르는, 자동차의 본질적인 기능과 활동이다.

아리스토텔레스가 가장 전형적인 자연적 실체라고 보는 동물이나 식물의 경우에 그 형상은 바로 그 영혼의 능력과 활동이다. 동물의 형상은 그 동물의 모양이나 구조가 아니라 그 동물이 동물로서 살아가는 활동 자체다. 바로 여기서 우리는 형상을 그 모양이나 구조와 동일시해서는 곤란하다는 것을 알게 된다. 아리스토텔레스의 형상은 능동적인 활동이나 힘의 차원에서 이해해야 하며, 그 모양이나 구조는 그러한 활동에 기여하는, 즉 형상을 구성하는 부분적인 요소로 보아야 할 것이다. 물론 청동상의 경우에는 그 모양이 형상이 되는데, 그 이유는 청동상의 본질적인 기능이 바로 그 모양이기 때문이다. 청동상의 예를 잘못 이해하여 모양과 형상을 무조건 동일시해서는 곤란하다.

사실 청동상의 예는 형상에 대한 이해뿐 아니라 질료가 무엇인가를 이해하는 데에도 피상적인 수준에 머물게 하기 쉽다. 왜냐하면 청동상의 경우에는 질료가 청동이지만, 그렇다고 질료를 단지 재료의 의미로 이해해서는 곤란하기 때문이다. 형상이 자연적 실체의 본질적인 활동이라면 질료는 그러한 활동을 가능하게 하는 힘이며 능력이기 때문이다. 그래서 아리스토텔레스는 질료를 가능태로, 형상은 그 가능태가 실현되는 활동인 현실태로 보았다. 형상과 질료의 관계는 가능태와 현실태의 관계가 되는데, 이를 가장 잘 보여주는 것이 바로 육체와 영혼의 관계다. 우리는 이것을 인간의 영혼과 육체를 논의하면서 좀더 자세히 살펴볼 것이다.

철학사적 관점에서 보았을 때, 아리스토텔레스의 질료형상론은 세계의 궁극적 원인을 질료에서 찾는 데모크리토스적인 유물론과, 형상에서 찾는 피타고라스나 플라톤의 형상론을 비판적으로 검토한 결과라고 볼 수 있다. 그리고 질료와 형상 중에서 아리스토텔레스는 형상을 존재론적 우위에 놓았다. 아리스토텔레스의 형상은 플라톤의 이데아와 마찬가지로 불변적인 영원한 존재의 원리이기 때문이다.

그런데 17세기 이래 서양에서의 자연에 대한 탐구는 형상의 존재론적 지위, 즉 형상의 실재성을 부정하는 방향으로 진행되었다. 이에 따르면, 형상은 사물을 구성하는 기본적 요소가 아니다. 사물은 질료적인 물질들의 결합이며 물질이 지닌 모든 성질을 이해하면, 형상은 질료의 성질로부터 드러날 것이라는 전제에서 서양 근대 과학은 출발하고 있다. 바로 이러한 전제는 데모크리토스적인 유물론과 기본적으로 일치한다.

물론 근대 과학과 데모크리토스를 그 정교함이나 방법론 등에서 동일선상에 놓을 수는 없지만 그 기본적인 관점은 같다는 것이다. 이들에게 형상이란 질료적 또는 물질적 성질들에 의해 이차적으로 드러나는 것에 불과하며, 세계의 근원적 질서는 질료들에 의해 결정되는 것이다. 결국 형상은 기본적인 어떤 것이 아니라 질료로 환원될 수 있는 부수적인 것이다. 그리하여 형상은 그 실재성을 상실하게 된다.

그러나 아리스토텔레스가 보기에 형상은 결코 질료로 환원될 수 없는 것이다. 근대 과학이 아무리 정밀하게 — 특히 수학이라는 도구를 사용하여 — 물질적 구성 요소들 간의 관계로 세계를 설명한다고 해도, 그것은 존재의 필요 조건만을 제시한 것에 불과하다. 이를테면 동물을 구성하는 질료를 다 모아놓는다고 해도 그 무더기가 바로 동물이 될 수 없고, 형상에 의해 특정한 구조와 활동이 이루어져야만 비로소 하나의 동물이 될 수 있으며, 이러한 형상은 단지 물질들 간의 기계적 법칙으로 설명될 수 없다는 것이 아리스토텔레스의 생각이다. 하나의 실체가 존재하기 위해서는 질료들을 하나의 유기적 단일체로 묶어주는 원리가 필요하며 이것이 바로 형상이다. 형상은 결코 질료에 의해 이해될 수 있는 것이 아니고, 오히려 형상에 의해 질료는 어떤 것의 질료가 될 수 있는 것이다.

근대 이후의 과학적 세계관, 특히 뉴턴적인 기계론적 세계관에 익숙한 우리에게 형상은 매우 낯선 또는 군더더기와 같은 잉여적 개념으로 느껴질 수 있다. 물질을 구성하는 원소들의 물리·화학적 결합만으로 자연 세계의 질서가 드러난다는 근대적 믿음은 이후 과학 기술의 놀라운 성취에 의해 더욱더 확고해져가는 듯하다. 다시 말해 세계는 하나의 정교한 기계며, 생명체 역시 예외가 아니라는 생각을 확인해가고 있는 것처럼 보인다. 여기서 우리가 이러한 근대 과학의 전제가 얼마나 타당한가를 논하려는 것은 아니다. 다만 아리스토텔레스의 세계가 이와 얼마나 다른 것인가를 보려는 것이다.

생명체를 가장 기본적인 존재 모델로 보는—그래서 가장 전형적인 실체를 동물이나 식물과 같은 유기체라고 말하는—아리스토텔레스에게 물·공기·흙·불과 같은 원소들에 의해 생명체의 여러 활동들이 설명된다는 것은 받아들일 수 없는 전제였을 것이다. 물·공기·흙·불 등의 기본적인 4원소들은 그 나름의 본성에 의해 불은 상승하고 흙은 중심을 향해 내려가는 등의 운동을 할 뿐인데, 어떻게 이것들만으로 하나의 생명체를 설명할 수 있을까. 이러한 원소들을 결합시켜 하나의 유기체로서의 질서를 갖도록 하는 또 다른 원리가 반드시 필요하며, 그것은 물질들의 기본적 성질과 몇 가지 기계적 원리에 의해 설명될 수 없다고 본 것이다. 아리스토텔레스는 데모크리토스나 근대 자연과학이 전제한 유물론적 기계적 모델을 받아들일 수 없었던 것이다.

3) 목적론적 자연관, 종족의 우상인가

자연적 존재는 자신의 내적인 원인에 의해 운동하는 존재다. 자연(본성. physis)은 그러한 내적 원인을 의미하며, 따라서 자연적 존재는 자연을 가진 것들이다. 자연을 탐구한다는 것은 자연적 존재에 내재된 원리를 탐구하는 것이며, 이는 곧 형상에 대한 탐구다. 자연은 자연적 존재의 형상을 의미하는 것이다. 그런데 아리스토텔레스는 형상을 목적과 동일시한다.

형상이 어떻게 목적과 동일할까. 우리는 앞에서 형상이 어떤 존재의 근거며 본질임을 살펴보았다. 그리고 형상은 단지 모양이나 구조가 아니라 그 존재의 고유한 능력과 활동으로 이해해야 한다는 것을 기억하고 있다. 모든 자연적 존재는 자신의 본질적 활동을 통해 존재하며, 그 존재의 목적은 그러한 활동을 성공적으로 수행하는 것이다. 그러므로 목적이란 형상의 성공적인 실현이라고 할 수 있다. 따라서 형상의 실현이 곧 존재의 목적이라는 의미에서 목적과 형상은 동일하다고 할 수 있다.

형상이 목적과 동일하다는 것은 모든 존재가 목적에 의해 규정되어 있으며, 목적을 향한 지향성을 갖고 있음을 의미한다. 형상은 모든 존재의 규정성이기 때문이다. 아리스토텔레스는 모든 존재가 그냥, 공연히, 우연히 있는 것이 아니라 자신의 고유한 목적에 의해 존재하며, 존재의 모든 운동은 그러한 목적 지향적 운동이라고 본다. 따라서 아리스토텔레스의 자연관은 목적론적 자연관이다.

목적론 또는 목적론적 자연관은 서양 근대 과학이 출현한 17세기 이후로 점차 그 설득력을 상실해왔다. 근대 과학의 개척자들은 목적론적 자연관을 부정하고 기계론적 자연관이라는 새로운 기초 위에서 자연을 탐구하기 시작한 것이다. 그들은 목적론이 인간의 마음을 자연에 투사한 것에 불과하다고 보았다. 베이컨(F. Bacon)의 표현을 빌리자면 '종족의 우상'인 것이다. 인간은 자신이 지향하는 목적에 따라 행동하고, 따라서 인간의 행위는 목적에 의해 설명될 수 있다. 그러나 자연 세계에도 그러한 목적이 있고 자연적인 모든 운동이 목적 지향적이라는 생각은 인간이 자기 방식대로 세계를 보는 오류를 범하고 있다는 것이다. 자연에 어떤 목적이 있다면, 그 목적의 소유자라고 할 수 있는 어떤 존재가 있다는 것이며, 종교적 관점에서 보면 신이 바로 그런 존재이고, 세계에 내재된 목적은 바로 신의 의도에 따른 목적이다. 이러한 종교적 목적론이 중세의 지배적 자연관이었고, 여기서 벗어나면서 근대적 자연관이 탄생한 것이다.

그러나 아리스토텔레스의 목적론은 결코 종교적 목적론이 아니다. 아리스토텔레스가 말하는 자연적 '목적'은 '의도' 내지는 '의지'를 가진 인간이나 인격적 신과 같은 존재에 의해 지향되는 목표가 아니다. 앞에서 보았듯이 목적은 형상이 실현된 상태일 뿐이다. 도토리가 자라 참나무가 되는 것이 도토리의 의지의 결과라고 말할 수 없듯이, 아리스토텔레스의 '목적'에는 의도나 의지가 개입될 필요가 없다. 모든 자연적 존재는 내재된 목적을 향해 운동하는데, 그 목적은 결코 외적인 — 이를테면 인간이나 신의 — 의도나 이익에 종속되는 것이 아니다.

아리스토텔레스적인 목적론에 따르면, 자연적 존재에게 내재된 목적이 있다는 것은 자연의 운동이 아무렇게나 일어나는 것이 아니라 정해진 방향에 따르는 합리적 질서를 갖고 있다는 것이다. 만일 자연 세계에 그러한 목적들이 존재하지 않는다면, 그런 세계는 아무런 방향성이 없는 무질서한 세계일 것이다. 도토리가 참나무를 지향하는 목적을 갖지 않는다면, 그래서 참나무로 성장하는 것이 우연적 결과라면, 자연에는 더 이상 질서나 규칙성이 없다는 것이고, 결국 자연은 더 이상 이해할 수 없는 세계가 될 것이다. 우리가 자연을 이해한다는 것은 자연의 규칙성을 안다는 것이기 때문이다. 도토리가 소나무가 아닌 참나무가 되고, 인간이 인간을 낳듯이 자연의 변화는 정해진 목적을 지향하고 있다. 그리고 그러한 목적은 외적 존재에 의해 부여된 것이 아니라 자연적 존재 안에 내재된 것이다. 아리스토텔레스에게는 자연(퓌시스)이라는 말 자체가 바로 그러한 내재적 원리를 가리키는 말이다. 자연, 형상 그리고 목적은 모두 자연적 존재의 내재적 원리라는 의미에서 동일한 것이다.

5. 인간 그리고 행복 : 아리스토텔레스의 인간관

아리스토텔레스는 영혼이 육체의 옷을 입듯이 영혼을 육체와 독립된 실체로 생각하는 피타고라스학파나 이와 유사한 플라톤의 영혼과 육체의 이원론을 거부한다. 그들은 영혼을 육체적 조건과 무관한 어떤 것으로 규정하는데 이는 불합리한 생각이며, 영혼은 육체와의 상호 관계 속에서 이해되어야 한다는 것이 아리스토텔레스의 생각이다.

인간의 영혼은 육체에 부가된 또 다른 어떤 것이 아니라 육체의 능력, 기능, 활동으로서, 육체를 인간의 육체로서 존재할 수 있도록 해주는 근원, 즉 육체의 형상이다. 그리고 영혼이 형상이라면 육체는 당연히 질료가 될 것이다. 여기서 우리는 아리스토텔레스의 질료형상론이 생명체에 그대로 적용됨을 볼 수 있다. 그러나 좀더 정확히 말하자면 아리스토텔레스의 질료

형상론은 생명체의 경우에 가장 완전하게 이해될 수 있다고 하겠다. 왜냐하면 그는 가장 전형적인 실체를 생물체로 보고 있기 때문이다. 그러므로 영혼과 육체에 대한 그의 생각을 제대로 이해하는 것은 그의 존재론에 대한 온전한 이해이기도 하다.

영혼이 육체의 형상이란 어떤 의미인가. 아리스토텔레스는 이를 비유적으로 설명한다. 만일 도끼가 살아 있는 육체라면, 도끼를 도끼일 수 있도록 해주는 도끼의 능력, 도끼의 본질이 바로 도끼의 형상이며 영혼이다. 그것은 나무를 쪼갤 수 있는 능력이라고 할 수 있겠다. 만일 그 형상을 잃는다면 그것은 더 이상 도끼가 아니며, 형상을 잃은 그것은 더 이상 도끼의 질료도 아니다. 눈이 하나의 동물이라면 눈의 능력, 본질, 형상, 즉 '보는 것(시각 작용)'이 바로 눈의 영혼이고 눈은 그 질료다. 그러므로 시력이 제거된 눈은 마치 그림이나 조각상의 눈처럼 단지 이름만 눈일 뿐이다. 그것은 더 이상 '보는 것'의 질료가 아니다. 질료는 형상과의 관계에서만 그 의미를 갖기 때문이다. 그래서 살아 있지 않은 인간의 시체는 더 이상 육체가 아니다.

또한 아리스토텔레스는 육체를 일컬어 영혼의 도구(오르가논. organon)라고 하는데, 이는 육체와 영혼의 관계를 목적론적 관점에서 본 것이다. 영혼은 육체의 목적이며 육체는 영혼의 도구다. 여기서 주의할 점은, 모든 자연적 존재가 그렇듯이 목적으로서의 영혼이 육체 밖에 따로 존재하는 것이 아니라 내재적이라는 점이다. 그러므로 목적과 도구, 즉 육체와 영혼은 분리된 것이 아니다. 아리스토텔레스는 영혼과 육체가 하나인가 아닌가를 묻는 것은 어리석다고 한다. 그것은 본질적으로 하나다. 아리스토텔레스의 예를 다시 보면, 눈이 하나의 동물이라면 눈의 영혼은 시력 내지는 보는 것이고 그 도구가 눈이다. 눈과 시력이 분리될 수 없듯이 육체와 영혼은 분리된 것이 아니다.

육체와 영혼의 통일성을 더욱 분명하게 보여주는 것이 가능태와 현실태의 관계다. 육체와 영혼을 질료와 형상의 관계로 규정하고 나서, 아리스토텔레스는 이것을 다시 가능태와 현실태의 관계로 규정한다. 영혼은 육체의 형상이며 제1현실태다. 여기서 제1현실태라는 것은 그 능력을 의미하며, 그것을 발휘하는 활동을 제2현실태라고 할 수 있다. 이를 도식적으로 표현하자면, 육체(가능태)-영혼의 능력(제1현실태 / 가능태)-영혼의 활동(제2현실태)이다. 영혼의 능력은 육체와의 관계에서 보면 현실태이지만, 영혼의 활동인 제2현실태와의 관계에서 보면 가능태라고 할 수 있다. 감각의 경우 감각 능력은 감각 기관의 제1현실태면서 동시에 감각 작용이라는 제2현실태의 가능태이므로, 감각 기관(가능태)-감각 능력(제1현실태 / 가능태)-감각 작용(제2현실태)이라고 할 수 있다. 눈-시력-시각 작용이 서로 분리될 수 없듯이, 육체와 영혼은 가능태와 현실태라는 존재 양태에 의해 구별될 뿐 서로 분리될 수 없는 것이다.

결국 영혼은 인간의 형상이며 목적이고 현실태다. 모든 자연적 존재가 목적 지향적인 활동을 하듯이, 인간의 삶에도 주어진 목적이 있다. 그것은 다름 아닌 형상의 완전한 실현이며 본질적인 능력(가능태)을 훌륭하게 발휘하는 활동(현실태)이다. 이것이 '잘사는 것'이며 '행복(에우다이모니아. eudaimonia)'이라고 아리스토텔레스는 말한다.

그리고 인간의 본질적인 능력은 이성이다. 물론 인간의 영혼은 이성적 능력 외에도 영양 섭취 · 성장 · 감각 · 운동 등 여러 능력을 갖지만 그것들은 식물이나 다른 동물들과 공유하는 능력이므로 인간의 본질이 될 수 없다. 본질이라는 것은 그 종

(種)만이 지닌 것이어야 하기 때문이다. 그러므로 인간의 본질적인 능력을 발휘한다는 것은 곧 이성의 능력을 발휘함이며, 이것을 훌륭하게 발휘하는 활동이 바로 삶의 궁극 목적이며 행복이다.

이러한 활동 중 으뜸가는 것이 지적인 탐구 활동(테오리아. theōria)이다. 이성의 탐구 활동을 통해 인간은 존재의 근본 원리인 형상을 파악할 수 있으며, 이것은 인간이 신적인 영원한 세계에 참여하는 것이기도 하다. 다른 생명체들은 종족 보존을 통해 영원성을 추구함으로써 신적인 세계에 참여한다. 그러나 인간은 종족 보존만이 아니라 테오리아를 통해서도 신적인 영원성에 참여한다. 이것이 인간 행복의 최고 경지라고 할 수 있다. 그리고 테오리아와 함께 인간 행복의 중요한 또 하나의 요소는 이성적 판단에 따른 올바른 행위, 즉 도덕적 행동(프락시스. praxis)이다. 이 역시 인간의 본질인 이성에 의해 지금 무엇이 올바른 것인가를 파악하여 행동하는 것이므로 인간의 본질을 발휘하는 활동이다. 결국 인간의 행복은 도덕적으로 행동(프락시스)하며 지적인 탐구 활동(테오리아)을 하는 데 달려 있다는 것이 아리스토텔레스의 결론이다.

6. 존재와 가치

우리는 지금까지 플라톤과 아리스토텔레스의 자연관과 인간관을 개략적으로 살펴보았다. 플라톤에게는 이데아라는 형상의 세계와 감각적인 자연 세계가 분리되어 있는 반면, 아리스토텔레스에게는 자연 세계의 사물들 속에 형상이 내재해 있다는 점에서 이원론과 일원론이라는 큰 차이를 보이고 있다.

그러나 그 차이에도 불구하고 존재의 세계는 또한 가치의 세계라는 점에서 양자의 철학은 일치한다. 이 점이 바로 근대 이후의 우리가 이들을 이해하는 데 가장 큰 장애물이기도 하며, 고대 그리스의 세계관과 근대 과학 혁명 이후의 세계관과의 가장 큰 차이이기도 하다. 이제 이 차이를 다시 한 번 짚어보면서 우리의 논의를 마무리한다.

근대 이후로 우리는 사실(fact)과 가치(value)는 서로 분리된 두 영역이라고 생각하는 경향이 강하다. 자연의 세계, 사실의 세계, 실재의 세계는 아무런 규범성 내지는 가치를 지니고 있지 않다고 본다. 그러한 세계를 기술하고 설명하는 과학에는 가치에 관한 언명이 개입될 여지가 없다. 과학이 기술하는 세계는 당연히 있는 그대로의 세계일 뿐 어떤 가치로부터도 자유롭고 중립적이라는 것이 우리의 믿음이다. 그리고 가치는 우리의 주관의 산물일 뿐이다.

그러나 플라톤이나 아리스토텔레스가 보는 실재의 세계는 규범적이며 가치가 내재된 세계다. 가치는 사실에 대해 우리 인간이 덧붙이는 것이 아니다. 가치는 사실의 세계에서 우리가 발견해야 할 무엇이다. 이들은 모든 가치와 규범이 개인의 주관에서 비롯하는 것은 아니며, 사회적으로 구성되는 것만도 아니라고 본다. 사회적 가치 구성의 밑바탕에는 존재론적 질서와 규범이 놓여 있다고 본다.

플라톤의 이데아론은 물론이거니와 아리스토텔레스의 형상과 질료, 가능태와 현실태라는 개념도 존재의 이러한 규범적 구조를 잘 보여준다. 형상과 현실태는 존재의 근원이며 목적이다. 모든 존재는 현실태라는 자체 목적적 활동을 통해 자신의 목적을 실현한다. 현실태는 목적이며 가치다. 그래서 현실태는 가능태보다 우선하고 형상은 질료보다 가치에서 우선한다.

존재에 대한 이러한 위계적 설명은 규범적 목적론적 세계 이해를 거부하는 근대적 관점과는 분명히 다르다. 그러나 아리스토텔레스의 존재론이 근대인들이 경계하는 인간 중심적인 가치론은 결코 아니다. 우리가 앞에서 아리스토텔레스의 목적론을 검토하면서 이미 살펴보았듯이, 자연에 내재한 가치는 인간의 관점에서 부여되는 가치가 아니다. 도토리에 내재한 가치, 즉 도토리의 목적은 도토리묵이 되는 것이 아니라 떡갈나무가 되는 것이다. 떡갈나무 역시 목재나 공기 정화가 목적이 아니라 떡갈나무로서의 왕성한 생명 활동과 종의 유지가 그 목적이다. 현실태는 실체들이 지향하는 자연적 목적이지 인간을 위한 것이 아니다. 실체의 목적은 실체 밖에 있는 것이 아니라 실체의 자기 실현일 뿐이다. 인간에게는 인간의 목적이 있고 떡갈나무에게는 떡갈나무의 목적이 있다. 이러한 목적은 자연에서 발견되는 것이지 인간이 주관적으로 결정하는 것이 아니다.

제2장
아우구스티누스와 토마스 아퀴나스
—신앙과 이성 사이에서

1. 아우구스티누스와 토마스 아퀴나스

철학사에서 아우구스티누스와 토마스 아퀴나스는 서로 대립되는 인물로 흔히 묘사된다. 아우구스티누스는 플라톤주의를 따르고 아퀴나스는 아리스토텔레스주의를 따르는 것으로 간편하게 양분된다. 많은 경우에 이러한 도식적 이해는 편리하게 사용될 수 있다. 그러나 자칫 잘못하면 이 둘 사이에 중요한 공통점을 간과하거나 이들 간의 차이점이 다른 연유에서 발생한 점도 있다는 것을 못 보는 결과를 낳을 수 있다. 따라서 이 둘 간의 차이점에 대해 좀더 다양한 관점에서 고찰해볼 필요가 있다.

아우구스티누스는 철학자라기보다는 신학자다. 그는 자신의 철학을 체계적으로 만들지도 않았고 그럴 의도도 없었던 것으로 보인다. 이와는 달리 아퀴나스는 체계적인 철학을 만들었다. 특히 『신학대전』에서 형이상학 · 인간학 · 인식론 · 윤리학 같은 철학적 내용들을 신학과 같이 모두 아우르는 거대한 체계를 건설했다. 아우구스티누스가 '은총의 박사(Doctor Gratiae)'라고 불리는 반면 아퀴나스는 '천사적 박사(Doctor Angelicus)' 혹은 '보편 박사(Doctor Communis)'로 불렸다. 아우구스티누스는 신의 은총과 인간의 믿음을 강조한 반면 아퀴나스는 신앙을 가진 인간이 어떻게 이성적 능력을 구체적으로 사용하는가를 보여준다.

똑같이 가톨릭 신앙을 가진 성직자였음에도 불구하고 이들이 각각 인간과 자연을 바라보는 시각에는 상당한 차이가 있다. 물론 이들이 각각 이용한 기존의 철학들의 종류도 달랐지만 성서를 해석하는 입장에서도 상당한 차이가 있었기 때문인 것으로 보인다. 그리고 이러한 차이점은 개신교와 가톨릭에서 공식적으로 선호하는 신학과 철학의 차이에도 반영되었다. 개신교에서는 아우구스티누스를 선호하는 반면 가톨릭에서는 아퀴나스를 선호하는 경향이 있는 것은 이러한 차이에 기인한다고 볼 수 있다. 그렇다면 이들의 인간관과 자연관이 어떻게 차이가 나는지 구체적으로 살펴보기로 하자.

2. 신앙 고백의 철학자 : 아우구스티누스

아우구스티누스(354~430)는 로마제국 말기와 중세 기독교 사회의 초기를 연결해주는 신학자요 철학자다. 그는 북아프리카에 있는 로마의 식민지 타가스테(Thagaste)에서 아버지 파트리키우스(Patricius)와 어머니 모니카(Monica)의 아들로 태어났다. 출세 지향의 아버지와 신앙심이 깊은 어머니 사이에서 나고 성장했지만 어릴 때부터 비상한 지능이 돋보였던 것으로 보인다. 11세 때부터 4년간 마다우라(Madaura)에서 공부하게 되었는데, 이때 학문에 대한 기본적인 지식과 흥미를 얻게 되었다고 한다. 17세부터 20세까지 3년간 카르타고(Cartago)에서 수사학을 공부하면서 특히 키케로에 빠지게 되었다. 이때 다소 세속적인 생활을 하게 되는데 동거를 하면서 18세에 아들을 낳기도 하였다. 여기서 신인동형론과 신앙주의적 색채가 깊었던 기독교에 비해 선악이원론 등 합리적인 설명 체계를 가지고 있었던 마니교에 매력을 느끼고 21세에는 마니교도가 되어 고향 타가스테로 돌아와 수사학 교사로 활동하게 되었다.

29세에 밀라노에 수사학 교사로 초대받아 가게 되었는데 거기서 암브로시우스(Ambrosius)와 그의 스승 심플리키아누스(Simplicianus)의 영향으로 기독교와 신플라톤주의에 매력을 느끼게 되었다. 그러다가 32세에 의지에 관한 문제에 대해 스스로 깨달음을 얻게 되면서 33세에 암브로시우스로부터 세례를 받고 가톨릭 신자가 되었다. 34세에 고향 타가스테로 돌아와 수도원을 세우고 마니교에 대적하는 『참된 종교』를 저술하였다. 47세에 히포(Hippo)를 방문했을 때 사제 서품을 받고 그곳에 남아 52세에는 히포의 감독이 되었다. 그 후 계속해서 마니교, 도나티스트, 펠라기우스와의 논쟁을 벌이게 되었다. 430년 8월 28일에 76세의 나이로 세상을 떠나게 되었다.

주요 작품에는 『고백록(*Confessiones*)』, 『신국론(*De Civitate Dei*)』, 『참된 종교(*De Vera Religione*)』, 『그리스도교 교양(*De Doctrina Christiana*)』, 『삼위일체론(*De Trinitate*)』, 『자유의지론(*De Libero Arbitrio*)』 등이 있다. 『고백록』은 마흔 살에 쓴 자서전으로 신앙이 없던 시기의 방황에 대해 그리고 신에게 자신의 죄를 고백하고 있다. 『신국론』은 지상의 현세적 국가 권력과 기독교 교회로 대변되는 천상에 있는 진정한 국가인 신의 나라의 싸움에서 종국에는 신의 나라가 승리한다는 주장을 하고 있는 책이다.

아우구스티누스가 플라톤주의의 영향을 많이 받았다는 것에는 대부분의 학자들이 동의한다. 세상을 이데아계와 현상계로 나눈 플라톤의 철학을 천상과 지상으로 나누는 기독교의 전통과 연결시켰다. 신과 천상의 세계는 영원하고 불변적인 진리의 세계인 반면 인간이 사는 지상의 세계는 시작과 끝이 있고 항상 변화하는 세계다. 현상계의 사물들이 각각 이데아를 닮고 있듯이 인간들도 신의 형상을 따라 만들어졌다고 보았다. 이렇게 세계를 둘로 나누는 것을 통해 세계의 질서를 만들고자 했다. 즉, 지상의 세계보다는 천상의 세계가 상위에 있고 따라서 현세적인 행복보다는 천상의 영원한 행복을 추구하는 것이 인간의 진정한 목적과 결부된다는 점에서 그는 플라톤의 영향 아래 있다고 볼 수 있을 것이다.

이와 동시에 아우구스티누스는 신플라톤주의의 영향을 받았다고 전해진다. 그는 당시 암브로시우스와 그의 스승인 심플리키아누스를 통해 신플라톤주의를 받아들였다. 세상은 영원하고 불변하며 완전한 존재이자 악(惡)을 결여한 일자(一者), 즉 신에게서 유출되었고 따라서 모든 존재는 그 유출의 단계에서 유출의 근원인 신과 얼마나 가까운가에 따라 그 존재의 완전성이 결정된다고 한다. 그 외에도 스토아학파로부터는 신의 지혜로서의 영원법과 절충주의적 접근의 영향을 받았다. 그리고 마니교로부터는 육체에 대한 상대적 가치 절하와 이원론의 모순에 대한 자각을 얻었다.

아우구스티누스는 학문적 성향보다는 신앙적 성향이 더 강했고 그러한 이유로 교부 철학을 세운 사람으로 여겨지고 있다. 오늘날 개신교에서 아퀴나스에 대해서는 그다지 호의적이지 않지만 아우구스티누스에 대해서는 친밀감을 느끼는 이유는 자연주의적 색채가 별로 느껴지지 않고 이성보다는 의지, 철학보다는 신앙을 더 중요시하는 그의 태도에서 찾을 수 있을 것이다.

3. 신의 모상으로서의 인간 : 아우구스티누스

초기의 아우구스티누스는 마니교와의 논쟁 속에서 신플라톤주의에 심취한 나머지 육체를 부인하고 영혼과 이성만을 인간의 본질로 강조했다. 따라서 영혼의 주요한 기능은 이성이고 인간을 이성을 통해 신을 관상(觀想)하는 존재로 보았다. 그에게 진정한 인간은 영혼이고 육체는 그 도구에 불과하다. 또한 영혼은 육체를 끊임없이 감독하는 보호자의 역할을 한다. 이러한 그의 입장은 인간의 본질과 관련해서 플라톤의 이원론의 영향을 받았다고 여겨진다. 에피쿠로스는 인간이 죽은 후에 영혼은 분해되어버린다고 했지만 아우구스티누스는 플라톤의 전통에 서서 죽은 다음에도 영혼은 계속 남아 있는다고 주장했다. 육체를 지배하는 것을 영혼 혹은 정신으로 본다. 이 점에서 아우구스티누스는 육체에 대한 영혼의 우위를 인정하는 플라톤적인 전통에 서 있다고 볼 수 있다.

그러나 중기 이후에는 바오로 사상의 영향으로 육체도 선하다는 사실을 인정하게 되었고 따라서 육체와 영혼 모두를 아우르는 전인적인 인간 개념에 도달하게 되었다. 따라서 육체는 더 이상 영혼의 감옥도 아니고 악 그 자체도 아니다. 왜냐하면 선 자체인 신이 만든 모든 존재는 선한데, 육체도 신이 만든 피조물의 하나이기 때문이다. 그런데 여기서 인간은 단지 육체와 영혼을 합친 것이 아니라 의지를 통해 신을 향하는 존재라고 보았다. 즉, 영혼을 이루는 본질적인 요소들에는 이성·기억·의지가 있다. 이성을 통해 신을 인식하고 의지를 통해 신을 소유하면 선을 이루고 행복해질 수 있다. 그는 이 세 요소 중에서 의지가 가장 중요하다고 보았다. 인간에 대한 이러한 이해는 영혼에 대한 관심 자체보다는 도덕과 종교에 관한 그의 관심에서 비롯된 것이다.

아우구스티누스에게 인간은 신의 모상(imago Dei)이다. 그는 창세기 1장 27절에서 '인간이 신의 형상(imago Dei)대로 만들어졌다'는 의미를 이성을 가지고 있다는 것으로 해석한다. 인간은 신의 모습대로 창조된 존재다. 이는 신체적 모습뿐 아니라 이성과 같은 정신적인 능력에서도 신을 닮았다는 의미다. 따라서 인간은 이성에 의해 동물과 구별되는 동시에 신과 연결된다. 즉, 인간이 이성을 가지고 있다는 사실은 동물과 다른 점인 동시에 신과 공통적인 점이라는 것이다.

초기에 아우구스티누스는 플라톤의 상기설을 따라 인간은 기억을 통해 자신에게 선천적으로 주어진 진리를 상기한다고 주장했지만 중기 이후에는 신의 조명을 통해 진리를 알게 된다고 보았다. 이러한 그의 생각은 인간의 인식 능력도 신의 은혜에 의한 것이라는 신학적 입장과 연관된다. 신이 인간에게 주고 있는 빛인 이성을 통해 진리를 인식하고 기억을 통해 진리를 담을지라도 의지를 통해 이 두 기능을 선한 방향으로 통제하지 않으면 의미가 없어져버린다. 따라서 인간을 이루고 있는 육체와 영혼 그리고 영혼을 이루고 있는 이성·기억·의지 중에서 의지가 가장 본질적인 요소라고 보았다. 모든 피조물들은 신의 창조의 계획에 따라 움직인다. 무생물은 물리 법칙에 따라 움직이고 식물과 동물은 본능에 따라 움직인다. 그러나 인간은 물리 법칙과 본능 외에도 자신의 의지에 따라 자신의 행위를 결정한다. 이러한 점에서 인간은 신의 창조 질서에서 상당 부분 자유로운 존재다.

아우구스티누스는 키케로의 숙명론적 세계관과는 달리 신의 예정과 섭리는 인간의 자유 의지와 양립한다고 주장한다. 그는 원인을 자연적 원인과 의지적 원인으로 나눈다. 그리고 자연적 원인은 절대적 필연성을 갖지만 의지적 원인은 선택의 여지를 남긴다고 본다.

아우구스티누스에게 인간 개념의 특징과 중심은 의지적 존재라는 데 있다. 의지는 인간을 내적으로 통합하는 원리다. 인간의 의지는 자유 의지를 갖고 있어서 창조와 섭리의 질서 안에서 자유롭게 선택할 수 있다. 인간이 자신의 의지의 결정에 의해 신의 뜻을 선택하면 바른 사랑(caritas)이 되고 선이 되지만, 신의 뜻을 따르지 않고 자신의 욕심을 채우려고 하면 왜곡된 사랑(cupiditas)이 되고 악이 된다.

아우구스티누스는 도덕적 존재를 자유 의지를 가지고 자신의 의지로 신에게로 향하는 존재로 설명한다. 그러나 인간의 의지의 자유는 인간으로 하여금 죄에 빠지게 하는 결과를 초래하기도 한다. 인간이 자유 의지를 잘못 사용할 때 악에 빠진다. 그리고 죄는 인간 본성에서 나오는 것이 아니라 의지를 신에게로 향하지 않고 자신에게로 향하는 데서 나온다고 말한다. 따라서 죄인은 원래부터 죄를 지을 경향을 타고 태어나기도 하지만 자신의 의지에 의해 죄를 선택하기도 한다고 주장한다. 이렇게 인간에게 도덕이라는 의미는 우리가 흔히 생각하는 것과 근본적으로 달리 철저하게 신학적인 개념이 된다.

그에게 인간은 자신의 도덕성을 발휘하는 것이 아니라 신과의 관계 회복을 통해 인간 존재를 완성한다. 따라서 인간은 은총 안의 존재가 되고 원죄로 인해 자신의 힘만으로 죄에서 자유로울 수 없는 존재가 된다. 원죄 때문에 손상된 자유 의지는 자신의 힘으로 회복될 수 없고 신의 은총에 의해서만 치유될 수 있다. 신은 은총을 통해 타락된 의지를 회복시켜 전인(全人), 즉 온전한 인간을 만들어준다. 이렇게 신과의 관계를 회복할 때만 진정한 존재의 의미를 되찾게 된다. 따라서 타락한 인간이 선한 행동을 하는 것은 신의 은총에 의한 것이고 사악한 행동을 하는 것은 자신의 의지에 의한 것이다.

아우구스티누스에게 행복은 쾌락과는 다른 것이다. 에피쿠로스학파나 스토아학파와는 달리 행복은 신을 직관하는 것(visio Dei)이다. 이 점에서 그의 행복 개념은 아리스토텔레스의 관조(contemplation)와 비교될 수 있을 것이다. 물론 신을 직관하는 것은 신의 은총에 의해 가능하다.

아우구스티누스는 세상에 고통과 악이 존재하는 이유에 대해 다음과 같이 설명한다. 마니교에서 악은 선신에 반대되는 독립적이고 물질적인 존재였다. 이러한 마니교의 교리와 논쟁을 벌이면서 아우구스티누스는 신플라톤주의를 따라 일자에서 유출되어 나오는 모는 존재의 서열 중에서 가장 멀리 있는 것이 악이고 이는 존재의 결여이자 선의 결여라고 주장했다. 그리고 육체와 영혼의 대립이라는 구도 아래에서 이러한 악을 육체와 결부시켰다. 인간에게 악이 생겨난 이유는 원죄라고 말한다. 즉, 아담의 자유 의지의 선택이 잘못되었기 때문에 원죄가 생겨났고 이것이 바로 모든 고통의 원인이라는 것이다.

그러나 중기 이후에 그의 생각은 성서를 따라 변화하였다. 창세기 1장에 나오는 신이 세상을 창조하고 그 모든 것들에 대해 '보기 좋았다'라고 한 것에서 무로부터의 창조(creatio ex nihilo)와 존재와 선의 일치를 주장하게 되었다. 즉, 최고의 선(善)인 신이 세상을 아무것도 없는 상태에서 창조하였고 따라서 최고로 선한 신이 창조한 세상의 모든 존재들은 선하다는 것이다.

그런데 여기서 세상의 모든 것들을 선한 신이 창조했다면 악의 존재는 어떻게 이해해야 할까라는 문제가 발생한다. 이에 대해 아우구스티누스는 악의 원인은 신이 아니라 인간이고 악은 의지의 왜곡이며 악은 존재하는 것이 아니라 존재의 결여라고 설명한다. 즉, 인간은 본성상 신에게로 향하도록 되어 있는 의지를 엉뚱한 데로 사용하기 때문에 죄를 짓게 된다는 것이다. 그런데 더욱 큰 문제는 이러한 죄를 짓는 습성이 유전된다는 사실에 있다. 최초의 조상인 아담과 하와가 선악과를 따먹는 죄를 지은 것이 모든 후손들에게 전해져서 인간은 모두 태어날 때부터 선천적으로 죄를 짓는 경향을 가지고 있다고 주장하였다. 이것이 지금까지도 거의 모든 기독교의 종파에서 기본적인 교리로 삼고 있는 원죄설(原罪說)이다.

4. 창조된 세계로서의 자연 : 아우구스티누스

아우구스티누스에게 우리가 생각하는 바와 같은 외부 대상인 물리적 자연 세계는 그 자체로 주요한 관심의 대상이 아니었다. 그러나 그 모든 것들은 신이 만든 세계다. 따라서 그에게 외부적 세계는 항상 신과 관련된 세계였다. 그리고 그는 신이나 인간과 관련될 때 자연에 대해 논의하곤 하였다. 따라서 자연에 대해 논의할 때 제일 먼저 그 자연을 만든 신이 논의가 되고 또 그 신이 자연에 부여한 질서가 중심 주제가 되었다.

창조된 이 모든 세계는 피조물이라고 불리고 모든 피조물들에서 신의 흔적을 발견할 수 있다.

우리가 인식하는 세계와 그 형상, 그 완전성은 신의 마음속에 있는 영원한 이데아가 반영된 모델에 불과하다. 갖가지의 종(種)들이나 보편적인 개념뿐 아니라 개별적인 것들까지도 모두 신의 마음속에 존재하는 이데아의 모상에 불과하다. 신의 마음속에 있는 단일한 이데아가 어떻게 세상의 다양한 사물의 모상이 될 수 있는가에 대해서는 불교나 신유학에서 설명하는 식으로 이해될 수 있을 것이다. 즉, 하늘에 있는 달은 하나이지만 세상의 모든 강에 다 비춰질 수 있다는 것이다. 마찬가지로 신의 마음에 있는 이데아는 하나이지만 세상의 모든 피조물에 모상을 만들어낼 수 있고 그것들은 각각 다른 모습을 가질 수 있다.

아우구스티누스는 신의 창조를 '무(無)로부터의 자유로운 창조'라고 주장한다. 그는 신이 세상을 창조할 때 자신의 의지에 의해 창조했다고 말한다. 신은 선하기 때문에 그 선함을 공유하기 위해 세상의 모든 존재들을 창조했다고 한다. 이는 모든 존재들이 일자(一者)로부터 필연적으로 유출된다는 신플라톤주의의 주장과 다르다. 이렇게 신은 자신의 의지에 의해 세상을 창조했을 뿐 아니라 무(無)로부터 세상을 창조했다. 따라서 신의 창조 이전에는 시간뿐 아니라 어떠한 물질도 질료도 없었다. 신이 질료 자체를 만들었다. 이는 이미 있는 질료에 형상을 부여하는, 우리 인간들이 하는 창작 활동과는 그 차원이 다르다고 할 것이다. 따라서 신이 만든 질료 자체도 선하고 모든 물질적인 것들조차도 선하다.

성서는 신의 창조가 한꺼번에 이루어졌다고도 말하고 한편으로는 며칠에 걸쳐 이루어졌다고도 말한다. 얼핏 보면 서로 모순인 이러한 두 가지 설명을 서로 조화시키기 위해 아우구스티누스는 신이 세상을 창조할 때 모든 것을 다 완성된 상태로 만들지 않고 어떤 것은 차후의 완성을 기다리는 가능태의 상태로 창조하기도 한다고 주장한다. 어떤 것은 완성된 상태로 창조하고 또 어떤 것은 완성을 기다리는 씨앗으로 만들기도 한다는 것이다. 진화론을 연상시키기도 하는 이러한 설명은 스토아학파에서 말하는 종자적 형상과 유사하다. 이로서 세상의 갖가지 피조물들이 생장 소멸 같은 변화 과정 중에 있는 것을 설명할 수 있게 된다.

아우구스티누스에게 창조된 세계에서 가장 중요한 문제 중의 하나는 시간이다. 그는 기독교적인 전통에서 신은 무(無)로부터 세계를 창조했다고 주장한다. 당연히 무로부터의 창조 이전에는 무엇이 있었느냐는 질문이 나온다. 이에 대해 아우구스티누스는 창조 이전은 없었다고 대답한다. 신이 세상을 창조하기 전에는 물질뿐 아니라 영혼, 공간뿐 아니라 시간도 존재하지 않았다. 즉, 시간은 미래로는 무한하게 진행되지만 과거로는 무한하지 않다는 것이다. 다시 말해 시간은 시작점은 있지만 끝나는 점은 없다. 시간도 신이 만들었기 때문에 창조 이전의 시간을 말한다는 것은 논리적으로 불가능하다는 것이다. 그에게 시간은 사건들의 연속 혹은 관계다. 이것은 객관적으로 존재한다기보다는 인간 각자가 느끼는 바의 시간으로 보아야 한다. 시간은 유클리트 기하학에서 말하는 것과 같이 점들의 연속적인 연결이 아니라 마음 안에 존재하는 것이다. 이러한 그의 주관적 시간관은 현대에 들어 앙리 베르그송의 직관적 시간관에 많은 영향을 미친 것으로 보인다.

5. 철학을 대변한 신학자 : 토마스 아퀴나스

토마스 아퀴나스(1224~1274)는 아우구스티누스와 더불어 중세 최고의 철학자요 신학자로 꼽힌다. 그는 이탈리아 로카세카(Roccasecca)에서 귀족 집안의 아들로 태어났고 15세에 나폴리로 가서 7과목으로 이루어진 교양학을 배우게 된다. 여기서 당시 급속도로 수입되어 새로운 학문의 분위기를 형성하고 있던 아리스토텔레스 철학을 접하게 되었고 도미니코수도회와 만나게 되었다. 20세에 도미니코수도회에 입회하였지만 그가 귀족 집안의 자제였기 때문에 집안의 반대가 극심했다. 형들에 의해 납치되기도 했고 심지어 그의 방에 가족들이 창녀를 불러 유혹했다고도 한다. 그러나 그는 이러한 반대와 유혹을 물리치고 수도사의 길을 걷게 되었다.

그 후 24세에 쾰른대에서 당시 최고의 학자였던 알베르투스 마그누스를 만나게 되었다. 그와의 만남은 당시 급변하는 학문적 분위기 속에서 어떠한 시각을 가지고 연구해야 하는지에 대한 방향을 잡아주는 역할을 하게 되었다. 28세에 파리대에 가서 신학을 공부하기 시작하였고 32세에는 파리대 교수가 되어 신학을 가르치게 되었다. 그 뒤 여러 지역의 대학과 수도회에서 학문과 교육 활동을 하였다. 말년에는 아라비아의 철학자인 아베로에스 식으로 아리스토텔레스를 해석하는 인문학자들과 보수적인 신학자들 간의 논쟁에 개입되면서 아리스토텔레스와 기독교 신앙을 조화시키려는 노력을 경주하였다. 그의 사후(死後) 잠시 동안 학계에 보수적인 종교적 분위기 속에서 그의 몇 가지 주장에 대한 단죄가 이루어졌지만 사후 50여 년 후에는 성인으로 추대되었고 1567년에는 '교회의 스승'으로 추앙되었다.

죽기 1년 전 갑자기 전속 필경사에게, "레지날데, 난 (더 이상 글을) 쓸 수 없네. 내가 이제까지 쓴 모든 것들은 내게 보이고 계시된 것들과 비교해볼 때 지푸라기에 지나지 않네"라고 말하고는 죽을 때까지 아무것도 쓰지 않았다고 한다. 이러한 그의 고백은 엄밀한 논리를 사용하여 빈틈없는 철학 체계를 완성한 대학자인 동시에 독실한 신앙인이기도 한 그의 모습을 보여주는 것이라고 해석할 수 있을 것이다.

아퀴나스는 길지 않은 학문 활동의 기간 중에 많은 작품을 저술했다. 그 중에서도 가장 유명한 작품은 『신학대전(*Summa Theologiae*)』과 『대이교도대전(*Summa Contra Gentiles*)』 그리고 『존재자와 본질에 대하여(*De Ente et Essentia*)』가 있다. 이 외에도 『진리에 대하여(*De Veritate*)』, 『악에 대하여(*De Malo*)』, 『신학요강(*Compendium Theologiae*)』, 『군주론(*De Regno*)』 등이 있다. 그 중 『신학대전』은 신학에 관한 기본적인 문제들을 신으로부터의 창조 과정, 피조물의 신에게로의 회귀 그리고 신과 피조물을 매개해주는 그리스도라는 세 부분으로 나누어 체계적으로 정리한 책이다. 그리고 『대이교도대전』은 비기독교인들에 대항해서 기독교의 교리를 옹호하는 주장을 펼치고 있다. 이 두 책 모두 신학에 관한 책인 동시에 철학에 관한 책이기도 하다. 왜냐하면 그에게 신학과 철학의 구분은 오늘날의 그것과 같이 뚜렷한 것이 아니었기 때문이다. 그 외에도 각종 아리스토텔레스와 성서에 대한 각종 주석서, 반박서, 논쟁, 설교집 등이 있다.

그의 철학은 주로 아리스토텔레스 철학에 기반한다고 볼 수도 있지만 그 외에도 신플라톤주의, 아우구스티누스 철학, 성서적 전통, 스토아학파 등 다양한 철학적 전통의 영향을 받고 있다고 평가된다. 당시 극단적으로 아리스토텔레스 철학을 추종했던 라틴 아베로에스주의와 정통 아우구스티누스주의 사이의 논쟁 사이에서 중립적 입장을 표명했다고 보인다.

이를 구체적으로 따져보면 사주덕론(四主德論)은 플라톤주의에서, 유출설은 신플라톤주의에서, 빛의 조명으로서의 이성 개념은 아우구스티누스에게서, 신의 명령으로서의 법 개념은 성서에서, 능동 이성 개념은 아랍 철학에서, 자연법과 영원법 개념은 키케로와 스토아철학에서 빌려왔다. 그러나 목적론, 본성에 관한 동적(動的) 개념, 가능태와 현실태, 사원인설과 같은 많은 개념과 체계들은 아리스토텔레스에게서 차용했다.

아퀴나스는 의지를 강조했던 아우구스티누스나 오캄에 비해 지성을 강조하는 입장을 취한다고 해서 주지주의자라고 흔히 불리지만 실제로는 지성과 의지 사이의 균형을 모색한 측면이 더 두드러진다고 볼 수 있다. 이 점은 최근 몇몇 아퀴나스 연구자들이 후기 아퀴나스에게서 의지를 강조하는 경향을 찾아내고 그 철학사적 중요성을 밝히려는 작업으로 점점 구체적으로 밝혀지고 있다.

6. 이중적 인간 : 토마스 아퀴나스

아퀴나스에게 인간은 이중적 규정을 갖는다. 첫째는 아리스토텔레스적 전통에서 자신의 본질을 완성시키려는 경향을 가진다. 세상에 존재하는 다른 모든 존재들과 마찬가지로 인간의 이러한 경향은 자신의 존재를 완성하는 것이고 선을 이루는 것이다. 이것이 가능태에서 현실태로 자신을 완성시켜나가는 역동적 의미의 존재관이고 목적론적 세계관이다. 둘째는 성서와 아우구스티누스적 전통에서 나온 신의 모상(imago Dei)으로서의 인간이다. 인간은 다른 동물들과는 달리 신의 형상을 따라 만들어졌기 때문에 이성을 가지고 그 이성이 안내하는 대로 행동할 수 있는 존재다.

이러한 두 가지의 인간 규정이 서로 갈등하면서도 잘 조화되는 것이 아퀴나스 인간관의 특징이다. 신의 형상을 닮은 인간이 가진 이성 때문에 인간은 진리와 선을 본성적으로 추구하게 되고 이러한 진리와 선의 추구가 인간 스스로의 존재의 의미를 완성시켜가는 목적론적 존재 성취의 과정이다. 따라서 여기에는 성서적 인간관과 아리스토텔레스의 목적론적 인간관이 서로 잘 조화되고 있다.

그의 인간관이 아우구스티누스의 인간관과 다른 점은 인간이 스스로의 의지에 의해 악한 행위뿐 아니라 선한 행위도 할 수 있다는 점이다. 아우구스티누스는 원죄 때문에 타락한 인간은 스스로의 능력만으로는 선을 행할 수 없기 때문에 구원과 은총에 의해서만 진리를 깨닫고 선을 행할 수 있다고 했다. 그러나 아퀴나스는 원죄에 의해 타락한 인간일지라도 신의 모상으로 태어난 이상 이성의 능력에 의해 신에게로 다가갈 수 있다고 주장한다. 이 점에서 아퀴나스는 아우구스티누스보다 아리스토텔레스에 더 가깝다. 인간은 이성의 힘으로 신의 영원법을 따라 행동할 수 있다. 이것은 자연법을 통해 가능하다.

아퀴나스는 이성적인 본성을 가진 인간의 인격이 모든 피조물 중에서 가장 완전한 자립적 존재자라고 말한다. 모든 존재자들은 개별적으로 존재하는 실체들이다. 그러나 그 중에서 인간만이 이성적 능력을 가졌다고 말한다. 이러한 인간은 불완전하지만 비물질적이기도 하고 유일하고 단순하며 자립적인 존재다. 이렇게 이성적 존재인 인간 인격은 다른 존재자들뿐 아니라 같은 인간들 속에서도 서로 구분되고 육체와는 상관없이 영혼과 결합되어 스스로 존재할 수 있는 완전한 존재라고 말한다.

인간의 본질에 대해 아퀴나스는 영혼과 육체로 이루어진 단일한 실체라고 말한다. 모든 물질적인 사물 혹은 실체는 실체적 형상과 제일 질료로 이루어져 있다고 말한다. 이 두 가지가 실체의 원리이지만 존재하는 것은 무엇인가라는 문제에 대해서는 형상도 질료도 아니고 또한 그 외적 결합도 아닌 실체 그 자체라고 말한다. 따라서 인간은 영혼도 육체도 아닌 영혼과 육체가 결합된 하나의 실체다.

당시 아라비아에서 수입된 아리스토텔레스주의의 해석에 따르면 지성은 개별적 인간으로부터 독립되어 인간 외부에 존재하는 자립적인 정신적 실체다. 그러나 아퀴나스는 지성은 능동 지성이든 수동 지성이든 한 개인 안에 각각 독립되어 존재한다고 주장한다. 아퀴나스에게 의지는 지성에 비해 다소 약한 지위를 차지하는 것으로 보인다. 그에게 의지는 이성의 지도를 받는 능력, 즉 지성적 욕구(appetitus intellectualis)다. 이성이 선(good)이라는 목표를 보고 설정하면 의지는 그에 따라 움직인다.

아퀴나스는 아리스토텔레스를 따라 인생의 목적은 행복이라고 말한다. 그러나 그는 아리스토텔레스와는 달리 신학적 요소를 대폭 가미한다. 그에 따르면 인간의 행복에는 두 가지의 차원이 있다. 하나는 지상에서의 불완전한 행복(felicitas)이고 다른 하나는 천상에서의 완전한 행복(beatitudo)이다. 전자는 아리스토텔레스와 같이 관조(contemplation)일 수는 있지만 현세적인 것에 머무르고, 후자는 아우구스티누스와 같이 신을 직관하는 것(visio Dei)이다.

이렇게 인간이 인생의 목적인 행복을 추구하는 데 필요한 것이 도덕이다. 도덕과 관련한 인간 행위를 지배하는 원리에는 내적 원리와 외적 원리가 있다. 내적 원리에는 능력(potentia)과 습성(habitus)이 있는데, 좋은 습성인 덕에는 지성적 덕 · 도덕적 덕 · 신학적 덕이 있다. 외적 원리에는 법(lex)과 은총(gratia)이 있는데 법은 영원법 · 자연법 · 신법 · 구법 · 인정법 등으로 구성된다. 인간은 자기 자신의 행위의 내적 원리들인 능력과 습성을 가꾸고 신에 의해서 외부로부터 주어지는 법과 은총이라는 지침을 따르면서 도덕적 완성을 향해 나아가게 된다.

자연법과 관련한 어떤 이론을 전개하지 않은 아우구스티누스와는 달리 아퀴나스는 자연법이라는 명확한 개념을 덕 윤리와 함께 윤리학의 주요 중심 틀의 하나로서 채택하고 있다. 심지어 아우구스티누스는 법이라는 주제를 독립적으로 다루고 있지 않다. 그러나 아퀴나스는 『신학대전』 제2부 제1권, 90~97 문제에서 법에 대해 체계적으로 다루고 있다. 여기서 아퀴나스는 신의 지혜 그 자체인 영원법이 인간에 참여한 것이 자연법이라고 주장하고 모든 인간은 태어날 때부터 마음속에 선과 악을 분별할 수 있는 능력인 자연법을 가지고 태어났다고 말한다.

위에서 살펴본 바와 같이 인간관과 관련하여 아퀴나스는 아리스토텔레스와 아우구스티누스 사이에서 양면적인 모습을 보인다. 인간 스스로 덕을 추구한다는 점에서는 아리스토텔레스적이지만 덕의 추구도 신의 섭리 아래에 있다는 점에서는 아우구스티누스를 따르고 있다. 이성과 의지는 같이 작용한다고 하는 점에서는 아리스토텔레스적 측면이 있지만 의지는 이성의 명령을 따르지 않을 수 있다고 주장한 점에서는 아우구스티누스적 측면이 보인다. 또한 아리스토텔레스의 목적론적 윤리학을 채택하고 있는 한편, 아우구스티누스의 은총론을 채택하고 있는 측면도 있다.

7. 목적을 가진 존재로서의 자연 : 토마스 아퀴나스

토마스 아퀴나스의 존재 개념은 아리스토텔레스의 존재 개념에 기반하고 있다고 해도 크게 틀린 말은 아닐 것이다. 모든 존재는 가능태에서 현실태로 진행되는 중에 있다. 자신의 존재의 목적인 본질을 완성하는 방향으로 나아가는 것이 각 존재들이 가지는 자연적 본성이다. 이러한 목적을 달성하려는 노력이 바로 그 존재의 선이고 또한 그 존재를 완성하는 것이다. 또한 모든 물질적 존재자들이 형상과 질료로 이루어져있다고 주장하는 것도 아리스토텔레스주의에 입각해 있다. 쉽게 말해 형상인은 존재자들이 어떻게 생겼는가 하는 점과 관련된다. 질료인은 무엇으로 만들어졌는가 하는 원리다. 이 두 가지는 존재자들의 내적인 원인들로 형상인과 질료인이라고 한다. 여기에 그 존재자의 궁극 목적을 정하는 목적인과 그 존재자를 만드는 동력(動力)인 능동인이라는 외적인 원인들을 합하여 존재의 사원인(四原因)이라고 한다.

가능태인 질료는 현실태인 형상을 받아들이고 그 형상을 제한하여 물질적 존재자가 된다. 이것이 실체(substance)다. 실체는 존재하기 위해서 다른 어떤 것도 필요하지 않는 것을 말한다. 반면 우유(遇有 혹은 속성 : accident)는 그 자체로 존재할 수 없고 다른 어떤 것에 의존해서 존재하는 것을 말한다. 실체는 다른 것들과 구분되어 스스로 존재하는 존재자다. 반면 우유는 스스로 존재할 수 없고 어떤 실체 안에서만 존재할 수 있는 의존적인 것이다. 토마스는 아리스토텔레스의 양·질·관계·능동·수동·장소·시간·위치·습성이라는 아홉 가지 우유들을 받아들인다. 우리가 보는 모든 존재들은 이러한 실체와 우유가 같이 합쳐져 있는 것이다.

이렇게 아리스토텔레스주의의 영향을 받았지만 아퀴나스는 그 위에 자신의 존재 개념을 발전시켰다. 실체와 우유가 합하여 존재하는 것이 무엇인가 하는 존재의 정체, 즉 본질(essence)이 된다. 그러나 그것만으로는 부족하다. 실체·우유 그리고 본질과 같이 아무리 존재를 위한 준비들이 다 마련되었다고 하더라도 존재하게 만드는 행위가 없다면 실제로 존재할 수 없다. 따라서 토마스는 본질에 존재의 행위를 가하여 실제로 존재하는 존재자(ens)가 있게 된다고 보았다. 그는 아리스토텔레스의 형이상학에 존재(esse)라는 개념을 새로 도입했다. 존재(esse)는 존재하는 행위(actus essendi)다. 여기서 아퀴나스는 무엇이 존재인가라는 문제와 존재가 실제로 있다는 문제를 구분할 수 있게 만들어준다. 이를 도식적으로 나타내면 다음과 같다:

형상(form) + 질료(matter) = 실체(substance)
실체 + 우유(accident) = 본질(essence)
본질 + 존재 행위(esse) = 존재자(ens)

아퀴나스가 본질에 존재(esse)를 가하여 존재자(ens)라는 개념을 새로 만들어낸 것은 형이상학의 역사상 매우 중요한 의미를 가진다. 실체와 본질이라는 존재의 구성 요소들이 어떻게 이루어지고 있고 그 존재들의 운동 원리에 대한 분석 작업에 그쳤던 아리스토텔레스의 형이상학을 뛰어넘어 존재 자체가 어떻게 생겨났는가에 대한 직접적인 탐구를 시도하였다는 점은 주목할 만하다. 또한 그로 인해 바로 지금 이 자리에 구체적으로 존재하는 것들, 즉 존재자들 각각이 그 자신의 본질을 이루고 있는 실체와 우유뿐 아니라 존재의 행위를 통해 생겨났다는 역동적인 존재관은 현대의 실존(existence) 개념에 대한 선구적인 역할을 하고 있다고 볼 수 있다. 토마스의 이러한 독특한 존재 개념은 그가 믿고 있는 신앙이 그의 철학에 장애물이 되는 것이 아니라 오히려 그에게 새로운 영감의 원천이 되었다는 점을 보여준다. 명확한 시작점이 없는 고대의 아리스토텔레스적 세계관을 넘어 창조라는 시작점을 통해 세계가 만들어진다는 기독교적 세계관으로 전환하는 데 창조 행위로서의 존재(esse) 개념이 결정적 역할을 하였다는 것이다.

8. 세상을 보는 두 안경의 의미

아우구스티누스의 인간관과 자연관은 고대 그리스 철학과 로마 철학을 끝내고 중세 기독교 철학의 인간관과 세계관을 확립하는 계기가 되었다. 플라톤 철학과 신플라톤주의 그리고 스토아학파의 입장들을 기독교의 교리와 조화시키려는 노력 속에서 그의 신학적 인간관과 신학적 자연관을 만들어내게 되었다. 플라톤의 이원론의 영향을 받아 지상의 세계와 천상의 세계를 나누고 지상의 모든 피조물들은 신의 이데아를 따라 만들어졌다는 주장을 하였다. 그러나 마니교의 주장과는 달리 육체 자체가 악이 아니고 육체도 신의 피조물이기 때문에 선하다고 주장했다는 점에서는 새로운 육체관을 제시했다고 볼 수 있다. 이렇게 그는 플라톤의 이원론의 영향을 받았지만 사도 바오로의 영향으로 육체에 대해 긍정적 가치를 부여했다.

아우구스티누스가 인간이 신의 모상이라는 성서의 내용을 철학적으로 논의했다는 점은 매우 중요한 의미를 가진다. 그리고 그 닮음의 내용이 이성적 능력에 있다는 점은 추후 아퀴나스의 자연법 사상에 지대한 영향을 미치게 된다. 인간을 의지적 존재로 파악하고 신으로 향하는 인간의 의지를 강조한 점은 주의주의 철학의 문을 여는 역할을 하였고 스토아학파의 결정론에 반대해서 인간의 자유 의지를 강조한 점은 기독교 사상뿐 아니라 중세·근대·현대에까지 이어지는 결정론과 비결정론 사이의 논쟁을 시작하는 의미를 가진다. 신의 전능과 악의 존재 간의 충돌에 관해 설명하면서 악은 비존재라고 한 것과 신의 은총에 의해서만 인간이 구원받는다는 주장은 중세뿐 아니라 현대에 이르기까지도 기독교의 정설이 되고 있다.

무로부터의 자유로운 창조에 의해 세상이 생겨났다고 하는 주장은 그리스 철학의 전통과 정면으로 맞서는 것이고, 신이 세상을 창조할 때 시간 또한 창조했다는 주장에서 나온 주관적 의식의 흐름으로서의 시간관은 현대에 들어 다시 새로운 조명을 받고 있다.

아퀴나스의 인간관과 자연관은 아리스토텔레스주의를 받아들여 중세의 신학적 인간관과 세계관을 세속적 철학과 조화시켰을 뿐 아니라 그 이전의 모든 사상을 자신의 틀 안에서 종합했다는 점에서 근대와 현대에 지대한 영향을 미쳤다. 아리스토텔레스의 목적론적 본성 개념에 따른 인간관과 성서와 아우구스티누스의 신의 모상으로서의 인간을 조화시키는 과감한 시도를 하였고 사실 상당 부분 성공한 것으로 보인다. 아우구스티누스를 따라 삼위일체로서의 신과 은총의 필요성을 인정하면서도 인간의 구원에 인간 자신의 이성이 중요한 역할을 한다고 본 점은 근대를 준비한 사람답게 이성을 존중했다는 점과 연결된다고 보인다. 행복을 불완전한 행복과 완전한 행복으로 나눈 것은 아리스토텔레스의 행복 개념과 성서적 행복 개념을 조화시키려는 시도로 해석할 수 있다.

능력·습성·법·은총이라는 여러 이질적인 요소들을 가지고 하나의 윤리학의 체계를 건설한 점은 신앙과 이성을 조화시키는 그의 철학의 특징을 보여주는 대표적인 점으로 꼽힐 것이다. 특히 영원법·자연법·신법·인정법 등 여러 법의 체계를 세운 점과 자연법주의와 실정법주의를 동시에 수용하는 그의 도덕관과 법관은 현대에 다시 주목받고 있다.

플라톤의 사원인설, 아리스토텔레스의 목적론적 본질 개념과 실체와 우유 개념을 받아들이면서도 존재 행위(actus essendi)로서의 존재(esse) 개념을 만들어내고 다시 구체적인 존재자(ens) 개념을 제시한 점은 형이상학의 역사에서 획기적인 발전을 이룬 것으로 평가될 수 있다. 이렇게 역동적 의미에서의 존재 개념과 구체적이고 개별적인 존재자의 개념은 현대의 실존주의에 연결되는 중요한 발견으로 보인다.

아우구스티누스와 아퀴나스의 인간관과 자연관은 큰 틀에서는 플라톤과 아리스토텔레스로 대표되는 고대 철학을 중세 기독교의 교리와 결합하여 조화시키면서 기독교인들이 세계를 어떻게 바라보고 자신을 포함한 인간에 대해 어떻게 생각할지를 안내하는 지침의 역할을 해왔다. 비록 근대에 들어와 종교와 과학, 이성과 신앙이 다시 분리되기는 했지만 종교를 가진 사람이 이성을 포기하지 않고 자신의 철학을 할 수 있다는 것을 직접 보여주는 일을 담당해왔던 것이다. 이 둘의 인간관과 자연관이 서로 다르면서도 같은 기독교 속에 자리잡고 있다는 점은 개신교와 천주교의 차이를 반영해주고 있기도 하다. 이러한 사실은 하나의 종교적 전통이 얼마나 많은 철학적 전통들과 만나고 또 얼마나 많은 새로운 사상적 흐름을 만들어낼 수 있는가를 보여주고 있다.

제3장
흄과 칸트
—이성에 대한 근대적 성찰

1. 근대의 바벨탑 쌓기

우리는 중세 이후의 시대를 근대라고 부른다. 철학의 관점에서 이러한 시대 구분을 하는 근거들 중 하나는 신앙과 이성 사이의 위상 변화와 관련이 깊다. 중세적 세계관의 중심축이 신에 대한 믿음(belief)이었다면, 근대적 세계관의 중심축은 인간 이성에 기초한 지식(knowledge)으로 변한다.

중세적 세계관에 따르면, 자비롭고 전지전능한 신은 지고한 의도와 목적에 따라 이 세상을 창조하였다. 사람들은 창조주인 신을 믿음으로써 이 세상에는 지고한 목적과 의미가 내재한다는 것, 즉 섭리(攝理. Providence)를 믿었다. 비록 어떤 존재나 사건이 맹목적이고 무의미한 것처럼 비칠 수 있지만, 그 표면적인 모습 너머에는 항상 신의 섭리가 숨어 있다는 믿음이었다. 이러한 믿음은 그 당시 인간 지식과 행위의 출발점이자 종착지였다. 따라서 이 세상에 내재하는 신의 의도와 목적을 측정하고 이해하고자 하는 모든 학문적 활동의 최종적 목적은 믿음에의 봉사에 있었다. 다시 말해 고대 이래로 이성을 중시하던 철학을 포함한 모든 학문은 '신학의 시녀'라는 분명한 위계 질서 속에 종속되어 있었다.

그러나 신앙이 이성(지식)보다 우위에 있다는 주장은 근대에 접어들면서 자연과학의 괄목할 만한 성장과 더불어 점차 그 설득력과 근거를 잃게 시작하였다. 왜냐하면 자연과학적 사고는 세상의 모든 사건을 인과(cause and effect)적 필연성으로 설명하고자 하기 때문이다. 이에 따르면 무엇이 발생한 것은 그에 대한 원인이 있기 때문에 필연적이며, 이 원인은 또한 하나의 사건(결과)이므로 그에 대한 원인을 필연적으로 갖는다. 이러한 인과적 필연성을 추구하는 과학적 탐구는 '어떤 사건이 도대체 무엇을 위해서 일어났는가'라는 의미나 목적을 캐묻지 않는다. 자연과학적 사고는 단지 사건의 원인에 관심이 있을 뿐 그것의 의미나 목적에 대해서는 무관심하다. 이처럼 세상을 기계론적으로 파악하는 자연과학적 사고는 세상을 목적론적이고 의미론적으로 이해하는 중세적 사고에 대립적이었고, 결국 오로지 인간 자신의 합리적 사고에 근거한 자연과학의 출현은 신앙에 근거한 중세적 세계관에 대한 회의를 수반할 수밖에 없었다.

과학적 탐구의 진보로 자연의 모든 현상들은 끝없는 쇠사슬처럼 원인과 결과라는 거대한 연쇄 고리로 설명될 수 있다는 분위기가 팽배해지기 시작하였다. 이는 인과 법칙에 따라 모든 미래를 예측할 수 있다는 거대한 지성을 가리키는 '라플라스의 악마(Laplace's demon)'라는 당시의 표현에서도 잘 드러났다. 이 표현에는 자연이 인과 법칙에 의해 온전히 결정되어 있다는 의미가 담겨 있는데, 지금까지 일어났던 사건들은 지금부터 일어날 모든 사건들의 원인이 되며, 마찬가지로 현재의 상태로부터 미래의 어떤 시점이라도 예측이 가능하다는 것이다. 자연에 대한 이러한 인과적 설명에다가 자연이 그러한 것은 바로 신이 그것을 그렇게 창조했기 때문이라고 강조하는 것은 사족에 불과하다. 자연을 인과적 법칙에 따라 충분히 설명할 수 있다면, 거기에 신의 섭리를 덧붙이는 것이 도대체 어떤 의미가 있겠는가.

특히 뉴턴에 이르러 과학의 진보는 수학이라는 단일한 언어를 통해 자연의 내밀한 비밀을 모두 밝혀낼 수 있으리라는 희망을 낳았다. 또 이전에는 설명할 수 없어보였던 질병과 죽음도 과학적 진보 속에 합리적으로 파악될 것이라는 기대감도 함께 상승하였다. 그 결과 근대인은 뉴턴의 과학적 성과를 통해 자연 세계에 대한 완전한 이해라는 바벨탑을 곧 완성할 수 있다는 신념에 가득 차게 되었다. 이제 인간의 정신 세계에 대한 비밀을 밝혀내는 것만이 남은 과제로 보였다. 이 점에서도 근대인들은 낙관적이었다. 왜냐하면 인간의 능력으로 자연의 질서를 과학적으로 밝혀낼 수 있다는 것 자체가 이미 인간의 능력이 얼마나 자연의 질서와 완벽하게 잘 합치하는가를 보여주는 듯이 보였기 때문이었다. 근대인들 사이에는 인간의 정신 세계에 대한 탐구(인간학)에서도 또 다른 뉴턴이 도래하여 근대의 바벨탑은 곧 완성되리라는 희망이 팽배하였다.

종교와 과학은 서로 다른 것을 추구하는 별개의 것임이 분명해졌고, 자연의 법칙적 필연성을 규명하는 인간의 능력인 이성이 신앙에 종속되어야 할 이유도 사라졌다. 바벨탑의 완성을 희망하면서 또 한 명의 뉴턴을 기대했던 정신 세계에 대한 탐구의 대상도 자연의 질서를 파악해내는 인간의 능력에 집중하였다. 좀더 정확하게 말하자면, 자연은 인간이 파악해야 할 대상

(객관)이 되고, 인간은 자연을 인식해야 할 주체(주관)로 자리하면서 어떻게 인간 이성이 변화무쌍한 자연 현상들로부터 법칙성을 파악해낼 수 있는가 그리고 과연 인간이 파악한 그 법칙성이 자연의 참모습이라고 할 수 있는가 하는 문제들이 주요 관심사가 되었다. 철학에서는 이를 인식론적 문제라고 부른다.

2. 인간의 마음은 자연에 대한 거울

앞서 우리는 근대의 자연과학과 종교의 관계를 통해 왜 인간(인식하는 주체)과 자연(인식되는 객체)의 관계를 밝히는 것이 중요한 철학적 화두로 떠오르게 되었는지를 살펴보았다. 과연 인간이 자연의 참모습을 파악해낼 수 있는가의 문제와 관련해서 흄과 칸트의 세부적인 이야기에 몰입하기 이전에 인간과 자연의 관계에 담겨 있는 인식론적 문제를 개괄적으로 이해하는 것이 필요할 것 같다.

1) 자연 법칙성에 대한 믿음

올림픽의 양궁 경기에서 화살들이 70미터 밖에 위치한 표적지의 정중앙(6.1센티미터의 지름)에 연이어 꽂힐 때 우리는 경탄을 금치 못한다. 배드민턴 경기에서 셔틀콕이 KTX보다 훨씬 빠른 속도로 코트에 내리꽂힐 때도 우리는 통쾌함을 느낀다. 이런 일들은 어떻게 가능할까? 누구나 짐작하듯이, 이런 일들은 기본적으로 자연에 작동하고 있는 운동 법칙(어떤 물체에 일정한 힘을 가하면 한 방향으로 움직인다)을 잘 이용해서 열심히 훈련하면 가능하다.

물체 세계인 자연은 일정한 법칙에 의해 지배된다. 근대 과학은 자연의 법칙적 필연성을 중력의 법칙으로 설명한다. 산 속 참나무의 열매가 영글면 땅 위로 떨어지고, 산 속의 물은 깊은 계곡을 타고 아래를 향해 굽이친다. 도토리의 낙하나 물의 하강은 바로 중력 때문이다. 마찬가지로 돌을 하늘 위로 던지면 결국은 땅에 떨어지는 것도 중력 때문이다. 우리는 중력의 작용으로 돌의 비상과 돌의 낙하 사이에는 서로 필연적 관계가 있다고 믿는다.

오늘날에도 자연을 인과 법칙에 따라 움직이는 거대한 기계로 간주하는 경향이 있다. 그래서 우리는 일상적으로 주변에서 일어나는 자연 현상들을 인과적으로 설명하는 것에 별다른 문제가 있다고 생각하지 않는다. 오히려 우리는 자연이 인과 법칙에 따라 움직인다는 것을 자명한 것으로 여긴다. 원인을 알면 그 결과를 추측할 수 있기에 우리는 자연을 이용할 수도 있게 된다.

그렇지만 다음을 고려해보자. 우리는 돌의 비상과 낙하를 눈으로 직접 볼 수 있다. 그렇다면 둘 사이의 인과적 관계도 눈이나 다른 감각 기관으로 직접 확인할 수 있을까? 또 중력을 눈으로 본다는 것이 가능할까? 힘(중력)·원인·결과·공간·시간 등은 자연 현상들을 설명하기 위해 고안한 개념적 장치들이지 지금 내 앞에 있는 책상·모니터·자판기·책·연필과 같이 직접적인 지각이 가능한 물체가 아니다. 결국 우리가 직접 지각할 수 있는 사건은 돌의 비상이고 낙하일 뿐 그 두 사건의 인과적 관계는 아니다. 그럼에도 우리는 이 두 사건에는 그런 관계가 필연적으로 있으며 모든 사건들은 원인과 결과의 연쇄적 고리로 연결되어 있는 것이 자연의 객관적 모습이라고 믿는다. 도대체 이 믿음의 근거는 무엇인가?

2) 철학이 알고 싶어하는 물음

혹자는 이 질문에 대해 무슨 뚱딴지같은 소리냐고 반문할지도 모르겠다. 그러나 이 질문에는 다음과 같은 철학적 배경이 있다. 우리가 살아가면서 필요한 정보를 확인하는 가장 일차적인 방법은 감각 기관을 통한 지각이다. 그러나 단지 지각을 통해서만 세상에 대한 정보가 획득되는 것은 아니다. 돌의 비상과 낙하는 시각적 지각을 통해서 알게 되지만, 양자가 필연적 관계에 있다는 정보는 지각 이외의 다른 어떤 것으로서 개념적 장치를 필요로 한다. 즉, 직접 지각된 날것들을 개념에 의해 이러저러한 방식으로 처리했을 때만 우리는 세상에 대한 정보로서 지식을 가지게 된다. 마찬가지로 힘(중력), 원인과 결과, 필연성 등과 같은 개념들을 통해서 자연 현상들 간의 관계는 인과적 필연성으로 엮여 있다고 말할 수 있게 된다. 이러한 배경에서 자연의 참모습을 담보해주는 개념들이 중요해진다.

우리는 힘(중력), 원인과 결과, 필연성 등과 같은 개념들을 어떻게 갖게 되는가? 이 개념들이 정말 자연의 참모습을 보증해줄 수 있을 정도로 객관적인 것일까? 만일 객관적이지 못하다면, 우리는 개념들을 통해 이러저러하다고 말하는 자연을 정말 그것의 객관적인 참모습이라고 주장할 수 없을 것이다. 따라서 인과 법칙이 자연을 지배한다는 우리 믿음의 근거에 대한 질문은 우리가 이 원인, 결과, 필연성 등의 개념을 어떻게 획득하는가와 그렇게 획득된 개념의 사용으로 정말 자연의 객관적 모습이 파악될 수 있는가를 묻는 것과 같다. 좀 정확하게 말한다면, 이 질문들은 대상을 지각하고 개념을 획득하여 그를 통해 사고하는 인간의 마음(mind)이 작동하는 구조에 대한 탐구에 속한다. 왜냐하면 인간의 마음이 어떻게 작동하는지에 대한 지도를 정확히 그려낼 수만 있다면, 우리가 어떻게 지식을 획득하게 되는가를 알 수 있게 될 것이고, 나아가서 이 지식이 자연의 객관적 참모습을 담고 있는가도 가늠할 수 있을 것이기 때문이다. 이러한 맥락에서 인간의 마음은 자연에 대한 거울이라고 할 수 있다. 바로 이 점 때문에 인간의 마음이 어떻게 작동하는지에 대한 탐구(인간학)가 근대 철학의 중요한 관심사로 등장하게 된다.

이와 관련해서 흄과 칸트는 각기 대상을 지각하고 이를 개념적으로 사고하는 우리의 마음 구조(인식 구조)를 전혀 다르게 파악한다. 특히 인과의 개념을 예로 들어 보면, 흄이 그 개념이 경험으로부터 나온다고 주장한 반면, 칸트는 그것이 경험과는 아무런 상관이 없다고 말한다. 즉, 대상의 인식을 위해 필히 요구되는 개념들의 기원과 작동 방식을 두고 각기 다른 입장을 취한다. 이제 이에 대한 흄과 칸트의 이야기를 차례로 살펴보도록 하자.

3. 인생의 위대한 길잡이는 습관 : 흄

한반도 지형의 기본 뼈대가 백두대간이라면, 서양 근대 철학의 지형도는 흔히 대륙의 합리론(또는 이성주의. rationalism)과 영국의 경험론(empiricism)이라고 불리는 두 개의 산맥을 큰 골격으로 한다. 양자는 우리 마음의 내용이 모두 관념(idea)으로 이루어져 있다는 점에 의견을 같이 한다. 여기서 관념이란 지식의 내용을 구성하는 것들을 말하는데, 가령 "잘 익은 토마토는 빨갛다"에서 '토마토'나 '빨강', "결과가 있으면 반드시 그에 대한 원인이 있다"에서 '결과'나 '원인' 그리고 '필연성'('반드시') 등이 이에 해당한다. 그런데 이러한 관념들의 유래에서 합리론과 경험론은 서로 입장을 달리한다. 데카르트나 스피노자 그리고 라이프니츠 같은 합리론자들이 지식의 원리를 담고 있는 관념의 원천을 이성에서 찾았다면, 경험론자들은 모든 관념은 경험에서 유래한다고 주장하였다.

1) 인간 마음의 지도

흄은 선행자였던 로크와 버클리의 뒤를 이어 경험론의 입장에 선다. 그에 따르면 우리의 마음과 지식의 내용이 되는 관념의 원천은 경험(experience)이다. 다만 그는 관념이라는 말 대신에 지각(perception)이라는 표현을 사용하면서, 이를 다시 인상(impression)과 관념으로 나눈다. 인상이란 감각에 기초한 직접적이고 생생한 지각을 말한다. 반면에 관념은 시간이 지나면서 애초의 인상이 사라지고 기억으로만 떠오르는 덜 생생한 지각에 해당한다. 예를 들어 내가 지금 접시 위의 딸기를 보면서 갖는 '빨갛다'라는 아주 생생한 지각은 인상이다. 다음날 그것을 기억했을 때, 처음보다는 덜 생생하고 희미하게 떠올려지는 지각이 관념이다. 간단히 말해 인상과 관념의 차이는 생생함의 정도에 있다.

여기서 주목해야 할 것은 관념이란 그것에 상응하는 인상의 복사물로서 우리의 마음에 발생한다는 흄의 주장이다. 즉, 인상이 없으면 관념도 있을 수 없으며, 관념에는 그에 상응하는 인상이 앞선다. 예를 들어 당신이 지금 A 양에 대해 생각한다고 치자. 이때 A 양의 관념은 어제 그녀와 카페에서 만났을 때 갖게 된 인상이 선행했기에 가능하다. 그렇다면 A 양이 가상의 인물이라면 어떨까. 가상의 인물로서 A 양의 관념은 얼굴 생김새나 몸매와 같이 여러 구성 요소의 관념들로 이루어진다. 그리고 이 관념들은 당신이 과거에 실제로 이러저러한 여성의 인상에 대한 여러 기억들이다. 따라서 우리는 개개의 관념들을 자유로이 결합하여 A 양을 상상할 수는 있지만, 그 결과물인 A 양의 관념은 허구에 불과하다. 왜냐하면 상상한 A 양의 관념에는 그에 마땅히 상응해야 할 인상이 존재하지 않기 때문이다. 마찬가지로 우리는 '황금'과 '길'이라는 두 개의 단순한 관념들이 결합시켜 '황금길'이라는 관념을 상상할 수 있지만 이에 상응하는 인상이 없기는 매한가지다.

관념은 인상으로 환원될 수 있다는 흄의 주장은 형이상학에 대한 비판으로 연결된다. 흄이 보기에 전통적인 형이상학을 이루고 있는 많은 관념들은 아주 애매모호하다. 전통적인 형이상학의 단골 메뉴 중 하나인 영혼의 관념을 예로 들어보자. 도대체 이 관념은 대상과 연관이 있는 것일까? 이에 대한 흄의 해답은 아주 간단하다. 영혼의 관념에 상응하는 인상을 찾을 수 있는지 없는지를 살펴보면 된다. 즉, 어떤 관념이 도대체 대상과 관련이 있는지의 여부를 밝힐 수 있는 길은 그것이 그에 상응하는 인상에서 유래했는지를 확인하는 방법이다. 과연 영혼의 인상은 있는가. 우리는 사람의 얼굴이나 몸, 황금 또는 길의 인상처럼 영혼의 인상이 있다고 말할 수 없다. 이 예에서 알 수 있듯이, 흄은 형이상학이란 많은 허구적 관념으로 세상을 말하고 있다고 비판한다.

한편, 인상은 단순할 수도 있고 복합적일 수도 있다. 단순 인상은 단순 관념을 그리고 복합 인상은 복합 관념을 우리의 마음에 발생시킨다. 우리의 인상은 대개 복합적이다. 가령 여러분이 도봉산의 자운봉에 올라 해발 739.5미터 높이의 상공에서 서울 시가지를 내려다보았을 때, 여러분이 갖는 인상은 분명 단순하지 않다. 이 인상에는 아파트 · 고층 건물 · 연립 주택 · 굴뚝 · 도로 · 길 · 차 등과 같은 여러 단순 인상들을 포함하기 때문이다. 또 다른 한편으로, 우리는 이 낱낱의 단순 인상들에 대한 기억(단순 관념)들을 재료삼아 각자가 생각하는 이상적인 도시를 상상해볼 수도 있다. 이때 복합 지각(서울 전경의 복합 인상 또는 복합 관념)을 단순 지각(아파트 · 고층 건물 · 연립 주택 · 굴뚝 · 도로 · 길 · 차 등의 단순 인상 또는 단순 관념)으로 분석하고 분해하는 능력은 이성이고, 단순 지각들을 다시 결합하는 능력은 상상력이다.

그런데 흄에 따르면 인간 마음의 작동에서 핵심적 역할을 하는 것은 상상력인데, 그것은 유사성(resemblence)과 인접성(contiguity), 인과성(cause and effect)의 세 가지 원리에 따라 자연스럽게 관념들을 결합시킨다. 예를 들어 당신 앞에 김이 솟구치는 그릇이 있다고 치자. 춥고 배가 무척 고픈 당신은 아마도 재빠른 몸짓으로 냄비에 다가갈 것이다. 왜 그럴까? 지금 눈앞에 김이 무럭무럭 오르고 있는 냄비는 과거 여러 차례 당신이 배고팠을 때 맛있게 먹었던 설렁탕 그릇과 비슷하게 보이고(유사성의 원리), 바로 그런 그릇이 바로 당신의 눈앞에 있으며(인접성의 원리), 그리고 그 그릇의 내용물을 먹으면 추위와 배고픔을 견딜 수 있으리라 생각하기(인과성의 원리) 때문이다. 이처럼 상상력은 단지 관념들을 자유로이 결합하여 '황금길' 같은 허구적 관념을 만들어내는 능력만이 아니라, 오히려 우리가 삶을 영위해나가고 지식을 형성하는 데 매우 중요한 기능을 수행한다.

이러한 논의를 통해 흄은 우리 마음과 지식의 내용이란 감각을 통한 인상에서 출발하므로 경험을 넘어서거나 경험에 근거하지 않은 것은 지식이라고 말할 수 없다는 결론에 이른다. 그는 그러한 지식을 과학이라고 부른다. 그러나 그는 모든 지식이 경험에 근거해야 하는 것은 아니라고 말하면서 수학과 논리학을 예외로 둔다. 이제 이러한 구분의 의미에 대해서 좀 더 살펴보도록 하자.

2) 지식과 신념의 구분

방금 말한 것처럼 흄은 인간의 지식을 크게 경험에 근거한 지식인 과학과 그렇지 않은 지식인 수학·논리학으로 나눈다. 이 구분에 따라 각 지식의 성질도 서로 다를 수밖에 없다. 어떻게 지식이 두 영역으로 구분되고, 각 영역의 지식이 어떤 성질을 갖는지에 대한 흄의 이야기를 좇아가보도록 하자.

먼저 '공자는 공자다'와 '공자는 노자다'를 비교해보자. 둘 중 이상한 것은? 물론 후자다. 각 문장의 진위 여부는 단순히 관념들을 서로 비교해보면 삼척동자라도 쉽게 알 수 있기 때문이다. 간단히 말해 공자는 공자이기 때문에 우리는 공자는 공자라고 말한다. 여기에 요구되는 것은 경험이 아니라 단순한 논리적 능력뿐이다. 만일 공자를 노자라고 말한다면, 우리는 그 사람의 정신 상태를 의심하게 될 것이다. 또 다른 예로 'A가 8이고 B가 12일 때, A+B=20이다'를 알기 위해서도 경험은 필요치 않다. 수학 공식에 따라 계산하면 그만이다. 이처럼 논리학이나 수학은 관념들을 비교하고 분석하여 논리적으로 추론하는 지식의 영역이지 경험에 근거한 지식의 영역이 아니다. 흄은 관념들의 관계를 다루는 지식의 영역을 논증의 영역이라고 부르고, 이에 속하는 지식은 절대적이고 필연적인 성질을 가진다고 본다. 왜냐하면 '2+3=5'에서 '3'의 관념이 '4'로 변하지 않는 한, '2+3=5'에서 관념들의 관계는 결코 변하지 않기 때문이다.

하지만 논증의 영역에 속하는 지식은 실재하는 대상이나 사실에 관한 것이 아니다. 사실의 문제는 과학에서 다룬다. 그렇다면 이 영역의 지식은 어떤 성질을 가질까? 예를 들어보자. 여러분은 최초의 인간인 아담이 물 속에 오래 있으면 숨을 쉬지 못하게 되어 죽게 된다는 사실을 어떻게 알게 되었을 것이라고 생각하는가. 그는 이 사실을 경험 이전에 이미 알고 있었을까. 경험 이전에 안다는 것은 오로지 이성을 통해 관념을 분석한 것으로부터 논리적으로 추론하여 안다는 것을 말한다. 즉, 그것은 경험에 전혀 의존하지 않고 물의 관념을 분석하여 그로부터 죽음의 관념을 이끌어내는 이성적 논증에 의존한다. 만일 이것이 가능하다면, 아담의 지식은 필연적이고 보편적이라고 할 수 있을 것이다. 그러나 아담이 경험하기 이전에 그러한 사실을 알았을 리 만무다.

이와 유사한 예로 앞서 언급된 '김이 솟구치는 그릇'을 상기해보자. 여러분이 과거에 수차례 '김이 솟구치는 그릇'은 '따뜻한 음식'을 담고 있다는 경험을 가지고 있다손 치더라도 그릇에서 솟구치는 김이 곧 따뜻한 음식 때문이라고 단정 짓기는 힘들다. 그릇 속에는 드라이아이스나 갓 삶은 속옷 빨래가 들어 있을 수도 있다. 여러분이 별다른 냄새를 느끼지 못한다고 가정한다면, 정말 그릇 속에 무엇이 들었는지는 직접 경험하기 이전에 알 도리가 없다. 그렇다면 경험을 통해 안다는 것의 성질은 어떠할까? 이와 관련한 재미있는 이야기가 있어 여러분에게 소개한다. 어떤 칠면조 농장에서 자라게 된 한 칠면조는 첫날 아침을 맞이하면서 아침 일곱 시에 모이가 주어진다는 것을 알게 되었다. 이런 사실을 여러 달 동안 확인한 후, 그는 '나는 항상 아침 일곱 시에 모이를 먹는다'라는 대단한 결론에 도달하였다. 그렇지만 유감스럽게도 그의 결론은 크리스마스 이브 날에 아침먹이를 먹는 대신에 목이 잘림으로써 잘못된 것으로 판명되었다.

이 이야기에서 알 수 있듯이, 사실의 문제와 관련한 지식은 논증적인 지식과는 달리 절대적이지도 필연적이지도 못하며 단지 개연적일 따름이다. 왜냐하면 미래에 일어날 일에 대해 확실하게 말할 수 있는 사람은 없기 때문이다. 이런 의미에서 흄은 우리가 사실에 대하여 안다고 하는 것을 지식 대신에 신념(belief)이라고 부른다. 그리고 그에 따르면 과학은 바로 이 신념들로 이루어져 있다.

3) 인과율의 정체

근대 과학은 인과 법칙이 사실 세계(자연)를 지배하고 있다고 말한다. 이에 따르면 '사건 A에는 반드시 사건 B가 뒤따른다'는 명제는 두 사건 사이의 필연적인 관계를 표현한다. 인과율이란 바로 원인과 결과의 필연적 관계를 말하는데, 근대 과학은 바로 인과율의 보편타당성에 근거해서 자연의 객관성을 규명하였다. 이런 분위기에다 과학은 단지 개연성 수준의 신념으로 이루어졌다는 흄의 주장은 터무니없어 보인다. 도대체 흄은 무엇을 말하고자 하는가? 간단히 말해 그는 원인과 결과 사이의 '필연적 관계'가 정말 보편타당하다고 말할 수 있는가를 묻고자 한다.

이를 이해하기 위해서 당구를 예로 들어보자. 우리는 하얀 당구공이 빨간 당구공을 맞추면 후자는 움직일 것이라고 믿는다. 즉, 우리는 두 당구공의 움직임 사이에는 필연적 관계가 있다고 믿는다. 여기서는 사실의 문제에 관한 것이므로 우리가 두 당구공의 움직임 사이에 있다고 믿는 필연적 관계의 관념은 경험에서 나온다고 보아야 한다. 인상이 없다면 관념도 없다는 흄의 주장을 상기해볼 때 우리는 과연 필연적 관계의 관념에 상응하는 인상이 선행하는지를 살펴보아야 한다. 당연히 그런 인상은 없다. 그렇다면 선행하는 인상이 없음에도 불구하고 우리가 두 당구공의 움직임 사이에 있다고 믿는 필연적 관계의 관념을 우리는 도대체 어떤 경로로 갖게 되는가?

이에 대해 흄은 관념들을 자연스럽게 결합시키는 상상력에 기초한 심리적 분석으로 답한다. 여러분이 하얀 당구공이 빨간 당구공을 맞출 때 후자가 움직이는 사건을 아주 빈번하게 경험했다고 치자. 여러분은 이러한 반복된 경험을 통해 두 당구공의 움직임 사이에는 어떤 항시적 동반(constant conjunction) 관계가 있음을 관찰하게 된다. 이로부터 여러분은 하얀 당구공의 움직임을 떠올리면 자연스럽게 빨간 당구공의 움직임을 연상하게 된다. 나아가서 여러분은 반복된 경험과 관찰로부터 얻게 된 두 당구공의 움직임 사이의 항시적 동반 관계를 아직 경험하지 않은 미래에까지 확장시킴으로써 이 관계에는 필연적 관계가 있다고 믿게 된다. 이처럼 사건들 간의 필연적 관계가 있다는 우리의 신념은 우리가 인상들 속에서 항시적 동반성('사건 A 다음에 사건 B가 뒤따른다')을 반복적으로 관찰하고, 상상력을 통해 원인이라고 불리는 한 사건의 관찰로부터 결과라고 불리는 다른 사건으로 추론하여 얻은 신념에 불과하다.

우리가 아침에 해는 반드시 동쪽에서 뜬다고 믿는 것도 마찬가지다. 우리는 어제와 오늘 아침에 해가 동쪽에서 떴다는 사실을 경험적으로 안다. 그럼 해가 반드시 동쪽에서 뜨리라는 것을 어떻게 아는가? 그것은 우리가 매일 아침마다 해가 동쪽에서 뜬다는 것을 반복적으로 경험하면서 앞으로도 계속 그러하리라고 추론하여 믿는 것뿐이다. 그러나 어떤 사건이 지금까지 그러했다고 해서 미래에도 반드시 똑같을 것이라고는 누구도 단언할 수 없다. 왜냐하면 아무도 미래의 일을 미리 경험할 수는 없기 때문이다. 따라서 지금까지의 경험을 통해 미래의 일을 추론한 것은 필연적이고 보편적인 지식이 되지 못한다. 이런 이유에서 흄은 지식 대신에 신념이라는 표현을 사용한다.

결국 흄의 심리적 분석에 따르면, 우리가 사실 세계에 있다고 믿는 필연적 관계란 실재하는 대상과 관련한 객관적 타당성을 가지지 못한다. 그것은 단지 우리가 상상력을 통해 반복적 경험을 미래에까지 확장시킨 주관적 타당성에 해당할 뿐이다. 결국 자연에는 원인과 결과의 필연적 관계가 있다고 믿는 우리의 신념은 습관(habit)의 산물에 지나지 않는다. 이에 대한 흄의 목소리를 들어보자.

"습관은 인생의 위대한 안내자다. 이 원리만이 우리의 경험을 유용하게 해주고 과거에 나타난 사건과 유사한 사건이 미래에도 발생하리라는 기대를 갖게 해준다. 습관의 영향 없이는 기억과 감각에 직접 주어진 것 외에 사실의 문제와 관련해서 우리는 아무것도 알 수 없다. 수단과 목적을 어떻게 맞추어야 할지, 어떤 결과를 산출할 때 우리가 지닌 자연적 힘을 어떻게 사용해야 할지를 전혀 알 수 없다."

4) 철학적 의의

당시의 합리주의자들은 지식 탐구에서 전적으로 이성을 신뢰하여 자연과학의 근본 원리로 간주되던 인과율의 보편타당성도 이성적 논증에 의해 증명할 수 있다고 주장하였다. 이에 대해 흄은 인과율을 단지 습관의 산물에 불과하다는 점을 통해 인간의 이성 능력이 얼마나 제한되어 있는가를 보여주었다. 이처럼 인간 마음에 대한 흄의 분석은 합리론자들의 이성적 독단주의를 타파하는 데 중요한 기여를 했다.

이는 다시 형이상학에 비판으로 이어졌다. 형이상학은 세상이란 독립적이고 불변하는 실체들로 이루어져 있으며, 자아의 다양한 현상적인 모습 근저에도 그것의 동일성을 담보해주는 실체가 존재한다고 주장하였다. 그러나 흄은 우리가 그와 같은 실체에 대한 지각을 전혀 가지고 있지 않음을 지적한다. 그에 따르면, 자아의 동일성을 담보해주는 실체의 관념은 단지 상상력에 기초한 습관의 산물에 불과하며, 실제로 자아의 관념은 몸과 감각으로 이루어진 나에 대한 여러 '지각들의 다발'에 지나지 않는다. 이처럼 흄은 형이상학적 사고의 토대를 이루는 실체 개념에도 일격을 가하였다.

그러나 다른 한편으로 흄의 철학은 자연과학에 어두운 그림자를 드리웠다. 왜냐하면 자연과학은 자연의 보편적이고 객관적 법칙을 밝히고자 하는 반면, 흄은 자연과학적 탐구의 원리적 근간이 되는 인과율을 단지 습관의 산물로 규정함으로써 과학의 객관성과 보편타당성을 인정하지 않기 때문이다.

또한 인간 마음에 대한 흄의 분석에 따르면, 이성적 논증으로 자연과 우리 자신에 대한 확실한 지식을 얻을 수 없듯이, 우리의 감각 또한 언제나 확실한 것은 아니다. 왜냐하면 환경과 시간의 흐름에 따라 대상에 대한 우리의 인상은 가변적일 수밖에 없기 때문이다. 경험의 출발점인 인상의 가변성은 우리가 외부의 실재 세계에 대하여 확실하게 규정할 수 있는 근거를 전혀 갖추고 있지 못하다는 것을 의미한다. 즉, 인상의 불확실성은 우리가 외부 세계의 실재뿐 아니라 그것의 비실재도 단정적으로 말할 수 없게 만든다. 이러한 태도를 회의주의(skepticism)라고 부른다.

흄의 회의주의는 자신의 주장을 보류하는 것 이외에 어떤 것도 주장하지 않으면서, 모든 것에 대해 논쟁만 일삼는 기술로서 회의, 즉 회의를 위한 회의주의와는 다르다. 그의 회의주의는 인간 이성의 한계와 감각의 불확실성에서 결과하는 객관적이고 보편타당한 지식(진리)의 가능성에 관한 것이다. 그러나 그렇다고 해서 우리가 절망에 빠질 이유도 없다고 흄은 강조한다. 왜냐하면 우리에게는 습관이라는 위대한 인생의 길잡이가 있기 때문이다. 곧, 그가 말하고자 하는 것은 일상적인 생활 속의 건전한 상식으로 돌아가자는 외침이었다.

4. 인간다움을 향한 이성 비판 : 칸트

근대의 합리론은 이성을 강하게 신뢰하였다. 흄은 경험론적 관점에서 이성의 한계를 폭로하였지만, 스스로는 회의주의의 늪에 빠지면서 논리학과 수학을 제외한 다른 학문에 위기감(정확히는 과학의 객관성과 보편타당성 여부의 문제)을 불러일으켰다. 그러나 위기는 곧 새로운 출발을 위한 기회라고 하지 않는가. 근대 철학의 두 전통이 각각 도달한 이성적 독단주의와 회의주의를 극복하고 위기에 빠진 학문을 새로이 정립하고자 하는 철학자가 독일의 쾨니히스베르크(지금의 칼리닌그라드)에서 출현한다. 사람들은 그를 칸트라고 불렀다.

칸트도 처음에는 합리론의 이성지상주의적 입장에 서 있었다. 하지만 스스로 고백하듯이 그는 흄에 의해 이성독단주의라는 선잠에서 깨어나게 되었다. 그리고 치열한 숙고와 반성을 통해 '이성 비판'이라는 작업을 수행하여 철학의 새로운 지평을 개척하였다. 우리는 그의 철학을 흔히 비판주의(Criticism) 또는 선험철학(Transcendental Philosophy)이라고 부른다.

1) 분석 판단과 종합 판단

칸트에 따르면 모든 학문의 궁극적 목적은 객관적이고 보편타당한 지식의 확장에 있다. 지식은 주어와 술어의 일정한 관계를 나타내는 판단(명제)의 형식을 빌어서 표현된다. 이때 판단은 주어와 술어가 관계(주술 관계)하는 양식에 따라 두 종류로 구분될 수 있다.

먼저 '총각은 결혼하지 않은 남자다'나 '미인(美人)은 아름답다' 등과 같은 판단에서 주술 관계는 어떠한가? 주어에 해당하는 '총각'과 '미인'이라는 개념을 분석해보면, 우리는 그것들에 각각 '결혼하지 않은 남자'와 '아름답다'라는 뜻이 이미 포함되어 있음을 알 수 있다. 주어에 술어가 이미 포함되어 있는 관계의 판단을 분석 판단(analytic judgement)이라고 부른다. 이러한 판단은 ① 경험을 필요로 하지 않으며 ② 언제나 개념적 분석을 통해 주술 관계가 참인지 거짓인지 규명할 수 있으므로 필연적이고 보편적으로 타당하지만, ③ 학문의 목적인 지식의 확장에는 별다른 기여를 하지는 못한다는 특징들을 갖는다.

다음으로 인과율을 다르게 표현한 '변화에는 원인이 있다'라는 판단은 어떠한가? 이 판단에서 주어인 '원인'의 개념은 '변화'의 개념을 이미 포함하고 있는가. 그렇지 못하다. 이처럼 주어가 그 자신 속에 포함되어 있지 않는 술어와 관계를 형성하고 있는 판단을 종합 판단(synthetic judgement)이라고 한다. 이 판단 양식은 주어 개념에 새로운 술어 개념이 추가된 것임으로 지식의 확장이라는 의미를 담고 있다.

이러한 배경에서 칸트는 종합 판단의 가능성에 주목한다. 과연 종합 판단에서 주술 관계가 맺어질 수 있는 근거는 무엇인가? 새로운 지식의 추가는 대개 경험적으로 일어난다. 그러나 종합 판단의 근거가 경험이라면, 모든 종합 판단이 필연성과 보편적인 타당성을 갖지 못하는 것은 이미 흄의 분석에서 적나라하게 드러났다. 그렇다면 인과율은 결국 흄의 주장대로 단지 습관의 산물이며 따라서 주관적 타당성만을 갖는가. 과학의 운명은 어떻게 되는가?

이러한 난관에 직면해서 칸트는 한 가지 해결 가능성을 생각해낸다. 이를 이해하기 위해서는 '후천적(a posteriori)'과 '선천적(a priori)'의 의미를 알아야 할 필요가 있다. 전자는 경험 의존적 그리고 후자는 경험 독립적이라는 뜻이다. 판단과 결부시켜 말하면, 후천적 판단은 주술 관계가 경험에 근거한다는 경우를 말하고, 선천적 판단은 그 관계가 경험과는 전혀 무관하게 성립하는 경우를 뜻한다. 특히 분석 판단은 선천적 판단에 속하는데, 여기서 우리는 선천적 판단이 필연성과 보편타당성을 가진다는 사실을 알 수 있다. 따라서 '변화는 원인이 있다'와 같은 종합 판단이 필연성과 보편적 타당성을 가지려면, 그것은 필히 선천적 판단일 때만 가능하다. 정리해보면, 지식의 확장을 담고 있으면서도 필연성과 보편적 타당성을 담보하는 판단은 종합적이면서 선천적이어야만 한다. 이러한 맥락에서 칸트는 1781년에 발표한 그의 주요 저작인 『순수 이성 비판』에서 선천적 종합 판단의 가능성에 답하려고 한다.

2) 선천적 종합 판단의 가능성과 이성 비판

이 질문과 관련해서 칸트는 우리의 모든 인식은 경험으로부터가 아니라 "경험과 함께" 시작한다고 말한다. 이 표현은 우리의 인식에는 경험적 요소 외에도 비경험적인 선천적 요소가 있음을 시사한다. 칸트에 따르면, 전자는 인식 내용을 구성하는 감각적 질료인 직관(intuition)이고 후자는 인식의 형식에 해당하는 개념(concept)이다. 그리고 그는 인식이란 항상 직관과 개념의 종합이라고 본다. 여기에 "직관 없는 형식은 공허하고 개념 없는 직관은 맹목적"이라는 그의 유명한 격언이 자리한다.

그런데 선천적 종합 판단의 가능성에 대한 접근은 경험주의에서처럼 인식 질료인 직관으로부터 출발할 수 없다. 그럴 경우 판단의 보편적 타당성을 담보할 수 없기 때문이다. 그래서 칸트는 인식의 선천적인 형식에 주목한다. 그에 따르면 우리의 인식 능력은 크게 감성과 오성(지성)이라는 두 줄기로 이루어져 있다. 전자는 인식 질료인 직관들을 수용하는 수동적인 능력이고, 후자는 판단 능력으로서 수용된 직관들에 일정한 질서를 부여하는 능동적인 능력이다. 그리고 감성은 직관들을 시간과 공간이라는 형식에 따라 수용하며, 오성은 12개의 근본적인 범주(판단 형식)에 따라 수용된 직관들에 질서를 부여한다. 바로 이러한 양자의 종합을 통해 우리는 대상을 인식(경험)하게 된다.

칸트의 아이디어는 우리가 선천적으로 갖추고 있는 감성과 오성의 형식적 조건들을 서로 결합할 때 선천적 종합 판단의 가능성을 규명할 수 있다는 것이다. 다시 말해 선천적 종합 판단은 판단하는 능력인 오성이 범주에 따라 질료를 수용하는 감성의 형식적 조건인 시공간을 경험 이전에 미리 규정함으로써, 다시 말해 오성의 형식과 감성의 형식을 종합함으로써 가능해진다는 것이다. 이 오성에 의해 선천적으로 규정된 감성의 틀은 우리가 대상을 인식하는 데에 필연적이고 보편적인 조건이 된다. 또한 이 조건 때문에 우리는 주어지는 직관들을 비로소 대상으로 인식할 수 있게 된다. 이처럼 칸트는 경험 이전에 대상을 인식할 수 있는 조건을 선험적(transcendental) 조건이라고 부르는데, 이로써 우리는 선천적 종합 판단이란 결국 이 선험적 조건을 담고 있다는 것을 알 수 있다.

대상 인식(경험)은 흄의 주장처럼 습관의 결과가 아니다. 오히려 대상 인식이 가능한 것은 인식 주체가 가지고 있는 경험의 가능 조건 때문이다. 흄이 문제 삼았던 인과율도 바로 이 조건 중 하나이므로 그것은 필연성과 보편적 타당성을 가진다. 이처럼 경험의 가능 조건이 인식의 객관성을 담보한다는 것과 경험의 세계가 곧 자연임을 감안한다면, 이 조건 자체가 다름 아닌 자연 법칙이라고 할 수 있다. 이런 의미에서 칸트는 인식 주체가 경험의 가능 조건을 통해 자연에 법칙을 입법한다고 말한다. 이상과 같은 방식으로 흄의 회의주의를 극복한 칸트는 인식 주체의 위상을 재정립하고 과학의 객관성과 보편적 타당성을 확보한다.

다른 한편으로 이성의 역할은 무엇인지가 궁금해진다. 앞서도 말했지만 대상 인식은 감성과 오성의 종합에 근거한다. 따라서 판단 능력인 오성은 감성에 주어지는 것 이상을 인식할 수는 없다. 대상 인식이 성립하기 위해서는 반드시 질료인 직관이 주어져야 하기 때문이다. 달리 표현하면 대상 인식은 오로지 경험의 한계에서만 이루어질 수 있으며, 오성의 인식 기능도 이 한계에서만 정당할 수 있다. 이에 반해 이성은 경험의 한계를 넘어서려는 경향을 가진다. 이 때문에 이성은 신이나 영혼과 같은 초경험적인 대상을 인식하려는 오류를 범한다. 칸트는 합리주의자와 형이상학자들이 이성의 능력을 경험의 한계를 넘어서 초경험적인 세계의 인식으로까지 부당하게 확장했다고 비판한다. 그에게 전통적인 형이상학이 다루던 신이나 영혼 등은 더 이상 인식론적 문제의 영역에 포함되지 않는다. 자연 탐구의 영역에서 이성은 경험의 한계를 넘어서는 안 된다는 것이 이성 비판의 결과다. 그렇다면 이성에게는 이런 부정적인 역할밖에 없다는 말인가?

3) 도덕 법칙의 입법자로서 인간

위의 질문에 대해 칸트는 다음과 같이 답한다. 이성은 "우리는 무엇을 알 수 있는가"의 질문과 관련해서는 단지 부정적인 역할을 가질 뿐이지만 "우리는 무엇을 해야 하는가"의 질문에서는 전혀 다른 모습을 드러낸다. 이성은 인간의 도덕적 행위와 관련해서는 긍정적인 임무를 수행한다.

우리는 도덕적 행위에 대해 선한지 악한지를 판단한다. 이때 판단의 기준은 무엇일까? 감정 · 기질 · 용기 · 학식 · 관습 등이 될 수 있지만, 칸트의 견해에 따르면 이러한 것들은 사실 행위자의 의지에 따라 선하게도 악하게도 나타날 수 있다. 예를 들어 용기와 기백을 가졌다고 해서 그 사람이 항상 선한 행위를 하는 것은 아니다. 그는 그것을 이용해서 악한 짓(도둑질이나 강도질 등)을 할 수도 있다. 더구나 모든 사람이 다 용기와 기백을 가지고 있지는 않다. 우리가 행위에 대해 선악을 판단하는 것은 그 행위자에게 책임을 묻기 위함인데, 애초부터 행위자에게 용기와 기백이 결여되어 있다면 책임 추궁이 무슨 소용이 있겠는가. 결국 행위의 선함을 결정짓는 것은 바로 행위를 낳는 행위자의 선한 의지(선의지. good will)에 있으며, 우리가 전적으로 책임질 수 있는 부분도 바로 이 의지(선하든지 악하든지) 이외에는 없다.

그러나 우리 인간은 많은 경험적 제약들(본능적 충동 · 감정 · 욕구 · 습관 등)에 묶여 있는 유한한 존재이기 때문에 언제나 선의지대로 행동하지 못한다. 선의지를 발동시키기 위해서는 강제 또는 명령이 필요하다. 칸트는 이를 의무라고 부른다. 의지에 우리의 책임이 전적으로 있듯이, 이 의지에게 명령하는 의무 또한 인간이 책임질 수 있는 것이어야 한다. 이는 경험적이고 외적인 강제로서가 아니라 인간 스스로 자기 자신에게 부여한 것일 때만 가능하다. 왜냐하면 이럴 경우에만 의무를 강제하는 자와 그것에 복종해야 하는 자가 동일할 수 있고 스스로 강제한 의무를 존중할 것이기 때문이다.

이러한 의무를 규정할 수 있는 것은 우리가 책임질 수 없는 경험적 요소나 외적인 것이 될 수 없다. 그것은 오직 이성뿐이다. 앞서도 말했듯이 이성은 모든 경험적인 요소와 제약을 넘어서려고 하기 때문이다. 바로 그렇기 때문에 이성은 의무를 담고 있는 형식적이지만 보편타당한 도덕 법칙을 규정할 수 있다. 칸트는 이를 어떤 조건에서나 항상 타당한 이성의 명령이라는 뜻에서 정언 명령(categorical imperative)이라고 부르는데, 그것은 다음과 같다.

"네 의지의 준칙(準則)이 항상 보편적 법칙이 되기를 네가 원할 수 있는 그런 준칙에 따라서만 행위하라."

쉽게 말해서 여러분 각자의 행위 준칙이 언제 어디서나 타당할 수 있는 그런 준칙에 따라서만 행동하라는 말인데, 준칙이란 각자가 행동할 때 적용하는 주관적 기준을 이른다. 그런데 가만히 살펴보면 이는 우리가 일반적으로 알고 있는 '네가 대접받고자 하는 대로 남을 대접하라'는 행위의 황금률과 크게 다르지 않음을 알 수 있다. 칸트의 정언 명령이 표현하는 바도 바로 이 황금률을 이성의 차원에서 정식화한 것에 지나지 않아보인다. 그럼에도 불구하고 간과되어서는 안 될 사실은 우리 모두가 다 알고 수긍하는 그 황금률이 하늘에서 뚝 떨어진 것이 아니라 인간 스스로가 이성을 통해 자기 자신에게 부여한 것이라는 점을 칸트가 보여주고 있다는 점이다. 즉, 이성적 존재로서 인간은 어떤 외적 요인에도 구애받지 않고 스스로에게 도덕 법칙을 부여하는 자기 입법적이고 자치적이며 자율적(autonomous) 존재라는 점이다. 우리 각자는 옳고 그름을 알기 위해 다른 누구의 말을 들을 필요가 없다. 우리 각자는 이성적 존재로서 정언 명령의 보편타당성을 마음속에 품고 있으며 자각할 수 있다는 점에서 모두 존엄성을 가지며, 또한 스스로 법칙을 제정하고 그 법칙을 자신의 것으로서 존중하며 그에 따라 행위할 수 있다는 의미에서 모두 자유로운 인격체다. 따라서 모든 인간은 똑같이 존귀한 존재이므로 다른 사람을 결코 수단으로서가 아니라 언제나 목적(존엄한 존재)으로 대우해야 한다. 이런 목적들이 모여 사는 세계가 바로 인간의 도덕적 세계다. 이런 맥락에서 가장 즐겨 인용되는 칸트의 말은 의미심장하다.

"내가 그것에 대해서 자주 그리고 계속해서 생각하면 할수록 항상 새롭고 점점 더 경탄과 경외로 나의 마음을 가득 채우는 것이 두 가지가 있다. 그것은 내 위에 있는 별이 빛나는 하늘과 나의 안의 도덕 법칙이다."

4) 철학적 의의

칸트의 이성 비판은 무엇보다도 인간 주체성을 확립하였다는 데에 큰 의의가 있다. 이는 인간이 자연에 대해서 뿐 아니라 인간 사회에 대해서도 법칙을 입법한다는 점에서 분명하게 드러난다. 자연 법칙의 입법자로서 인간 주체는 인과 법칙(원인과 결과의 필연적 관계)의 객관성을 보장하여 근대의 기계론적인 자연관을 정당화시켰다. 또 인간이 비록 자연적 존재로서 자연 법칙에 종속되지만 도덕 법칙의 입법자로서 인간 주체는 자신의 자연성을 뛰어넘는 자유로운 존재임을 제시하였다.

칸트가 말하는 주체는 데카르트나 버클리의 주체와는 다르다. 이들에게는 정신이 지각하고 사유하는 주체에 해당하는데, 이때 정신이란 독립적이고 불변적으로 존재하는 형이상학적 실체였다. 이에 반해 칸트에게 주체란 주어지는 질료에 질서와 법칙을 부여하는 활동성을 의미한다. 다시 말해 인식의 주체는 그 자체로서 존재하는 실체가 아니라 항상 '경험과 함께' 비로소 드러나는 활동성이며, 주체는 이를 통해 경험의 가능 근거를 담보한다. 마찬가지로 도덕의 보편적 원리를 제정하는 주체도 실체가 아니라 법칙을 제정하는 이성의 활동일 뿐이다. 주체가 자신의 고유한 활동성을 근거로 세계에 법칙을 부여한다는 사상은 칸트 이후의 철학자들을 열광시켰다.

그러나 다른 한편으로 근대 주체성을 정립한 칸트의 철학은 적지 않은 비판에 부딪혔다. 비판의 대표적인 대상으로 칸트의 물자체(thing in itself) 개념을 들 수 있다. 칸트에 따르면 사물은 우리에게 항상 우리의 감성 조건인 시공간의 형식을 통해 나타나므로 우리가 인식하는 대상이란 그 사물의 현상에 한정된다. 사물 그 자체(물자체)는 우리의 감성적 조건 밖에 있는 것이어서 우리는 그것에 대하여 전혀 알 수 없다. 더욱이 우리에게 나타난 사물의 현상이란 이미지(관념 또는 흄이 말하는 지각)에 불과한 것이 아닌가라는 의구심을 떨치기 어렵다. 만일 그렇다면 우리는 사물 그 자체를 경험했다기보다는 단지 그것에 대해 우리가 가지고 있는 이미지(관념)만을 경험했다고 말해야 할 것이다.

또한 칸트의 도덕 철학에 대해서도 적지 않은 비판이 가해졌다. 이는 무엇보다도 모든 경험적인 것을 초월한 관점에서 도덕의 보편적 원리를 정립하려는 했다는 것과 깊은 관련이 있다. 그의 도덕 철학은 바로 모든 경험적인 제약과 조건을 초월했기 때문에 도덕 법칙의 보편타당성을 확보할 수는 있었지만, 실생활과 관련한 구체적인 행위의 규칙들을 전혀 제공하지 못하는 형식주의에 빠질 수밖에 없었고 너무 이상적이고 엄격한 의무주의를 고수하게 되었다. 여기서 우리는 칸트의 도덕 철학이 인간을 도덕의 노예로 만들고 있다는 헤겔의 지적에 귀를 기울여보아야 할 것이다. 왜냐하면 인간은 이성적 존재인 동시에 신체를 가진 욕구와 감정의 존재이기도 하기 때문이다. 달리 말해 인간은 도덕적이어야 하지만 동시에 누구나 행복을 원하기 때문이다.

제4장
니체와 푸코
—'진리'의 계보를 찾아서

1. '밖'에서 사유하기

20세기 초 니체가 선언한 '신의 죽음'은 곧 인간의 죽음을 의미하는 것으로, 신의 자리를 박차고 보편적 이성의 허울 아래 신의 전권을 행사하던 인간이 임종을 맞이하게 된 것으로 해석할 수 있다. 푸코 또한 같은 맥락에서 근대 이성을 역사적 구성물로 보고, 그것이 지닌 보편적 함축이 가져오는 지배적 특성을 해명하려고 시도한다.

토대주의와 전통적 형이상학의 굴레를 벗어나려고 애쓰며 비판적 맥락에서 '힘에의 의지' 개념을 통하여 자신의 인식론을 새롭게 구성해온 니체가 푸코에게 남겨준 중요한 유산은, 동일성과 연속성, 실체 개념 등으로 중무장한 전통적 사유 방식과 근원주의로부터 벗어나 '밖에서(dehors)' 사유할 수 있는 가능성을 열어준 것이다. 니체는 형이상학자들이 지고의 진리로 믿고 있는 자기 원인(causa sui)이란 이제까지 인간이 만들어낸 작품 중에 가장 모순된 것이라는 주장을 서슴지 않는다. 니체의 이러한 비판적 사유는 푸코에 그대로 계승되어 그의 작품 곳곳에 잘 드러나 있다.

그리하여 니체는 궁극적 원인과 목적론으로부터 출발하는 역사학의 방법을 거부하고 실제적 역사로서 '계보학'을 선보인다. 사물과 개념의 유래와 발생 근거를 새롭게 탐색하면서 니체는 인간의 지식 체계 또한 현재의 관점(perspective)에서 구성된 일정한 관점에 불과함을 증명하고, 현재의 역사 이해의 방법으로서 계보학이 종래의 총체적이며 전체적인 역사 이해의 방법을 대신해야 한다고 주장한다. 이러한 태도는 사회 현상의 지층 틈새에서 작동하는 권력 관계와 지식이 불가피하게 맺는 암묵적 관계를 해명하는 푸코의 작업에서 다시 한 번 만나게 된다.

푸코에게서 계보학이란 각각의 국면에서 제기되는 문제들에서 출발하여 그동안 자명한 것으로 여겨온 것들의 기저를 탐색하고 그것들의 형성 과정과 출처, 발생의 맥락을 탐색하는 방법이다. 이러한 방법을 통해 그는 보편적이고 필연적인 것처럼 보이는 일련의 사태들에 내재한 허구와 우연성을 지적하여 특정한 실천이 진리이고 필연적인 것처럼 작동케 하는 근거를 파헤친다.

그는 지층 내부에서 벌어지는 힘들의 역학 관계를 통해 담론 실천의 변환 과정을 설명하는데, 이때 원인으로 작용하는 것이 권력이다. 변환 과정을 일으키는 동인이 푸코에게서는 권력인 셈이다. 이때 권력은 전략인 동시에 관계로서 특정인에 의해 소유되는 것이 아니라 사회적으로 행사되는 전략이며 사회 집단들 사이에서 발생하는 일종의 효과다.

규율 사회에서 권력은 중심을 갖고 피라미드적인 방식으로 위에서 아래로 억압의 기제를 통해 작동하는 것이 아니라 다양한 가지를 가지고 분산된, 매우 다양한 층위를 가로질러 실행된다. 그것은 일정한 사회체의 상부에 위치하고 있지 않으며 아주 미세한 톱니바퀴처럼 신체·몸짓·태도·개인의 일상생활에 이르기까지 모세혈관이라고 부를 수 있을 정도로 미세하게 접근한다. 이러한 기계 장치는 다양한 동기를 지닌 기획의 산물로서 자체의 상황과 역사를 지닌 채 미시적으로 작동한다.

니체가 계보학을 가장 잘 알려진 방식으로 사용한 곳은 그의 작품 『도덕의 계보학』이었다. 여기에서 그는 도덕의 역사를 추적하는 방법으로 도덕에 대한 급진적 비판을 제시했다. 그리스도교 교리의 도덕적 가치들이, 노예들이 가졌던 심리적 속성들에 그 역사적 기원을 두고 있음을 제시하는 그의 주장은 사실상 그리스도교 교리가 담지 하는 것으로 보이는 항구적인 도덕적 가치를 부정하려는 것이었다. 그리스도교적 도덕은 원래는 강압적으로 받아들여져 자신들의 속성이 된 것들을 — 비하·겸손·자기-부정 그리고 굴종 — 도덕적 가치들로 바꿈으로써 만들어진 노예들의 도덕이었다는 것이다. 니체가 주창하는 도덕은 주인들의 도덕이었다. 그들의 가치 — 자긍·영광 그리고 힘 — 는 분개하고 있는 노예들에게는 마치 독단으로 보일 수 있겠으나, 니체의 관점에서는 삶을 긍정하는 적극적인 가치였다.

비록 푸코와 니체의 방법은 비판으로서의 역사 활용과 같은 중요한 핵심 요소들을 공유하기는 하나, 푸코의 계보학이 니체의 사상을 그대로 모두 받아들였다고 보기는 어렵다. 예컨대 니체는 심리적 또는 인종적 설명 방식들을 사용했던 반면, 푸코는 오히려 개인 주체들과 그들의 심리적인 특성들이 갖는 중요성에 대해 깊은 의구심을 가졌다. 니체의 방식을 그대로 따르기보다는 자기 자신이 추구했던 목적에 유용하게 니체를 활용했다고 보는 편이 나을 듯하다.

푸코는 니체의 계보학으로부터 자신의 사상에 결정적으로 중요한 몇 가지 핵심 요소들을 골라냈다. 그는 계보학이란 '회색의, 조심스럽고 끈기 있는 실록'이라고 기술하면서 '니체, 계보학, 역사'를 시작한다. 이러한 특징 부여는 그가 반대하는 대상을 이미 지적하고 있었다. 계보학은 역사 연구를 포함하며 구체적인 사실을 기록하나 철학적 또는 비판적 효과 없이 이루어지는 것을 의미하지는 않는다. 이것은 사유하는 실천들과 그 형태들의 필연성을 회의에 붙이기 위하여 역사화하는 것이 그 목적인 셈이다.

본 글에서는 대략적으로나마 니체의 사상을 소개하고 그러한 니체의 사상이 푸코에 미친 방법론적 영향을 소개하며 아울러 푸코의 사상이 지니는 현대 사상사적 의미를 다시 한 번 검토해봄으로써 근대를 마감하는 철학자와 근대를 해명함으로써 새로운 역사 이해의 방법을 모색하는 두 철학자를 계승적 관점에서 이해해보고자 한다.

2. 세계 해석과 힘에의 의지 : 니체

1) 인식의 원리로서의 힘에의 의지

'존재하는 것은 무엇인가.' 이 물음은 다소 단순해보이지만 철학자들이 지금까지 몰두해온 근본적이고 영원한 물음 중의 하나다. 여기에는 물론 많은 대답들이 주어져왔다. 고대 그리스 시대의 데모크리토스에게 존재하는 것은 원자와 공허였다.

플라톤에게는 이데아라는 형식과 생성이라는 열등한 물질의 세계였고, 아리스토텔레스에게는 질료와 형상, 헤겔에게는 정신(Geist), 쇼펜하우어에게는 의지(Wille)였다. 만일 이렇게 단순해보이는 질문을 니체에게 던진다면, '존재하는 것은 힘에의 의지일 뿐 그 밖의 다른 것이 아니다'라고 대답할 것이다. 그러면 그에게 힘에의 의지란 무엇인가. 니체는 철학적 이해력이 도달한 본질은 사실상 사물들의 의미일 뿐이고 세계에 대한 형이상학적 해석은 세계 해석학(Welt hermeneutik), 즉 해석, 가치매김이라고 본다. 왜냐하면 철학적 질문을 통하여 발견되는 본질은 해석하는 주체들의 행위와 법칙을 나타내긴 하나 사물의 현상을 산출하는 사물 그 자체를 드러내지 못하며, 현상은 사물 자체의 기호로 나타날 뿐이기 때문이다. 철학적 해석이 현상의 흐름 뒤에서 현상을 설명하는 본질의 질서를 발견한다면 니체는 바로 그러한 본질들, 그러한 해석들 뒤에서 그러한 것들을 설명하는 힘에의 의지를 발견한다.

힘에의 의지는 가장 나약하고 약삭빠른 존재인 인간을 대지의 주인이 되게 하는 작용체며, 모든 존재자의 존재 내용이고 모든 현상을 가능케 하는 보편적 우주의 원리다. 그러나 그것은 삶과 동일한 것은 아니다. 만일 쇼펜하우어가 '삶에의 의지(Wille zum Leben)'를 모든 존재의 근본 원리라고 한다면, 니체는 삶이 있는 곳에 삶에의 의지가 있을 수 없다고 함으로써 이 견해에 도전한다. 삶은 반드시 그것 자신을 의욕하고 방향을 설정하기 위해 힘에의 의지를 필요로 한다. 그러나 이미 살고 있기에 삶에의 의지는 필요치 않다. 따라서 힘에의 의지는 개별적 행위 뒤의 충동이고 자연에 대한 인간의 모든 교섭과 인간 관계를 알리는 원리가 된다. 그것은 모든 가치 평가 뒤의, 원근법적 해석 뒤의, 거대한 철학적 허구 뒤의 작업 속에 존재하는 힘이며, 획득 배후의 충동이고 인식의 창조며 창조 그 자체 뒤의 충동이다.

그러면 힘에의 의지의 구조적 특성을 간단히 살펴보기로 한다. 니체에게 의지는 아무것도 지향하지 않고 그것 자체로 순수하게 있는 의지 일반 또는 의지 자체가 아니라 복합적인 것이며 무엇의 의지다. 무엇에 대한 의지란 의지가 의욕하는 대상을 갖는다는 뜻이고, 의욕된 대상은 아직 성취되지 않은 어떤 것일 수밖에 없으므로 의지는 완전한 것이 아니라 무언가 '결핍된 상태'다.

니체에 따르면 의지는 원인도 결과도 아닌 이미 작용이며 자기 자신에 대한 작용이다. 의지가 지배하기 위해 부단히 명령하는 것인 이상, '성장하려는 의지'이고 동시에 더 강해지려는 의지다. 양화된 단위로 표현된 힘에의 의지의 본성은 상호 작용의 측면으로 눈을 돌리게 되면 더 쉽게 이해될 수 있다. 니체는 행위와 행위자, 주체와 객체를 따로 구분하기를 거부한다.

힘에의 의지가 그 자체를 표현하는 방식은 저항을 통해서다. 정적이고 고립된 활성 없는 힘이란 니체에게는 생각될 수 없다. 힘에의 의지는 그 본성상 완전히 능동적이며 저항에 직면하고 그것을 극복함으로써만 그 자신을 표현할 수 있다. 모든 행위는 개별적 힘들 사이에 존재하는 지배하려는 의지, 동화시키려는 의지와 공격으로 이해된다. 다시 말해서 더 많은 힘을 위한 투쟁이다. 이러한 역동적 구조 안에서 하나의 힘은 그것이 저항하는 작용과 그것이 나타내는 영향을 통해 존재한다. 그리고 어떤 사물의 본질이란 그의 독자적인 관계와 원근법을 가지고 있는 어떤 존재를 전제한다. 곧 그 사물에 대해 의미 정립하는 존재에 사물의 본질이 달려 있다. 이것은 사물이 그것을 사물로 보는 주관의 관계를 떠나서 있을 수 없다는 것을 말한다. 사물의 본질이 문제되는 근저에 있는 것은, '이것이 나에게 무엇이냐'다. 즉, 어떤 사물의 본질은 역시 그 사물에 대한 어떤 의견일 뿐이다. 니체에게 사물이란 관계 속에서만 존재하므로 '관계'로부터 떨어진 그리고 타물로부터 분리된 어떤 사물은 있을 수 없다.

이상에서 살펴본 바와 같이 니체에게 존재하는 모든 것은 힘에의 의지다. 모든 현상은 힘에의 의지와 그것의 내적 작용에 의해 설명될 수 있다. 지금까지는 실마리로서 힘에의 의지를 간략하게 서술했는데, 앞으로 전개해야 할 과제는 니체가 어떻게 변화, 모순, 패러독스 따위로 특징지어지는 실재에 적절한 인식 이론과 표현 양식을 마련해내는가를 밝히는 것이다. 그러므로 니체의 진리 개념이 어떻게 힘에의 의지의 부산물인가에 관한 검토가 불가피하게 요청된다.

2) 진리와 실재

전통적으로 진리는 '어떤 고정된 세계 질서'라는 개념과 떼려야 뗄 수 없게 묶여왔다. 즉, 변화와 진리는 일반적으로 서로 양립할 수 없는 배타적인 것으로 이해되어 왔다. 그러나 니체는 플라톤 이래로 대응설에 기초한 이러한 전통을 부숴버린다. 니체에게는 고정된 실재, 불변적인 세계 질서란 존재하지 않는다. 그것은 단지 우리가 지식을 얻으려고 만들어낸 것으로 본다. '사실과 같은 어떤 것도 존재하지 않는다'고 주장하면서 단지 존재하는 것은 영원히 유동하고 끊임없이 변화하는 혼돈된 실재에 대한 변화하는 관점(perspective)만이 있을 뿐이라고 설명한다.

다른 모든 것과 마찬가지로 진리는 힘(Macht)의 기능이다. 만일 어떤 것이 나의 힘에의 의지를 상승시킨다면 '진리'라고 불리게 되며 또 역으로 어떤 것이 나의 힘에의 의지를 감소시킨다면 거짓이 된다. 이러한 원리가 모든 경우에 적용된다고 가정해볼 때, 그것은 동일한 사물 또는 명제가 이러한 판단이 이루어지는 관점에 의존하여 참 또는 거짓일 수 있기 때문에 '주관적인' 진리 기준에 그칠 수도 있다.

진리에 대한 니체의 기준은 명제의 논리적 내용에 근거하지 않는다. 즉, 진위는 효율의 정도, 힘의 증감의 정도에 달려 있다. 따라서 참이란 언명의 특성이 아니라 어떤 행위의 효용이며, 나의 증가된 힘은 내가 극복한 저항의 양에 비례하게 된다. 이러한 관점에서 볼 때 전통적인 진위 기준은 저항과 힘-차이의 맥락에서는 더 이상 적용되지 않는다. 그리하여 니체의 모든 후기 저작에 내재한 진리 기준은 '힘-감정의 상승'이다.

마지막으로 니체가 제시하는 진리가 갖는 또 하나의 특성은, 우리가 그것을 발견하거나 소유하는 것이 아니라 행위 속에서 진리를 만들어간다는 점이다. 다양한 관점이 있고 다양한 진리들이 있을 뿐이지 절대 불변의 유일한 진리란 존재하지 않는다. 이 같은 니체의 입장에서는 전통적으로 받아들여온 '모든 경우에 타당한 진리 개념'이란 해체되고 만다. 진리는 개별적 힘에의 의지의 기능이므로 이 기초 위에서 니체는 '왜냐하면 어떤 진리도 존재하지 않기 때문이다'라고 주장할 수 있다. 이 같은 상황에서 불변의 진리 기준이 없게 된다면 옳고 그름에는 어떤 차이가 없는 것처럼 보인다. 그는 진리의 존재를 부정함으로써 우리 자신의 존재 가치 결정에 적용 불가능한 기준을 사용하지 못하도록 하는 데 목적을 두고 있다. 왜냐하면 삶은 힘에의 의지이고 역동적으로 계속 변화하는 실재이므로 불변의 진리 기준이 적용될 수 없기 때문이다.

이러한 맥락에서 니체는 칸트의 비판 철학을 기본적으로 세

가지 근거에서 논박한다. 첫째, 그는 칸트가 '인식은 존재하는가'를 문제 삼지 않고 어떤 조건 아래에서 인식은 가능한가라고 물음으로써 문제점을 증명하지 않은 채 전제를 참이라 가정하는 오류를 범했다고 비난한다. 둘째, 물자체계와 현상계의 구분에서 칸트가 성립이 불가능한 물자체를 전제했다고 비판한다. 셋째, 위의 두 구분을 하는 데 도덕적 선입견이 개입되어 있다고 지적한다.

칸트는 인식의 특정한 유형을 가정하고 나서 이런 전제된 타입이 어떤 조건 아래에서 가능한가를 설명하려고 하는데 니체가 도전하고자 하는 것은 바로 이 전제들이다. 인식이 어떻게 가능한가. 바로 이 물음은 인식이 존재한다는 사실이 근거로서 주어져 있음이 주장된다. 만일 우리가 지식을 전혀 갖지 못한다면 또 인식이 가능하지 않다면, 그러한 문제를 일으키는 것 자체가 불가능하다. 그러나 니체는 칸트가 설명하고자 했던 지식의 다양성은 우리의 경험과 독립하여 존재하는 세계가 있다는(사유와 대상은 구별된다는), 그리고 우리의 지식은 외적 독립적 세계와 어떤 방식으로 관계하고 있다는 소박한 대응설적 가정에 여전히 의조하고 있다고 반박한다. 물론 이러한 독립적이고 외적인 세계는 칸트에게 경험 가능한 세계는 아니다.

니체는 『순수 이성 비판』에서의 칸트의 임무로 보이는 인식에 대한 인식을 얻으려는 시도를 미심쩍게 본다. 다시 말해서 그러한 시도는 그것이 찾고 있는 것을 미리 전제하고 있으므로 문제를 논거로 하는 오류를 범하고 있는 것이다. 니체의 유동(Fluxion)으로 특징지어지는 존재론의 입장에서 물자체 개념을 거부하는 이유는 그에게 '사물'이란 실체적이고 영속하는 자기 동일적 특성을 지니지 않기 때문이다. '사물'이란 단지 맞물리는 여러 힘 관계의 기반인 세계 안에서 이루어진 대립되는 힘 복합체들의 원근법적 해석의 산물일 뿐이다. 만일 니체가 주장한 것처럼 '사물'이란 역동적 관계의 해석이라면 물자체, 즉 관계 밖에 존재하는 '사물'이란 정확히 불가능하거나 모순이다.

3) 원근법으로서의 인식

니체에게 실재란 거칠고 수수께끼 같은 '힘의 혼돈', 그리고 더 많은 힘을 위해 서로 다투는 힘들로 이루어져 있다. 이 같은 구조 속에는 어떤 고정된 것, 일정불변의 것은 없다. 니체는 인간의 입장에서 세계를 파악한 것을 '오류'라고 주장한다. 실재는 끊임없는 변화를 겪기 때문에 우리가 그것에 대해 말하고 생각하는 어떤 것도 오류일 수밖에 없기 때문이다.

요컨대 해석하는 주체로부터 분리된 어떤 세계도 없으며 세계 그 자체는 하나의 해석 과정이라는 것이다. 사건 그 자체란 없는데, 왜냐하면 생성하는 것은 어떤 주체에 의해 해석되고 파악된 현상의 집합체이기 때문이다. 이것이 니체가 의미하는 퍼스펙티비즘이다. 세계는 일의적 의미만 가지고 있지 않다. 그것이 가지고 있는 어떤 의미, 어떤 특징, 어떤 질은 우리 자신들에 의해 투사되고 해석된다. 이렇게 세계는 전적으로 해석자의 관점 차이에 따라 다르게 나타난다.

인간의 진리를 '반박할 수 없는 오류'라고 지적하는 니체는 진리란 진리로 간주된 것일 뿐이고, 어떤 종류의 생물이 그것 없이는 살 수 없는 일종의 오류라고 설명한다. 즉, 종래의 진리는 삶을 위한 거짓이며 생존의 한 조건으로 되어 있는 믿음일 뿐이다. 따라서 진리와 비진리란 서로 배척하는 상반자가 아니라 상대적인 정도 차만 있을 뿐이며 인간이 획득한 진리도 오직 인간의 세계에서만 진리다. 인간은 힘에의 의지로 설명되는 부단히 변화하는 역동적인 유동을 고정시켜 개념을 주입하고 그것이 마치 실재인양 착각 속에 살게 된다는 것이다. 가변의 세계에서 사는 인간이 항상 고정된 것, 자기동일성, 영원불멸 등에서 진리를 찾아내려고 하는 것은, 이 세계를 감히 긍정할 용기를 갖지 못하고 고뇌에 마음이 노출되어 있는 인간들의, 세계 고뇌에서부터 탈출하려는 심리적 강제가 그러한 결론을 내리게 했다고 풀이한다.

그런데 만일 니체가 주장하는 것처럼 세계가 착각, 위조 또는 특정한 관점에서의 해석이라면 다른 것에 비해 어떤 특정한 해석을 왜 더 선호하는가. 이때의 기준은 진실성이 아니라 유용성이다. 니체가 지적하는 핵심은 인류가 그 자신을 유지하고 발전하기 위해 이용했던 유용한 허구들—인과성, 사물, 주객 관계에 대한 믿음—은 원근법적 오류들이지만, 생존을 위해 범할 수밖에 없었다는 것이다.

지금까지 니체의 사유 논점을 요약해보면, 우리는 필연적으로 우리의 경험적 세계를 단순화시키고 배열하며 조직한다. 그리하여 경험적 세계로부터 지식을 끌어내는 것이 아니라 우리의 해석을 이 세계에 반영하여 투사시킨다.

'해석'은 실재에 편견을 갖게 하고 불완전하고 부적절하게 보는 방식이라고 비난하는 것은, 현상 본체를 구분하고 본 체계를 인식할 수 있다는 것을 전제한다. 따라서 방법 '해석'이 실재를 정확히 객관적으로 표현하지 못하기 때문에 부적절한 방식이라고 주장하는 것은 암묵적으로 어떤 종류의 초월적 지식을 주장하는 것이다. 그러므로 실재에 대한 부적절한 표현이라고 해석하는 것은 부조리한 자기 파괴적 논증이다. 니체의 입장에서 볼 때, 더 유용하거나 덜 유용한 해석이 있을 뿐 옳고 그른 해석은 존재하지 않는다. 니체는 모든 언명들은 비유적이고 해석적이라고 주장함으로써 그리고 이 언명 자체도 해석이라고 인정함으로써 가능한 한 일관된 태도를 유지한다.

힘에의 의지는 다른 비유적 해석을 지배하는 하나의 비유다. 전통적 견해에 비해 그것의 이점은 '옳다, 그르다'의 차원에 있는 것이 아니라 그것의 '유용성(utility)'에 있다. 니체가 내세우는 입장은 힘에의 의지란 스스로 그 자체 '궁극성', '절대적 진리' 등을 주장하지 않고 이러한 것에 대해 비유적 설명으로 기능한다는 것이다.

니체의 견해는 전통적인 인식론적 입장에 비해 부가적인 이점을 지니고 있어서, 니체의 인지-언어 패러다임은 그의 반대 견해들을 부정하거나 반박하지 않으며 또한 그것들에 폭력을 가하지 않으면서 반대 입장도 포용한다. 니체는 진리와 비유적 언어 구조에 대한 그의 유연한 기준으로, 그에 대립하는 철학적 견해들을 반박하거나 실재에 대한 이론으로서 실패한 것으로 거부할 필요가 없다. 그는 대립적 견해를 거부하기보다는 다만 그 자신의 견해에 비해 유동성을 결여하고 있다는 측면을 지적한다. 이러한 이유로, 논리적 또는 의미론적 수준에서 니체의 입장에 모순인 인식론적 견해들은, 그것이 인간의 창조적 힘의 고양에 기여한다면 니체의 입장과 양립할 수 있다.

니체는 인식을 전통적 인식 이론에서와 같이 우리 앞에 존재하는 무엇, 즉 저항을 주고 독자적으로 존재하며, 고정된 상태로 있는 대상을 파악하는 활동으로 받아들이지 않는다. 그는 인식이 일어나는 기본적인 상황, 즉 인식 주체와 인식 대상 간의 관계를 설정하기는 하나, 양자를 독립적인 것으로 분리시키지 않고 '기능적인 통일체'로 보고 주체를 매개로 한 '관계' 속에서 이해한다.

그러므로 사유와 사물의 일치로서의 진리인 대응 이론과 칸트 인식론상의 전제인 물자체란 성립 불가능한 것으로 되어버린다. 즉, 니체는 어떤 사물의 고유한 특성들이란 다른 사물에 대한 영향에서 생겨난다고 보고, 다른 사물과의 상호 관계를 배제한 사물이란 원근법적 해석으로부터 유도될 뿐이라는 것이다.

니체에게 실재란 끊임없는 변화를 거듭하기 때문에 우리가 그것에 대해 말하고 생각하는 과정은 오류를 범할 수밖에 없다. 다시 말해서 언어 · 논리 · 개념은 궁극적으로 만물의 본질인 힘에의 의지의 끊임없는 변화를 파악하는 데 적절한 도구가 아니다. 인간의 진리 탐구는 세계를 다루기 쉽고 예측이 가능하도록 만들어주는 유용한 법칙들을 확립하려는 노력이라고 파악하는 니체는 진리란 절대적으로 존재하거나 발견될 수 있는 어떤 것이 아니고 인간의 능동적인 행위에 의해 만들어진다고 설명한다. 따라서 인간은 사물에 진리를 부여하는 것이지 사물에서 진리를 얻어내는 것은 아니다.

이상과 같은 니체의 입장에 대해 한스 바르트는 그의 저서 『진리와 이데올로기』에서 다음과 같이 니체를 비판한다.

니체에게 '안다는 것'은 어떤 것에 대한 지배력을 획득하는 것 그리고 그것을 변형시키는 것인데, 안다는 것을 '왜곡하거나 허구화하는 것 혹은 변형시키는 것'과 같은 것으로 본다면 왜곡된 내용을 재는 척도를 우리가 소유하고 있음을 전제한다는 것이다. 또한 니체가 인식은 '참된 사실들을 왜곡시킨다'고 주장할 때, 이 말 속에는 이미 진위의 구별 가능성이 함축되어 있음에도 불구하고 '참된 사실들이 무엇인가에 관해 우리는 전혀 알 수 없다'고 주장하는 것은 잘못이라는 것이다. 이와 같이 한스 바르트는 니체의 전제들은 사물들의 부단한 유전(흐름)이 궁극적 진리라는 결론을 허락하지 않는다고 비판한다.

어떻게 보면 한스 바르트의 비판이 타당한 것처럼 보이나, 그의 비판의 근저에 놓인 인식론이란 역시 생성 변화 속에서 진리를 찾는 니체의 새로운 인식 방법과는 달리 전통적으로 받아들여진 고정된 외적 대상 세계의 테두리를 벗어나지 못하고 있다.

니체 사상에서의 주요 테마, 즉 니힐리즘, 지금까지의 모든 가치의 전환, 힘에의 의지 등을 통일적 연관성 속에서 이해하고 구조적 틀로서 기능하는 그의 진리관의 참된 의의를 살펴본다면, 다음의 몇 가지를 지적할 수 있다. 첫째 여러 세기에 걸쳐 서양의 사색의 길을 이끌어온 고정 불변의 전통적 진리관을 깨버리고 힘에의 의지를 기반으로 새로운 가치 정립을 시도했다는 점을 강조할 수 있다.

다시 말해서 지금까지 무비판적으로 받아들여온 인식론상의 허구적 측면을 과감히 파헤치고 직시하여 인간의 진리를 창조적으로 받아들임으로써 자신을 극복하고자 했다는 점에 주목할 필요가 있다. 둘째, 인식의 주관적 특성을 밝혀 창조적 인식의 가능성을 보여주었다는 점을 지적할 수 있다. 곧 '객관적 인식'이라는 특정한 해석에 매달려 왔던 지금까지의 인식 방식에서 벗어나 삶의 고양이라는 관점에서 생겨나는 원근법적 해석으로서의 인식을 밝혀내려고 했다는 점을 주목해야 한다. 마지막으로, 하나의 사태에 대하여 더 많은 감정 자극을 용인하면 할수록, 이 사태에 대한 우리 인간의 이해와 객관성은 더 완전해질 수 있음을 암시한 측면을 강조할 수 있다.

4) 계보학의 언저리에서 : 니체에서 푸코로

1964년의 논문 「니체, 프로이트, 마르크스(Nietzsche, Freud, Marx)」와 1972년의 논문 「니체, 계보학, 역사(Nietzsche, la genealogie, l'histoire)」를 통해 푸코는 자신의 계보학적 방법이 니체에게 크게 빚지고 있음을 공식적으로 발표한 바 있다. 「니체, 프로이트, 마르크스」는 계보학을 성립시키기 이전의 푸코가 계보학의 가능성을 예견하면서 계보학의 성립 근거로서 언어학에서의 기호와 의미의 관계를 현란한 비유를 통해 소개해놓은 글이다. 여기에서 푸코는 유사성의 시대로 분류되는 16세기에 나타났던 기호와 해석의 문제를 19세기와 비교 분석하여 다음과 같은 주장을 제시한다. 즉, 언어의 특성상 최초의 의미에 도달할 수 없으며, 언어를 매개로 한 사물에 대한 이해는 해석에 불과하고, 해석에 주어진 기호는 이미 해석된 또 하나의 기호일 뿐이므로, 본래 의미로 되돌아갈 수 없다는 것을 알린다. 또한 해석은 '미완결'의 상태로 끊임없이 또 다른 해석에 열려 있음을 공표한다.

두 번째 논문인 「니체, 계보학, 역사」는 니체의 『도덕의 계보학』을 중심으로 니체에게 기원(Ursprung), 유래(Herkunft), 발생(Entstehung)의 개념들이 어떤 차이를 갖는지 분석함으로써 기원에의 추구를 시도하는 전통적 역사 기술 방법에 맞서, 그러한 역사가 왜 기술 불가능한가를 설명하고 과거의 기록 속에 질식되어 있는 정복된 지식으로서의 침묵들을 일깨우는 실제적 역사(wirkliche historie)로서의 계보학을 선보인다.

이 두 논문은 각기 니체를 옆에 두고 하나는 언어학에 기초를 둔 해석의 문제에, 다른 하나는 역사 기술에서의 방법의 문제에 초점을 맞추고 있다. 그러나 두 논문 모두 계보학을 전개시키기 위한 푸코의 발판이라고 할 수 있다. 이 두 논문에 드러나 있는 푸코와 니체의 사상적 유대는 다음의 몇 가지로 요약될 수 있다. 먼저 두 사람 모두 전통적인 역사 기술론의 입장에 반기를 든다는 점이다. 푸코는 니체가 『도덕의 계보학』에서 면밀히 분석했던 기원·발생·가계의 개념이 갖는 의미의 차이를 밝혀냄으로써 전통적 형이상학이 주장해온 불변의 진리, 본래적 의미들의 복원이 어떻게 불가능한가를 제시한다.

또한 푸코는 「니체, 계보학, 역사」에서 일곱 가지 테제를 동원하여 과거를 현재 속에 재현시킨다는 전통적 역사가들의 주장을 여지없이 허물어뜨린다. 니체와 푸코가 기원을 추구하려는 이 같은 입장에 도전하는 이유는 첫째, 기원에의 추구를 시도한 전통적 역사학자들은 '사물의 정확한 본질, 사물들의 가장 순수한 가능태들, 사물들의 자기동일성'을 포착하는 것이 가능하다고 믿고 있기 때문이다. 즉, 역사를 무시간적(timeless) 본질주의로 끌어들이는 것을 거부하는 계보학자들은 역사적 과정에서 불가침의 자기동일성이란 보존될 수 없다고 보기 때문이다. 둘째, 전통적 역사 기술론은 검토되지 않은 신화를 끌어들임으로써 인간의 육체에 앞서, 세계와 시간에 앞서, 신을 전제함으로써 시간적으로 선험적인 고정된 지점을 구성하고 신통계보학적(théogonie) 서술을 시도하기 때문이다.

따라서 니체는 '실체·주체·영혼·물자체 같은 개념을 애당초부터 부정하고 훼손하는 것'이 아니라 이 같은 이유에서라고 할 수 있겠다. 즉, 역사적, 문화적, 실천적 해석의 근저에는 아무것도 있을 수 없는 것이 아니라 이전의 해석에 의해 주어진 기호가 우연적인 복합적 힘의 관계 속에서 또 다른 해석을 기다리고 있기 때문이다. 이러한 해석의 되풀이 과정을 푸코는 '해석의 미완결'이라고 칭하고 다음과 같이 설명한다. "해석이 종결될 수 없다면 그것은 아주 단순하게 말해 해석해야 할 것이 없기 때문이다. 해석해야 할 절대적으로 일차적인 것이란 없는데, 왜냐하면 결국 모든 것은 이미 그 자체가 해석이기 때문이며, 모든 기호는 그 자체가 해석에 제공되는 사물이 아니라 다른 기호들에 대한 해석이기 때문이다."

여기에서 푸코가 의도하는 것은 현재에 의한 역사다. 해석이란 해석에 수동적으로 주어져 있는 해석해야 할 질료를 해명하는 것이 아니라 이미 '거기에' 놓여 있는 하나의 해석을 맹렬하게 폭력적으로 탈취하는 것에 불과하다는 것이다. (푸코는 이 같은 해석적 전유의 과정을 프로이트의 정신분석에서도 똑같이 발견한다.)

이 같은 입장에서 푸코는 '해석의 죽음(La mort de l'interprétation)'과 '해석의 살아남(La vie de l'interprétation)'을 각각 전통적 역사학과 계보학에 대응시킨다. 즉, 전자는 일차적 본원적으로 존재하는 기호들이, 적절한 체계적 표시로서의 기호들이 존재한다고 믿는 것이며, 후자는 해석들만이 있을 뿐이라고 믿는 것으로서 해석학과 기호학의 적대적 관계를 알리는 표지이기도 하다.

따라서 계보학은 기원에 대한 연구, 즉 과거에 대한 연구가 아니라 반기억(contre-mémoire)을 통하여 현재에 해석된 우연적 에피소드들, 그리고 가계(Herkunft)와 발생(Entstehung)의 순간 속에서 가려지고 배제된 미세한 일탈들을 내재성(intériorité)의 원리 속에서가 아니라 외재성(extérioité) 속에서 폭로하는 것이다.

이러한 계보학의 이념은 니체가 내세우고 있는 '실제적 역사(wirkliche historie)'의 개념 속에 잘 드러나 있다. 니체는 일시적 다양성을 폐쇄된 정적 실재로 환원시키고, 순간의 에피소드 속에서 궁극적 결과를 찾음으로써 역사 위에 어떤 고정된 실재를 정착시키려는, 종래의 지성사가 시도하는 방법들을 거부한다.

즉, 이러한 관점은 검토되지 않은 가정들, 예컨대 보편적 진리 또는 선험적 동일성과 같은 것들에 불가피하게 의존하고 있기 때문이다. 따라서 그는 가혹한 자기 반성적 비판을 토대로 인간 존재의 통일성을 분산시켜버리고 과거가 현재 속에 재현될 수 있다는, 즉 과거가 누적되어 쌓인 것이 바로 현재라는 관점을 과감히 떨쳐버린다. 그리하여 바로 이러한 역사 감각에 의지하여 기술될 수 있는 현재의 역사로서의 '실제적 역사'를 내세운다. 이러한 니체의 입장은 「니체, 계보학, 역사」의 일곱 번째 항목에서 플라톤의 세 가지 양태와 대비시켜 역사의 세 가지 용도를 설명함으로써 잘 드러난다.

이러한 틀 속에서 푸코가 니체를 통해 이야기하고자 하는 것은 실재로 되돌아갈 수 있다는 기원에 대한 믿음이나 전통적인 것에 의미를 부여하려는 시도, 그리고 절대적 진리를 믿으려는 추상적 환상에서 벗어나 그것들의 가면을 벗기고 일그러진 얼굴의 상흔들을 드러내는 계보학을 강조함이라 하겠다.

니체는 "가계(Herkunft)는 육체에 부착된다"고 주장함으로써 '육체'를 사건들이 각인된 표면으로 이해한다. 즉, 육체는 과거 체험의 낙인을 유지하며, 갈망과 실패와 오류를 낳기도 한다. 이들 요소들은 육체에서 결합될 수 있으며 서로 말소하기도 한다. 이때 육체는 불가피한 투쟁의 장소로 기능한다. 육체는 "분열된 자아의 저장고며 끊임없이 풍화되는 한 권의 책이다. 가계의 분석인 계보학은 육체와 역사의 분절점 안에 위치한다. 그리하여 계보학의 임무는 전적으로 역사에 의해 자취가 보존된 하나의 육체를 드러내는 일이며 육체에 대한 역사의 파괴 과정을 폭로하는 일이다." 지배를 위한 투쟁의 중심으로서의 신체는 그것에 영향을 미치는 상이한 교전적 힘에 의해 그려지는 동시에 새로운 모양으로 변형된다. 이러한 관점에서 신체는 반본질주의적 용어 속에서 이해된다.

이 같은 니체의 입장을 적극 수용함으로써 역사의 내재적 목적론을 거부하고 역사를 상이한 권력 간의 투쟁으로 묘사하는 푸코는, 전통적인 권력 개념 — 통제와 지배의 형식을 갖는 억압 기제로 보고 법의 속성과 연결시켜 사법적 특성을 갖는 것으로 이해하는 — 에서 벗어나 순환하는 동시에 도처에 편재해 있는, 불안정하게 움직이면서 특정한 장소를 점유하지 않는 것으로서 권력 개념을 새롭게 정립한다. 이것은 역사를 인간의 삶 속에서 벌어지는 구체적 힘의 관계로 이해한다는 점에서 니체의 '권력(Macht)' 개념과 유사하다. 푸코는 물론 여기서 진일보하여 인간 신체는 권력의 미세 전략들이 관찰될 수 있는 가장 특이한 지점이므로, 권력 효과의 다양성을 산출하는 분석 작업인 '권력의 미시물리학'을 끌어낸다. 결국 푸코가 훈육적 기술, 생체 권력(bio-pouvoir) 등의 개념을 산출하는 것은 바로 신체에 대한 권력 작용의 미시물리학적 분석에서부터라고 말할 수 있다.

푸코는, 모든 사회는 정상화와 규제적 기능을 갖는 자체의 진리를 생산한다고 본다. 예컨대 정치경제학은 자본주의 사회에서 일정한 역할을 수행함으로써 부르주아 계급의 이익에 기여해왔으며, 처벌 체계의 정당화는 당시의 형법 체계 속에서 이루어졌다는 것이다. 따라서 이러한 담론들 또는 진리의 제도들이 주어진 사회의 지배적 권력 구조와의 관계 속에서 어떻게 작동하는가를 밝혀내는 것은 계보학자의 과제다. 결국 푸코가 권력과 지식의 상관 관계 속에서 문제 삼고 싶은 것은 어떤 담론이 과학적인가, 진리인가 거짓인가의 문제가 아니라, 어떻게 진리의 효과들이 그것 자체로는 진리도 거짓도 아닌 담론 안에서 생산되는가의 문제다. 여기에서 특징적인 것은 권력과 지식 양자 사이에는 어떤 우선적 결정 계기가 없다는 점이다.

왜냐하면 지식과 권력의 효과들은 상호 결정 관계 속에서 생산적 역할을 하기 때문이다.

이러한 푸코의 접근 방식은 니체에게도 유사하게 나타난다. "인간의 진리란 반박할 수 없는 오류"라고 지적하는 니체는 진리란 진리로 간주된 것일 뿐이고 어떤 종류의 생물이 그것 없이는 살 수 없는 일종의 오류라고 설명한다. 진리란 삶을 위한 것이며 생존의 한 조건으로 되어 있는 믿음일 뿐이라는 것이다. 따라서 진리와 비진리는 서로 대립 관계에 있는 것이 아니라 어떤 조건에서 바라보느냐에 따라 달라진다. 결국 여기에서 문제가 되는 것은 우리의 지식이 실재에 얼마나 더 잘 근접해 있는가가 아니라 참이라고 믿고 의존하는 데 있다.

니체에 따르면, 인간은 진리에의 의지를 갖고 있기 때문에 참된 판단에 의해 행복을 느끼는 만큼 거짓된 판단에 의해서도 행복을 느낀다. 이는 바로 인간이 현실적 삶을 긍정하려는 의지인 '힘에의 의지'를 갖고 있기 때문이다. 따라서 과학적 도덕적 판단이 오류일지라도 삶을 긍정할 수 있도록 작용한다면 참된 것으로 믿을 수 있다. 이러한 니체의 입장은 그를 '선악을 넘은' 철학으로 인도한다. 이제 그에게서 진리란 발견될 수 있는 대상이 아니라 '발명품'일 뿐이다. 예컨대 '자유'의 개념 역시 '지배 계급들의 발명품'이지 존재의 진리에 연결되어 있는, 인간의 뿌리에 속하는 것이 아니다. 사물들의 역사적 단초에서 발견되는 것은 사물들의 신성 불가침적 자기동일성이 아니라 다른 사물들의 질서다. 즉, 부조화(le disparate)다. 앞서 말한 푸코의 입장은 사실상 이러한 니체의 접근 방식에 기초를 두고 있다. 그리하여 과학과 도덕에 대한 니체의 접근은 실로 불연속과 우연의 개념을 푸코에게 심어주었으며 권력으로부터 진리의 해방이라는 인간학적 궤적은 들어설 자리를 잃게 되었다.

푸코는 주로 후기 저작을 통하여 우리 사회가 동일자와 타자(동지와 적)를 구분하여 경계를 그음으로써 마련하고 있는, 우리 삶에 내재한 수많은 나눔의 체계와 그 안에 은닉되어 있는 배제의 메커니즘에 의문을 던진다. 그리고 그것들의 분절 과정에 내재한 힘의 작용과 역학, 가치의 문제를 파헤치려고 시도한다.

3. 역사 다르게 읽기 : 푸코

1) 푸코의 철학적 기획

푸코는 자신의 고유한 시대 구분 — 르네상스 시대 · 고전주의 시대 · 근대 · 현대 — 에 따라 역사 시기를 구분 짓고, 어떤 한 시대의 담론이 어떤 조건들을 바탕으로 변환되는가에 주목한다. 즉, 담론의 형성과 변환을 가능케 하는 '가능성의 조건들'을 밝히는 데 주력하고, 이러한 탐구 방법을 '고고학'이라고 이름붙인다. 푸코는 고고학적인 분석 방법을 통하여 그동안 가려진 채 소외되어 왔던 많은 영역들이 어떠한 인식 여건 속에서 타자로 규정되어 왔는가를 드러내보이며, 나아가 서구 철학사의 근저에 흐르고 있는 많은 중요한 문제들 — 인간 · 광기 · 역사 · 이성 타자 · 권력 · 지식 — 을 '바깥에서 사유'한다.

그러면 고고학적 분석이 진정 의도하는 것은 무엇인가. 그것은 은폐된 의미나 심층적 진리를 드러내거나 주체에 의해 파생된 특정한 담론의 기원을 추적하려는 것이 아니라, 언표 기능이 작용하는 일단의 조건에 관계된 실천의 규칙을 확립하는 데 관심을 갖는다. 일반 지성사가 발생, 지속, 진부, 총체성을 상정하는 반면, 푸코의 고고학은 일반적으로 수용된 역사를 모두 괄호로 묶고, 그러한 역사의 가정과 절차에 대해 의문을 제기하면서, 역사가의 작업과는 '다른' 역사를 기획한다. 이러한 작업에 대해 벵상 데콩브는 『동일자와 타자』에서 "푸코의 모든 주장들이 가공할 만한 비판적 장치와 결합되어 있긴 하지만, 다른 한편으로는 동일한 여건으로 다른 이야기들을 만들어내고 있으며, 푸코는 이러한 가능성을 시험해본 최초의 인물이다"라고 말한 바 있다.

푸코에게 주어져 있는 역사적 자료들과 사실들은 그 이전의 다른 사상가들에게 주어져 있는 것들과 다르지 않다. 다만 푸코는 동일한 자료들을 '다르게' 읽고 있을 뿐이다. 그의 역사 연구의 대상은 한 시대의 에피스테메(epistēmē)를 이루는 담론 전체이므로 그러한 관점에서 역사를 다루고 있을 뿐, 그것 자체가 중요한 것은 아니다.

소논문인 '주체와 권력'의 서두에서 이미 푸코는 자신이 진행하고 있는 연구 작업의 목표를 분명히 밝힌 바 있다. 간단히 말해서 그가 드러내고자 하는 것은 이론이나 방법론이 아니다. 그렇다고 권력 현상을 단순히 분석하거나 이러한 분석에 필요한 이론을 단순히 제공하려는 것도 아니다. 오히려, 그는 인간 주체화의 상이한 양식들의 역사를 산출하려고 시도한다. 즉, 그는 인간 존재를 주체로 변형시키는 대상화의 세 가지 양식을 다루고자 한다.

우선 『지식의 고고학』에서 그는 고고학적 방법의 중심 요소인 담론 형성의 규칙들과 언표의 개념을 분석하고, 언표 개념을 통하여 주체와 대상 세계의 관계 형식들을 밝혀낸다. 그러한 과정에서 그는 어떻게 주체가 담론의 공간에 자리잡게 되는지를 제시하고, 담론 형성의 과정에 주목한다. 이것은 언표의 형성과 변환의 일반 체계를 드러내기 위한 기획이다.

푸코는 또한 규범적 나눔(un partage normatif)의 대상으로서 뿐 아니라 인식의 대상으로 될 수 있는 주체의 구성 과정을 분석하려고 시도한다. 이러한 푸코의 작업은 정신의학의 실천, 임상의학의 실천, 처벌의 실천 등을 분석함으로써 이루어졌으며, 『광기의 역사』, 『임상의학의 탄생』, 『감시와 처벌』 등에 잘 나타나 있다.

다음으로 그는 인간 자신이 대상으로 설정되는 '주체의 구성' 과정에 대해 검토한다. 즉, 자신을 지식의 대상, 요컨대 그의 작업의 중심 주제는 권력이 아니라 주체인 셈이다. 그러므로 그는 대상에 대한 관계의 형식적 조건들을 규정하는 것보다는 오히려 주체가 어떤 조건에 종속되어 있으며 현실적으로 어떤 조건을 점유하고 있는가를 규정하려고 시도한다. 『성의 역사』에서 다루어지는 것은 바로 자기 자신에 대해 자신을 대상화하는 '주체의 구성'에 관련되어 있다. 이른바 주체가 진리놀이(jeu de vérité) 안에 대상으로 끼워 넣어질 수 있는 양식들에 대한 연구가 이루어진다.

그는 이미 확립되어 있는 개념들인 권력, 주체, 자유의 개념들에 대해 끊임없이 반성하고 분석하지만, 그가 사용하는 이러한 개념들은 사실상 기존의 개념들과는 근본적으로 다른 의미를 담고 있다. 그러나 재미있는 것은, 이러한 개념들을 다른 방식으로 개념화하지만, 그는 그러한 개념들을 동일한 정치, 사회 현상들에 적용한다는 점이다.

2) 푸코와 역사적 방법

인간 삶의 자유로운 공간을 활짝 여는 것으로 철학을 이해하는 푸코는, 주변 세계를 다른 빛을 통해 바라보게 하고 대안이 되는 사고 방식의 가능 공간을 열어보임으로써 우리를 해방시키는 것으로 지식인의 역할을 내세운다. 그의 철학적 연구는 독특한 정치적 판단을 내리는 것에 목표를 두고 있지 않으며 오히려 특정한 투쟁에서 사용할 수 있는 유용한 개념적 도구를 제공하는 데 있다.

푸코의 사상이 함축하는 비판적 효과는 그가 우리 문화를 분석하기 위해 채택했던 방법에서도 여실히 드러난다. 과학을 비롯하여 대부분의 철학적 작업이 사건과 경험이 혼재하고 있는 대상 속에서 보편적 법칙으로 드러날 수 있는 것을 해독하는 데 주안점을 두는 반면, 그는 반대로 철학적인 정밀 탐색 작업을 통하여 필연적인 것들로 여겨진 것들이 우연적이고 유동적일 뿐 아니라 자의적임을 밝혀낸다. 이러한 방식의 철학하기는 삶의 다양한 경로와 가능성을 확장시키고 새로운 사유의 가능성을 증폭시킨다.

역사 연구의 목적은 과거에 관한 우리의 지식을 증가시키는 것에 있는 것이 아니라 우리가 다르게 생각하고 다르게 살 수 있다는 것을 우리 자신이 이해하는 데 있다. 그의 역사 연구는 사물의 불가피성과 불변성을 그 표적으로 할 뿐 아니라 자연적 특성마저도 그 표적으로 삼고 있다.

그는 각기 다른 역사적 실천 속에서 사회적 실천들이 각기 다른 방식으로 과학 분석의 대상이 되어왔을 뿐 아니라 객관화되어 왔다는 사실에 주목하고 우리의 행동과 느낌이 객관화되는 방식이 각 개인에게 얼마나 커다란 영향을 미치며 행동과 감각 현상을 구체적으로 정형화하는지를 밝혀낸다. 예컨대, 일정한 사회가 동성을 성적 대상으로 갈망하는 사람을 정신적으로 병든 사람으로 분류한다면, 이러한 분류 방식은 불가피하게도 그들을 바라보는 우리의 행동 양식과 사고 유형에 직접적 영향을 미치게 된다. 힘들 간의 역동적 관계와 지식의 형태들이 주체를 창조해낸다고 푸코가 주장했을 때, 그가 의미했던 것은 바로 이러한 효과인 셈이다. 결국 그는 역사 연구를 통하여 다양한 주체들이 구성되고 변화를 겪는 과정, 예컨대 범죄자, 비정상인, 동성애자라는 식의 정체성이 자연스럽고도 한편으로는 과학적으로 분류된 객관적인 도식인양 유통되는 과정을 선보였다.

3) 주체와 권력

푸코가 그의 역사적 철학적 분석 방법이 화자가 아니라 논의되는 담론에 초점을 두는 것이라고 설명했을 때, 그는 주체 중심적 사고의 용어로부터 그 자신을 멀리하고 있음을 알 수 있다. 그 토대를 계몽주의에 두고 있는 근대적 사고는 이성적인 존재의 집합으로서 사회라는 개념, 그리고 의미와 가치의 근원으로서 인간 행위자라는 개념과 함께한다. 그것은 필자나 화자를 단일화되고 일관성 있는 존재로 상정하며 이야기된 것이나 쓰인 것의 근원이라고 가정한다. 푸코에게 중요한 것은 글쓰기에 대한 작가의 열망이나 '이것'을 쓰고 싶도록 만드는 개인사나 특정인의 정치적 도덕적 입장이 아니다. 푸코 작업의 초점은 담론 문화 안에서 생산되고 도출되는 지식의 구조적인 틀이다. 담론은 언어적인 현상일 뿐 아니라 항상 권력과 결부되어 있으며 실제로서 제도화되어 있다.

푸코의 사상은 또한 기본적으로, 특정 개념을 내포하는 사상이란 시간을 초월하여 천상에서 유래하거나 '자연'의 필요에 근거하는 것이 아니라 다만 역사의 옷을 입은 인간의 상상력과 지성 작용으로부터 발전되어 나온 것이라는 역사주의의 전통에 기초하고 있다. 역사주의는 영원한 진리, 시간을 넘어선 근원, 보편적 이성 등을 인간이 소유할 수 있다는 거짓 주장에

도전하였으며, 이와 동시에 그간 불변의 명성을 유지해온 인간의 보편적 본질에 대한 신화를 전복시켰다.

이러한 푸코의 접근 방식은 니체에게서도 유사하게 나타난다. "인간의 진리란 반박할 수 없는 오류"라고 지적하는 니체는 진리란 진리로 간주된 것일 뿐이고 어떤 종류의 생물이 그것 없이는 살 수 없는 일종의 오류라고 설명한다. 진리란 삶을 위한 것이며 생존의 한 조건으로 되어 있는 믿음일 뿐이라는 것이다. 따라서 진리와 비진리는 서로 대립적 관계에 있는 것이 아니라 어떤 조건에서 바라보느냐에 따라 달라진다. 결국 여기에서 문제가 되는 것은 우리의 지식이 실재에 얼마나 더 잘 근접해 있는가가 아니라 참이라고 믿고 의존하는 데 있다.

미술이나 문학 작품같이 혹은 건축 양식이나 통치 형식과 마찬가지로, 이 같은 사상은 그 시대를 지배하는 인식의 틀 속에서 상상력과 그 상상력이 형상화한 경험 사이의 협상 과정에서 생겨난 시간의 산물인 것이다. 따라서 우리에게 중요한 과업은 이 같은 사상을 무조건 거부하는 일이 아니라 탈신화화하는 일, 다시 말해 이러한 사상들의 발단을 이룬 구체적인 인간적(심리적 · 사회적 · 정치적) 근원을 파헤치는 일이다. 푸코는 말년의 대담에서 '기원은 만들어진 것이기 때문에, 기원이 어떻게 만들어졌는가를 알게 되면 그 기원은 해체될 수 있다'고 말한 바 있다.

푸코는 『성의 역사』에서 계보학적 방법을 통해 성과 관련하여 생산된 진실들이 불변의 본질을 갖고 있는 것이 아니라 권력 관계를 통해 다양한 모습을 띠며 지식 체계를 통해 정당화의 과정을 밟게 된다는 것을 보여주고 있다. 푸코에게 신체는 역사적으로 제조된다. 푸코의 성의 계보학은 시간과 공간 그리고 힘의 산물로서 신체의 진실을 제조해내며 권력과 지식, 진리의 투쟁에서의 초점으로서, 특별한 역사적 물질적 구성물로서 신체를 구축한다. 『성의 역사 1』은 권력의 새로운 형태(훈육 · 복종 · 생명 권력)와 이러한 권력이 어떻게 정체성을 만들어내고 제한하는지에 대한 푸코의 이론을 설명하고 있다. 그것은 또한 섹슈얼리티와 역사의 우연성 그리고 그 진실에 신체가 굴복하는 방식을 문서화하고 있다.

푸코는 기본적으로 문화 이전의 본질적 신체나 섹슈얼리티에 의지하려고 하지 않는다. 오히려 푸코의 신체는 난폭한 운명의 투석과 화살의 흔적을 가장 깊이 간직하고 있다. 신체 그리고 신체에 대한 이해에 치중하는 담론들은 인간의 섹슈얼리티와 성을 둘러싸고, 그리고 그것을 통해 세워진 권력 지식 기구에 의해 영속적으로 변화한다. 결과적으로 성의 정체성을 신체의 문화적 형성으로부터 분리시키는 것은 불가능하다. 이러한 견해는 신체 안에서 생물학적, 정신분석학적, 형이상학적 진실을 드러내는 변화가 아니기 때문이다. 신체는 신체에 대한 생물학적 정신분석학적 지식에 따라 이해되고 이러한 진리 체계 밖의 어떠한 '국외'도 있을 수 없다.

따라서 푸코의 신체는 생물학적 설명에서 전제하고 있듯이 본질적이고 근원적인 불멸의 사실이 아니다. 그것은 육체로서 또 욕망하는 성으로서 역사적으로 구성된 것이다. 신체는 역사적 환경에 의해 영향 받고 변화되고 문신이 각인되기에 이러한 영향과 변화, 각인과 구분되어 생각될 수 없다.

이러한 맥락에서는 여성의 억압을 지지하거나 설명하는 것으로서 여성의 생물학적 동일성이라는 기본 원리는 사라질 수밖에 없다. 푸코는 신체의 위치가 자연적으로 주어진 것이며 권력의 작용 밖에 존재하는 것이라는 생각을 의심함으로써, 여성의 신체에 대한 본질주의적 가정에 의문을 제기한다. 그의 견해에서 인간의 몸은 그자체로서 '타고난' 것으로서 의미 있는 것으로 간주되는 것이 아니라, 철저하게 사회 문화적으로 담론의 공간에서 변형된다. 따라서 고정된 본성과 변화될 수 있는 문화 사이의 구분, 그리고 생물학적인 성과 사회적인 젠더 사이의 어떠한 구분의 일관성도 붕괴된다. 푸코에게 우리가 전체에 대해 생각하는 범주는 투명한 필연성으로부터 유래하는 것이 아니라, 그 안에 이미 권력의 작용이 근본적으로 문화적으로 각인되어 스며들어 있다. 예를 들어 섹슈얼리티의 사실은 자명한 것이 아니다. 오히려 우리는 섹슈얼리티의 담론 안에서 호색적으로 되며 이성애나 레즈비언, 변태 성욕 혹은 성적으로 건전한 등과 같은 정체성을 학습하게 된다. 만약에 이와 같이 신체가 경험적 수준에서 전개되고 형성된다면, 역사적 경험을 가로지르는 결합 요소로서 '특정한 모습을 한 인간 존재로 존재한다는 것'의 지위는 문제의 여지가 있게 될 것이다.

푸코의 관점에서 근대에 마련된 인간의 모습은 근대의 발명품이다. 그래서 그는 이러한 근대인이 어떤 지식 체계와 과정, 테크닉을 통해 구성되는가에 초점을 맞춘다. 그러나 우리는 그에게 어떤 주체를 대안으로 내놓을 것인가 또는 어떤 사회 제도를 추구해야 하는가를 묻는다면 이는 근대의 도식에 그를 다시 정위시키는 것에 불과하게 된다. 왜냐하면 인간을 세계의 본질이자 최고의 존재로 간주하고 이 위에서 세계를 결정지으려고 하는 것은 근대적 인식 틀이나 실천 방식에 특유한 것이기 때문이다. 주체에 대한 푸코의 계보학적 분석은 지고불변의 '인간형'이나 '참된 진리'를 찾는 데 목적을 두고 있는 것이 아니라 '인간'으로 구성된 산물이 어떤 우연적 계기와 사건, 차이의 놀이를 통해 작동하는가를 탐색하는 것이고 이때의 주체가 어떤 권력 장치와 관계 맺고 있는가를 드러내는 것이다. 우리는 그의 문제 틀과 접근 방법을 근대의 문제 틀에서 비판하는 것에서 탈피하여 그의 문제 제기 자체가 담고 있는 의미와 적절성을 다시 한 번 되새겨볼 필요가 있다.

4. '진리 게임'을 넘어서

지금까지 푸코의 사상이 니체의 방법에 상당 부분 긴밀히 연계되어 있음을 살펴보았다. 사실상 푸코는 1950년 초반의 니체에 대한 자신의 독서를 개인적이고 지적인 관습으로부터 그 자신을 도피할 수 있게 한 단절의 계기로 받아들인다. 당시 프랑스 학계는 헤겔류의 현상학에 지배되고 있었는데 칸트 식의 인간학적 사유와의 완전한 절연만이 철학을 깊은 잠에서 깨어나게 해줄 것으로 믿었다. 이러한 푸코의 맥락에서 볼 때 니체는 그러한 작업을 앞서 선구적으로 접근한 인물 중의 한 사람이었다. 특히 블랑쇼와 바타이유를 통해 간접적으로 다가갔던 니체는 어떻게 보면 푸코로 하여금 근대적 주체 개념을 해체시키는 데 가장 중요한 공헌을 한 셈이다.

니체는 사유와 인식뿐 아니라 인간 행위가 항상 그 이면에 행위자나 주체를 설정하고 그런 식의 사유를 믿도록 만드는 것은 우리의 오래된 문법적 습관에서 기인하는 것일 뿐이라고 주장한다. 이런 식의 니체적 사유 방식은 주체 중심적 인간주의로부터 푸코가 떨어져 나오는 데 중요한 역할을 한다. 인간을 매개로 이루어지는 우연적 진리들의 역사 속에서 자아나 정신의 개념들은 조각난 채 흩어져버린다. 자아가 머물다 가는 속에서 존재의 진리를 찾는다는 것은 무모한 일일 뿐이다. 그것은 존재의 진리 역시 유동하는 역사의 한가운데서 우연적으로 작동하는 힘 관계들의 산물이기 때문이다.

토대로서의 주체 개념이 허구임을 지적하는 푸코는 여기서 멈추지 않고 그러한 주제가 역사적으로 어떻게 구성되는가에 초점을 맞춘다. 또한 니체와 마찬가지로 훈육과 처벌을 통해 생산되는 근대 주체의 형상들을 담아내기 시작한다. 니체가 칸트에 반기를 들고 칸트의 문제 의식, 인간에게 지식을 가능케 하는 선험적 조건을 묻는 대신, 역으로 왜 지식이 우리에게 필요한가라는 질문을 던진 후, 지식이란 인간 삶의 보존을 위해 필요할 뿐이라는 결론을 얻어낸다. 니체는 인간이란 '진리에의 의지'를 갖고 있기 때문에 참된 판단에서 뿐 아니라 거짓 판단에서도 행복을 느끼는데, 그 이유는 삶을 긍정하려는 의지인 '힘에의 의지'가 그 근저에서 작동하기 때문이다. 과학적 판단이나 도덕적 판단이 오류에 빠져 있을지라도 삶에 긍정적 방향으로 작동할 수 있다는 니체의 주장은 그를 '선악을 넘은' 철학자로 인도한다.

이러한 맥락의 연장선상에 있는 푸코는 진리란 참과 거짓의 차원에서 논할 대상이 아니라 일정한 사회 정치적 맥락에서 진리로 유통되는 맥락을 이해할 것을 촉구한다. 두 철학자 모두 찬탈된 진리를 해방시켜야 한다는 근대 이후의 믿음은 신화적 설명에 불과함을 선보이며 보편적 지식의 가능 조건을 탐색하는 칸트의 기획으로부터는 멀어져간다. 인간 과학의 진리 틀에 묶여 있는 근대인의 형성 과정을 푸코는 권력과 지식의 상호 구성 과정에 주목하면서 풀어나간다. 결국 푸코는 역사적으로 주체가 상이하게 형성되는 과정을 풀어가기 위해 니체로부터 계보학이라는 용어를 차용한다. 니체는 일찍이 선과 악에 대한 서구 개념들이 비천한 기원을 갖고 있음을 추적함으로써 그러한 개념들에 내재한 본질적 또는 본원적 규정을 부정한다. 푸코 역시 이러한 방법을 통해 개념이나 도덕, 규칙들에 대한 해석이 우연적임을 역사적 자료 등을 탐색함으로써 밝혀낸다. 예컨대 그는 광기의 개념이 각 시대가 갖는 역사의 우연성을 따라 각기 다르게 이해되고 해석되어 왔음을 밝혀낸다. 나의 존재가 갖는 우연성은 어떤 다른 존재로 다시 고안될 수 있는 가능성을 열어놓는다.

니체에게 삶은 미학적 성취로서의 가치를 갖는다. 중요한 것은 자기 자신의 흩어진 본성을 일관된 전체로 통합시킴으로써 자신의 존재에 일정한 양식을 부여하는 것이다. 푸코에게 근대성이 갖는 에토스의 일차적 특징은 우리가 주관성에 대한 과학적이고도 도덕적인 진리를 통해서는 자신을 발견할 수 없다는 성숙한 인식을 갖고 자신을 산출하려는 점에서 찾을 수 있다.

니체 역시 주체를 형성하는 미학적 실천에 내재한 삶의 긍정적 가치를 인정했다. 푸코 역시 자아의 기술의 한 전형으로서 그리스의 미학적 실천과 헬레니즘 시대를 탐구함으로써 니체의 이러한 관점을 수용한다. 푸코가 선택하는 니체 미학의 또 다른 특징은 아름다움과 숭고미에 그 가치를 부여하는 칸트와는 달리 인간 삶의 창조적 행위에 그 가치를 둔다는 점이다. 미학적 삶을 통한 예술적 창조 행위는 니체에게 힘에의 의지를 체화함으로써 구현된다. 니체에서 자기 창조의 과정이 완성보다는 변화 과정을 지향하듯이 푸코 또한 자기와의 관계를 통한 자기 삶의 실현은 하나의 예술 작품으로 승화되며 자유를 실천해나가는 과정으로 나타난다. 니체에게 자기 극복의 영웅적 과제가 삶과 함께 완결되지 않은 채 진행 중에 있듯이, 푸코에서 자유 또한 해방의 상태 속에서 성취되는 것이 아니라 자유가 행사될 때 비로소 실천되는 것이다.

제5장
하버마스와 로티
—근대와 탈근대

1. 보편적인 진리는 존재하는가

20세기 이후 현대 철학에서 자연관과 인간관의 극적인 변화를 가져온 철학 사조를 꼽으라면 당연히 포스트모더니즘을 들 수 있다. 포스트모더니즘의 기본적인 아이디어는 로고스중심주의에 대한 비판이다. 즉, 절대적이고 영원하며 객관적이고 보편적인 진리와 그것을 인식할 수 있는 능력을 가진 인간관을 거부하는 데 포스트모더니즘의 핵심이 있다고 할 수 있다.

이런 입장은 로고스중심주의의 원류라고 할 수 있는 플라톤주의 전통을 거부하는 것이다. 서양의 사상사에서는 플라톤 이래로 인간의 본성을 이성에서 찾고자 하는 시도가 이어져 왔다. 플라톤은 누우스(nous)라고 하는 정신적인 직관 능력을 인간이 가질 수 있는 최고의 능력으로 간주했다. 누우스란 감성이 결여하고 있는 진리에 대한 직관 능력이다. 이런 능력은 인간 중에서도 탁월한 지적인 능력을 가진 철학자들에게 고유한 것으로 여겨졌다. 이런 능력으로 말미암아 인간은 동물적인 감성의 수준에서 벗어나 이데아의 영역에 접근할 수 있다. 이런 플라톤의 아이디어는 진리를 둘러싼 이후의 담론을 지배한다. 본질과 현상, 이성과 감성, 정신과 육체 등의 인간에 대한 이분법적 사고는 중세를 거쳐 근대의 의식 철학 속에서도 그대로 계승된다. 확실한 진리를 인식할 수 있는 주관적 근거로서 사유 능력으로서의 인간의 마음을 거론한 데카르트나 객관적 현상 세계의 선험적 근거로서 오성과 감성 형식을 이야기한 칸트는 그런 점에서 플라톤주의의 계승자라고 할 수 있을 것이다.

플라톤주의적인 로고스중심주의를 비판한다는 점에서 오늘날의 포스트모더니스트들은 모두 니체의 영향을 받고 있다고 할 수 있다. 니체의 반플라톤주의, 진리에 대한 관점주의적 입장, 역사주의적이고 맥락주의적 입장은 오늘날 포스트모더니스트들에게서 공통적으로 발견되는 특징들이다.

보편적인 진리의 존재 여부를 둘러싸고 벌어진 하버마스와 로티의 논쟁은 어떤 점에서는 플라톤주의 전통의 이성중심주의와 니체적인 역사주의의 대결로 볼 수 있다.

스스로 계몽주의의 계승자임을 자처하는 하버마스는 로티의 네오프래그머티즘을 가장 복잡한 형태의 역사주의로 규정하고 있다. 하버마스는 로티가 선험적인 것, 무조건적인 것, 보편적인 것들을 모두 부정하면서 그것들을 즉각적이고 조건적이며 개별적인 것들로 환원시키고 있다고 비판한다. 여기서 선험적인 것, 무조건적인 것, 보편적인 것들은 플라톤의 본질주의적 구도에서 영원한 이데아의 세계에 귀속되는 속성들이다. 반면 즉각적인 것, 조건적인 것, 개별적인 것들은 철저한 반플라톤주의자였던 니체에 의해서 옹호된 덧없는 것들, 플라톤의 구도에 의하면 현상에 속하는 속성들이라고 할 수 있다. 로티는 전자를 부정하고 후자를 긍정한다는 점에서 니체주의자의 입장에서 반플라톤주의의 입장을 수용하고 있다. 그런데 하버마스가 문제 삼는 것은 로티가 단지 반플라톤주의의 입장을 취하고 있다는 데 그치지 않는다. 그가 보기에 로티의 이런 입장은 플라톤이 설정한 본질과 현상의 이분법적인 구도로부터 자유로울 수 없다는 것이다. 즉, 로티는 인간 해방의 담론과 같은 거대 담론을 부정한다고 하면서도 사실상 스스로는 플라톤주의에 의해서 억압된 '우연성'을 해방시키는 해방 효과를 주장하고 있다는 것이다. 하버마스는 로티가 플라톤주의를 둘러싼 언어 게임을 끝내고 다른 언어 게임을 진행하고 싶어하지만 결코 플라톤의 본질주의가 설정한 언어 게임에서 발을 뺄 수 없다고 생각한다. 하버마스는 로티가 형이상학적 구분이 서구의 상식이 되었다는 점을 인정하고 있다는 것을 거론하면서, 그것이 플라톤적인 어휘의 효율성을 로티 스스로 받아들이고 있는 것이며, 그런 어휘를 포기할 이유가 없다고 생각한다. 하버마스는 우리가 역사적인 맥락에서 옳다고 생각하는 것과 실제로 옳은 것은 다르며, 진리 주장은 현재적인 맥락을 초월해서 보편적으로 참인 것으로 받아들여야 한다고 주장한다.

로티에 대한 하버마스의 비판의 핵심은 진리 주장의 보편성을 부정할 경우 우리는 상대주의 내지는 역사주의에 빠지게 되며, 이렇게 될 때 현실의 부정의와 잘못을 비판할 근거를 상실하게 되리라는 점이다.

반면, 로티는 자신이 하버마스의 지적대로 이성과 진리, 지식을 중심으로 하는 철학적 어휘로부터의 해방을 꾀하고 있다는 것을 인정하면서, 문제는 그런 것들이 인간이란 무엇인가의 문제에서 핵심적인 어휘가 되고 있다는 점이라고 주장한다. 로티는 플라톤주의 전통에서 이해되고 있는 인간의 이성에 대한 다른 서술을 통해서 인간에 대한 새로운 이해를 모색하고 있다. 플라톤주의 전통에서 인간의 이성은 진리를 파악할 수 있는 능력이며, 합리성이란 진리에 합당한 것을 뜻한다. 진리는 모든 사람에게 공통적이고 변하지 않는 것이므로 여기서 합리성은 보편적 타당성과 같은 의미를 갖게 된다. 그런데 로티는 이러한 합리성의 개념을 '힘보다는 설득에 의해 목표를 얻으려는 습관'으로 재서술하고자 한다. 다원주의적인 자연주의자로서 로티는 인간에게 비물리적 실체로서의 마음의 개념이나, 인간에게만 고유한 정신 능력으로서의 이성과 같은 개념이 선천적으로 부여되어 있다고 생각하지 않는다. 인간의 마음 혹은 이성이라고 불리는 어떤 것은 다른 동물들이 환경에 적응하기 위해 진화시켜온 신체 기관과 마찬가지로 하나의 적응 도구다. 인간은 힘보다는 말을 통해 상대를 설득하고 합의에 도달할 수 있는 능력을 발달시킴으로써 문명을 이루고 역사를 발전시킬 수 있었다고 보는 것이다. 이것은 이성 능력이라는 것이 역사적이며 진화론적인 결과물인 만큼 절대적 진리와 관련되어 있는 것이 아니라 대화와 설득의 기술과 관련이 있다고 보는 것이다. 이런 관점에서 로티는 다음과 같이 말한다.

"하버마스와 나의 주요 차이는 보편적 타당성의 개념에 관한 것이다. 나는 우리가 그 개념 없이 잘 지낼 수 있다고 생각하며 여전히 충분히 풍부한 합리성의 개념을 가질 수 있다고 생각한다"(R. Rorty, 'Emancipating Our Culture', J. Niznik and J. T. Sanders, ed., *Debating the State of Philosophy*, Praeger, 1996, p.28).

로티는 하버마스가 주장하는 보편적 타당성의 개념이 없이도 풍부한 합리성의 개념을 유지할 수 있을 것으로 생각한다. 그러면서 그는 하버마스가 실재라든가 선험성, 보편성, 객관성 등의 개념에 매달리지 않는 한에서 의사 소통적 합리성을 주장한다면 자신의 입장과 하버마스의 입장이 실천적으로 그리 다르지 않은 것이라고 주장한다.

로티의 입장에서 하버마스가 의사 소통적 합리성의 개념을 실재나 보편적 타당성의 개념과 관련지어 정당화하려는 시도는 유용하지도 않고 성공할 수도 없는 시도다.

"'보편적인 타당성'과 '독립된 실재와의 대응'이라는 개념은 공생공멸의 관계다. 이 두 개념을 사용하지 않는다고 해서 우리가 잃을 것은 아무것도 없다. …'선험적 계기'라는 하버마스의 주장은 음미해볼 만한 것이지만, 허풍도 섞여 있다. '모든 반대자에 대해 이것을 옹호하려고 시도한다'라고 말하는 것은 칭찬할 만한 입장이다. 그러나 '모든 반대자에 대해 이것을 성공적으로 옹호할 수 있다'라고 말하는 것은 난센스다"(R. Rorty, 'Sind Aussagen universelle Geltungsansprüche?', *Deutsche Zeitschrift für Philosophie*, Berlin 42(1994) 6, S. 979).

이러한 로티의 입장은 어떤 주장이든 맥락 의존적일 수밖에 없으며, 모든 반대자를 설득할 수 있는 보편타당한 진리에 대한 주장은 공허하다는 것이다. 즉, 자신의 주장이 보편타당하다고 주장하는 것은 자신이 생각하는 것이 더 옳다고 여겨진다는 것에 대한 하나의 레토릭이지 그 주장이 반대자를 설득할 수 있는 객관적인 기반에 근거하고 있다고 볼 수는 없다는 것이다.

물론 하버마스는 이러한 로티의 관점이 상대주의로 귀결되며, 문화와 역사적 배경을 떠나서 모든 공동체의 사람들이 받아들일 수 있는 일종의 도덕적 보편주의에 대한 주장이 가능하다고 생각한다. 예컨대 그것은 "그 자신의 존재 형식을 다른 삶의 형태에 대한 정당한 주장에 관련지어 상대화하는 것, 외국인과 다른 사람을 그들이 가진 독특함과 이해될 수 없는 특징과 더불어 동일한 권리를 가진 사람으로 보는 것, 그 자신의 정체성을 일반화하지 않는 것, 거기서 벗어나는 것을 배제하지 않는 것, 오늘날 좀더 관용이 넓게 펴져야 한다는 것"(J. Habermas, 'The Limits of Neo-historicism', interviewed by Jean-Marc Ferry, *Philosophy & Social Criticism*, vol. 22, no. 3, 1996, p.5) 등이다. 하버마스는 민주주의 사회를 만들기 위한 이러한 도덕적 제안은 보편타당하며, 부당하게 왜곡된 것들에 대한 판단은 반성적 비판을 통해서 걸러낼 수 있을 것으로 낙관하고 있다.

문제는 하버마스가 열거한 도덕적 보편주의에 합당한 제안들이 어떤 근거에서 모든 문화의 사람들에게 타당하다고 여겨질 수 있는 근거를 갖는가 하는 것이다. 하버마스는 적어도 인간이라면 그것이 타당하다는 것을 알 수 있다고 여기는 칸트주의적 관점을 계승하는 반면에 로티는 그와 같은 제안들은 서구의 자유민주주의 전통에서 나온 합당한 제안으로 여길 수 있다는 자문화중심주의의 입장을 취한다. 하버마스는 보편적 도덕률이 가능할 때만 그러한 제안들이 정당성을 획득할 수 있다고 보는 반면, 프래그머티스트인 로티는 그런 제안들이 가지고 있는 실천적 유용성에 초점을 맞추는 것이다. 로티의 관점에서 보자면, 그런 제안을 통해서 사회가 더 민주주의적으로 되고 관용의 폭이 넓어질 수 있다면 그런 제안의 정당성은 그런 실천적 결과로서 충분한 것이지 굳이 이론적 체계를 세워 정당성을 입증해야 할 문제는 아니다. 반면, 하버마스는 그런 제안이 보편타당하다는 것이 이론적으로 정당화되지 않는 한 상대주의의 위험에서 자유로울 수 없다고 생각한다.

이런 입장의 차이는 두 철학자의 인간관과 세계관의 차이를 반영하고 있다. 물론 하버마스는 후기에 의사 소통 행위 이론에 전념하면서 인간의 본성이나 자연 세계의 본질에 대한 물음을 구체적으로 다루지 않았지만 우리는 그의 전기 저작에서 인간과 자연에 대한 관점을 유추해볼 수 있다. 로티의 경우에는 『우연성, 아이러니, 연대성』이라는 그의 주저를 통해서 독특한 인간관과 세계관을 전개하고 있다. 이제 양자의 인간관과 자연관을 간단히 살펴봄으로써 이상의 논쟁이 어떤 이론적 배경에서 비롯되었는지 살펴보기로 하자.

2. 대화하는 인간 : 하버마스

하버마스의 인간관과 자연관을 살펴볼 수 있는 저작은 초기 주저인 『인식과 관심』이다. 이 책에서 하버마스는 실증주의적 자연 이해와 마르크스주의적 세계관을 동시에 비판하면서 자신의 독특한 이론적 관점을 제시한 바 있다. 제목에서 시사하듯 하버마스의 독창적 관점은 인식 관심(Erekenntnisinteresse)이라는 개념에 응축되어 있다.

하버마스가 말하는 인식 관심은 선행적인 관심에 의해서 인식이 이루어진다는 점을 인정한다는 점에서, 즉 사실과 가치의 영역이 명확히 구분되지 않는다는 점을 인정한다는 점에서 기존의 실증주의적 관점과 다르다. 또한 하버마스는 생활 세계의 요소들이 노동 과정에 대한 마르크스의 설명에서 충분히 드러나지 않고 있다고 보는 점에서 마르크스의 사적 유물론에 대해 비판적이다.

실증주의는 세상을 바라보는 주체에 대한 물음은 전혀 던지지 않은 채 인식에서 가치를 분리시키기만 하면 객관적인 지식을 얻을 수 있다고 생각했다. 하버마스가 인식에 선행하면서 인식을 인도하는 관심이라는 개념을 가지고 비판하려는 것은 일차적으로 소박한 실증주의 또는 그에 입각한 과학주의의 태도다. 누가 과학을 주도하고 과학적 행위를 이끌어나가는가를 물어보지 않고 그저 맹목적으로 과학적 지식이 제시해주는 방향으로 따라가는 것은 대단히 위험한 태도다. 자칫하다가는 우리 모두가 거꾸로 과학의 노예가 되는 일이 발생할 수도 있기 때문이다. 칸트는 일찍이 '선험적 통각'이라는 개념을 통해 인식 주체의 선험성에 대해 논구한 바 있다. 하버마스는 그 선험적 주체가 역사성을 아울러 갖출 것을 요구한다. 마르크스의 영향을 받은 하버마스는 과학적 인식의 주체가 개인이라기보다는 인류 전체라고 생각한다. 이런 부분은 마르크스가 인간의 본질을 논할 때 유(類)적 본질을 말한 것을 하버마스가 받아들이는 것으로 볼 수 있을 것이다. 칸트는 과학을 할 수 있는 공통적인 능력을 각 사람이 저마다 가지고 태어난다고 생각한데 반해 하버마스는 과학적 인식을 할 수 있는 인류의 능력 자체가 역사적으로 형성되어 왔다고 보고 있다. 하버마스가 관심이라는 단어로 말하고자 하는 것은 바로 과학적 인식을 가능하게 해주는 인류의 능력을 일컫는다. 관심이란 인류의 가능한 재생산과 자기 형성을 위한 일정한 기초적 조건, 즉 노동과 상호 작용에 관계되는 근본적인 태도를 총칭한다. 이런 관심이 있기 때문에 인류는 과학을 발달시키고 문화를 꽃피울 수 있었다.

하버마스의 인간관을 이해하는 데에는 이러한 '관심'의 개념을 이해하는 것이 중요하다. 그는 인간의 본성을 개별적인 유기체의 차원에서 논하고 있는 것이 아니라, 인류의 전체적인 역사 발전의 과정에서 실현되어야 할 어떤 것으로 이해하고 있다. 인간은 스스로의 해방을 목표로 해서 역사를 발전시키는 존재다. 인류의 관심은 근본적으로 이러한 인간 해방을 지향하고 있다. 개별적인 인간의 완성 역시 이러한 해방을 통해서만 실현될 수 있을 것이다.

한편, 하버마스는 인류의 역사를 마르크스와 마찬가지로 자연사적 과정으로 보고 있다. 인류의 역사는 신의 섭리에 따라 목적론적으로 진행된다거나 옛 그리스 철학자들이 생각했던 것처럼 일정한 패턴에 따라 반복된다고 생각한 것이 아니라 세계와의 교섭 과정 속에서 발전해왔다는 것이다. 인류에게 자연 세계는 두 가지 형태로 나타난다. 외적 자연이라고 할 수 있는 자연 세계와 내적 자연이라고 할 수 있는 인간의 생활 세계다. 이 두 영역에서 인간은 살아가는 태도가 다르다. 외적 자연과의 교섭 과정은 주로 노동을 통해 이루어지고 내적 자연인 생활 세계에서의 교섭 과정은 상호 의사 소통 행위를 중심으로 이루어진다. 인류가 계속 살아가기 위해서는 이 두 영역 속에서의 기본적인 교섭 과정은 반드시 필요하다. 하버마스는 관심이라는 것이 이 과정을 이끌어간다고 보는 것이다. 그래서 인간의 기본적인 삶의 행위를 이끄는 관심의 성격에 따라 다음과 같은 영역 분류가 가능하다.

첫째, 인간이 외적 자연과 교섭하는 노동의 영역이다. 마르크스가 이미 지적한 것처럼, 인간이 생물학적 삶을 유지하기 위해 생활필수품을 얻어올 곳은 자신을 둘러싸고 있는 자연 환경밖에는 없다. 인간은 노동을 통해서 거기서 살아가는 데 필요한 여러 가지 생필품들을 얻어낸다. 이때 문제되는 것은 얼마나 효율적으로 생산물을 얻어내느냐 하는 것이다. 노동에는 언제나 이런 인간의 관심이 바탕에 깔려 있다. 그 누구도 쉽게 할 수 있는 일을 일부러 어렵게 하려들지는 않을 것이다. 더욱 효율적으로 그리고 능률적으로 자연으로부터 원하는 바를 얻어내고자 하는 관심, 이것이 기술적 관심이다. 노동의 영역에서 인간의 행위는 이런 기술적 관심에 의해 이루어진다. 이런 인간 행위를 하버마스는 막스베버의 말을 빌려 목적 합리적 행위라고 부르고 있다. 인간이 기술적 관심에 따라 목적 합리적 행위를 해나간다고 할 때 그런 행위를 더욱 세련되게 만들고 또 후대에 전승되게 하기 위해서는 그것을 체계화해서 기록하는 일이 필요하다. 그래서 자연과학이 성립하는 것이다. 목적 합리적 행위는 자연 대상에 대해 얼마나 잘 알고 있는가에 따라 성패가 좌우된다. 자연의 힘을 좀더 효율적이고 능률적으로 이용하려는 관심에서 자연 대상을 분석하고 자연의 법칙을 알아내려는 경험 분석적 과학이 성립하는 것이다. 이런 경험 분석적 과학의 주체는 물론 인류다. 좁게 한정하자면 과학자 공동체다. 이들 과학자들의 과학 행위는 몰가치적이고 중립적인 객관적 행위가 아니라 근본적인 인류의 기술적 관심에 따라 이루어지는 것임을 알 수 있다.

둘째, 상호 작용의 영역은 인간이 내적 자연이라고 할 수 있는 생활 세계에서 행위하는 언어의 영역이다. 아리스토텔레스가 말한 대로 인간은 정치적 동물이다. 생필품만 가지고서는 인간답게 살 수 없다. 인간은 일정한 규범을 만들어 그 속에서 생산물을 분배하기도 하고 노동 과정을 조직하기도 한다. 인간이 서로의 이해가 없이 서로 노동하려 들지 않고 놀고먹으려

한다거나 상대를 인정하지 않고 모든 사람이 서로 군림하려고 한다면, 인간의 사회 체계는 유지될 수 없고 인류 문명이나 문화도 생각할 수 없을 것이다. 사회 체계를 유지하며 그 속에서 상호 이해를 도모하고 사회적 삶을 영위하고자 하는 관심, 이것이 실천적 관심이다. 이런 영역을 하버마스는 상호 작용의 영역이라고 불렀다. 상호 작용이라 함은 그것이 일방적인 관계가 아니라 상호 이해 속에서 이루어지는 관계라는 데 초점이 있다. 여기서는 서로의 이해에 바탕을 둔 의사 소통 행위가 문제되며, 이 의사 소통은 다시 언어를 통해 이루어지기 때문에 상호 작용의 영역은 곧 언어의 영역이기도 한 것이다. 이런 언어의 영역에서 성립되는 학문은 외적 자연과의 교섭 과정에서 이루어지는 경험 분석적 과학과 본질적으로 다르다. 여기서 성립되는 과학적 인식은 경험을 통해 그것이 맞느냐 틀리느냐는 문제되지 않는다. 오히려 상호 양해에 바탕을 둔 실천적 적합성이 문제되는 것이다. 하버마스는 이런 과학을 경험 과학과 구분해서 역사적 해석학적 과학이라고 불렀다.

마지막으로 위의 두 영역에서 따라나온다고 할 수 있는 지배의 영역이다. 인류의 역사를 자연사적 과정이라고 할 때 한편으로 인간은 외적 자연의 힘으로부터 해방되기 위해서, 자연의 힘을 마음대로 이용하고 자연 대상을 마음대로 처리하고자 하는 관심에서 목적 합리적 행위를 부단히 발달시켜오고, 다른 한편에서는 인간에 의한 인간의 지배로부터 벗어나고자 상호 작용의 영역에서 열심히 노력해왔다고 할 수 있다. 그런데 아직은 자연에 대해서 우리의 지배력을 행사할 수 없는 영역이 많을 뿐더러, 그릇된 과학주의의 기치 아래 외적 자연으로부터의 해방은커녕 왜곡된 과학을 통해 굴절된 자연의 힘에 철저히 종속될 위기에 처해 있다. 다른 한편으로는 인류 역사상 최대의 자유와 평등을 누리고 있다고 하면서도 실상은 인간의 본질적인 삶의 영역이라고 할 수 있는 상호 작용의 영역, 정치적 영역에서 철저히 소외된 삶을 살고 있다. 여기서 하버마스는 외적 자연의 지배와 내적 자연의 지배로부터의 해방을 지향하는 해방적 관심을 끌어낸다. 뒤집어서 생각하면, 바로 이 해방적 관심이 근저에 있었기 때문에 인간은 노동의 영역과 상호 작용의 영역에서 역사를 발전시켜 왔다고 할 수 있다. 해방적 관심은 모든 지배로부터의 해방을 목표로 하는 근원적인 관심이기 때문에 위의 두 영역에 녹아들어가 있는 해방을 저해하는 요소를 끄집어내어 그것을 무력화하는 특별한 과학을 성립시킨다. 그것이 바로 이데올로기 비판을 주로 하는 비판과학이다.

인식 관심이라는 개념에 대한 하버마스의 서술로부터 우리는 그의 인간관과 자연관을 유추해볼 수 있다. 하버마스가 생각하는 인간이란 마르크스적 의미에서 유(類)적인 본질을 갖는 인간이며, 이런 인간은 본성이 미리 주어져 있는 것이 아니라 역사의 발전 과정을 통해서 스스로를 완성해나가는 존재다. 하버마스가 생각하는 인간은 아직 해방되지 않은 인간이며, 스스로의 실천을 통해서 해방을 목표로 나아갈 수밖에 없는 존재다. 자연은 이러한 인간에 대해 해방을 가로막고 있는 존재인 동시에 해방적 실천을 가능하게 하는 조건이기도 하다. 인간은 도구적 행위를 통해서 외적인 자연의 힘으로부터 벗어나기 위해, 그리고 실천적 행위를 통해서 내적인 자연이라고 할 수 있는 사회적 관계로부터 해방되기 위해 투쟁한다. 이런 실천 과정에서 중요한 것은 진리를 왜곡하는 의사 소통 구조를 비판적으로 반성하고 인류의 실천이 그릇된 인식이나 이데올로기에 의해 잘못된 방향으로 가지 않도록 하는 것이다. 하버마스는 합리적인 의사 소통 행위를 통해서 우리가 진리에 도달할 수 있다는 희망을 버리지 않고 있다는 점에서 스스로를 계몽주의의 아들이라고 생각한다. 그에게 인간이란 합리적인 의사 소통을 통해 보편적인 진리에 대한 합의를 도출해낼 수 있는 이성적인 존재며, 자연이란 객관적인 진리를 담고 있는 인식과 실천의 대상이라고 할 수 있다.

3. 우연적인 자아 : 로티

비록 하버마스가 선험적인 주체의 역사성을 고려하고 있다고는 해도, 진리를 인식할 수 있는 고유한 능력을 가진 주체로서 인간을 바라보고 있다는 점에서 그의 인간관은 플라톤주의의 연장선상에 있다고 이해할 수 있다. 한편, 니체를 따라서 인간이라는 존재의 초월적인 본성을 부정하고 인간 역시 다른 동물과 마찬가지로 우연적인 진화의 결과라고 생각하는 로티에게 이성이나 진리 등의 개념은 인간의 본성을 서술하기에 적합한 어휘는 아니다. 로티는 '인간의 본성'이라는 개념 자체를 문제 삼고 있으며, 발견되어야 할 인간의 공통적인 본성 같은 것은 존재하지 않는다고 생각한다.

로티의 주저 가운데 하나인 『철학과 자연의 거울』에서 그는 자연에 객관적으로 존재하고 있는 진리를 비추는 거울로서의 이성과 마음, 언어 등의 개념이 모두 진리에 대한 시각적 메타포에 근거한 하나의 레토릭에 불과하다고 주장하고 있다. 진리에 대한 시각적인 메타포는 인식론을 철학에서 가장 중요한 분과로 만들었다. 로티는 자연 세계는 궁극적으로 어떠한 방식으로 존재하는가, 인간의 본성이란 무엇인가 하는 것과 같은 보편적 진리에 대한 물음을 주요하게 다루는 인식론 중심의 철학은 별로 유용한 철학함의 방식이 아니라고 생각한다. 그런 인식론 중심의 철학을 넘어서기 위해서는 로티는 인간이 본질을 가지고 있는 존재라는 생각이 먼저 제거되어야 한다고 생각한다.

"철학자가 된다는 것에 대한 우리의 개념은 모든 지식-주장을 공약 가능한 것으로 만들려고 하는 칸트적인 시도와 매우 깊게 관련되어 있어서 인식론이 없는 철학이라는 것은 상상하기도 힘들 정도다. 만일 지식과 관련이 없다면 어떤 행위가 철학이라는 이름을 가질 수 있을지 상상해보기 어렵다. 난점은 플라톤주의자, 칸트주의자, 실증주의자에 의해 공유되고 있는 개념에서 나온다. 즉, 인간이 본질을 가졌다-본질을 발견해야 한다는 것이다. 인간에 대한 이런 고전적인 상은 인식론적인 철학보다 먼저 제거되어야 한다"(R. Rorty, *Philosophy and the Mirror of Nature*, Princeton University Press, 1979. p.357).

로티가 본질주의적인 인간관에 대해 부정적인 태도를 취하는 이유는 그가 기본적으로 다원주의적인 관점을 계승한다는 데에서도 찾을 수 있겠지만, 하버마스 같은 근대성의 계승자들이 주장하는 인간 해방의 담론이 민주주의를 위해 별로 도움이 되지 않는다고 생각하는 데서도 찾아볼 수 있다. 로티는 마르크스주의적인 설계주의가 실패한 기획이라고 생각한다는 점에서 자유주의의 편을 들고 있다. 설계주의가 성공하기 위해서는 인간의 역사와 사회가 발전해나가는 객관적인 법칙이 존재해야 하고 그것을 발견할 수 있는 이성적 능력이 있어야 한다. 그러나 로티의 관점에서 볼 때 이런 구도는 플라톤주의의 잔재일 뿐이다. 우리 모두는 우연적인 진화의 결과라는 점에서 아무도 미래의 모습을 결정론적으로 예측할 수 없다. 이것은 곧 그 누구도 실천을 위한 최선책을 가지고 있지 못하다는 이야기다. 따라서 프래그머티스트들은 최선책을 찾기보다는 자신이 가진 유한성을 인정하면서 상대를 설득할 수 있는 차선책을 모색해야 하는 것이다.

로티는 인간의 보편적 본성에 대해 물음을 던지기보다는 자아의 우연성에 초점을 맞춘다. 모든 사람들은 각자 처한 환경과 가치관이 다르기 때문에 다양한 정체성을 구성하게 마련이다. 인간에게 선험적인 이성 능력이 본질적으로 주어져 있다고 생각한 근대 인식론자들은 인간이라는 범주에 들어갈 수 있느냐 없느냐의 기준을 바로 그러한 이성 능력으로 삼았다. 그러나 이런 이성과 비이성의 구분은 푸코가 보여주었듯이 정상과 비정상을 구분하는 한 시대의 폭력적 관점을 낳았다.

진화론적 관점에서 보자면 모든 생물 종들은 사실 그 경계가 모호하다. 인간과 다른 동물의 경계 역시 마찬가지다. 이성 능력을 상실한 인간이 있는가 하면 도구를 활용할 정도로 추론 능력이 발달한 동물도 있다. 이성이라는 것이 과연 비물리적인 실체인가 하는 점에 일찍이 의문을 제기해온 로티는 프래그머티스트로서 전향하기 이전에도 인간의 마음 내지는 이성이 두뇌의 기능을 떠나서 거론될 수 없다는 '제거적 유물론'의 입장을 지지했다. 후에 그는 마음에 관한 어휘들을 생리학적 어휘로 대체하는 것 역시 자연스럽지 못하다고 생각하는 '비환원적 물리주의'의 입장을 취하게 되는데, 이것은 마음에 관한 생리학적 어휘와 심리학적 어휘가 동근원적이며, 각각 인간에 대한 하나의 재서술이라는 점에서 어느 하나를 다른 하나로 환원시킬 필요가 없다는 프래그머티스트의 관점을 반영한 것이다.

전통적으로 철학자들이 인간의 본성이라고 여겨온 이성의 개념을 인간에 대한 여러 서술 가운데 하나로 간주할 경우, 이제 문제는 인간으로서의 나의 정체성이 무엇으로 구성될 수 있는가 하는 점이다. 로티는 우리가 발견해내야 할 자아정체성이란 존재하지 않으며, 그것은 우리가 스스로 만들어나가야 할 어떤 것이라고 생각한다. 이러한 로티의 생각에 가장 큰 영향을 미친 사상가는 니체와 프로이트다.

먼저 니체에게 인간의 삶을 서술할 수 있는 유일한 맥락이란 존재하지 않는다. 니체는 플라톤의 '참된 세계'라는 것이 우화에 불과한 것임을 깨닫게 되면 인간은 동물적 조건을 초월하는 것이 아니라 자기 자신을 스스로 창조해낸 동물로서 죽음으로써 위안을 찾게 되리라고 생각했다. 니체에게 자아 발견이란 결국 자아 창조를 뜻하는 것이며, 이런 자아 창조는 자기 자신에 대한 독특한 서술을 해내는 일과 관련된다. 로티는 이러한 니체의 관점을 다음과 같이 말하고 있다.

"오히려 그는 자기 인식을 자아 창조라고 보았다. 자기 자신을 알기에 이르는 과정, 자신의 우연성과 대면하는 과정, 자신의 원인을 추적하는 과정은 새로운 언어를 창안하는 과정, 즉 무언가 참신한 메타포를 생각해내는 과정과 동일시된다. 왜냐하면 개별성에 대한 어떠한 문자적 서술, 바꿔 말해서 그러한 목적에서 전승된 언어 놀이를 어떻게 사용한다고 해도 그것은 필연적으로 실패할 것이기 때문이다"(리처드 로티, 『우연성, 아이러니, 연대성』, 민음사, 1996, p.71).

'삶과 세계는 미적 현상으로서만 정당화된다'(프리드리히 니체, 『비극의 탄생』, 아카넷, 2007, p.99)라고 여긴 니체는 자신만의 메타포로 자기 자신에 대해 서술하는 것을 시적인 작업으로 보았으며, 자아에 대한 독창적인 재서술을 해내지 못하는 한 우리는 자율적인 삶을 살 수 없다고 생각했다. 이런 식으로 본다면 '인간이란 무엇인가'라는 보편적인 답을 요구하는 질문은 난센스며, 더욱이 '나는 누구인가'라는 물음에 대한 대답의 방식 역시 자아 발견의 형태가 아니라 우연적인 개별성에 대한 독창적인 서술을 통한 창조의 방식으로만 가능한 것이다.

한편, 무의식에 대한 프로이트의 이론은 한 인간의 정체성이 독특하고 개별적이며 우연적인 성장 과정의 경험들에 의해 구성되는 것이며 그렇기 때문에 정형화된 인간의 모델을 설정하는 것이 불가능한 일임을 보여주었다. 프로이트에 의하면 시인은 경외할 만한 천재성을 가지고 있지만 도덕적으로는 유아적이다. 도덕적인 사람은 권태롭지만 성숙한 인격을 가지고 있다고 할 수 있다. 이들 중에 어떤 인간을 인간의 본성을 구비한 인간으로 삼아야 할지 판단할 수 있는 인간은 없다. 인간의 다양한 정체성은 우연한 환경에 나름대로 적응한 결과다. 로티는 이러한 프로이트의 이론이 인간을 죽어가는 동물의 처지로 폄하하지 않았다는 점에서 니체의 인간에 대한 서술보다는 더 유용하다고 생각한다. 즉, 프로이트는 "각 개인의 삶 — 더 정확히 말해서 고통으로 인해 언어 습득이 불가할 지경에 빠졌거나, 자기 서술을 행할 여유가 없으리만치 고되게 밥벌이에 허덕이지 않는 각 개인의 삶 — 을 어떻게 하면 한 편의 시로 볼 수 있는지를 밝혀"(리처드 로티, 『우연성, 아이러니, 연대성』, 민음사, 1996, p.85)주었다. 프로이트 식으로 본다면 각각의 삶이란 제 나름의 메타포로 맵시를 뽐내려는 시도다. 한 인간의 정체성은 스스로가 창안한 메타포에 의해서 구성되는 한 편의 시라고 할 수 있을 것이다.

로티는 니체와 프로이트의 이러한 관점으로부터 자신의 인간관을 이끌어내고 있다. 로티에 의하면 인간에게 보편적인 본성이란 존재하지 않으며, 인간만의 고유한 속성이라고 여겨졌던 이성 능력이나 마음과 같은 것은 존재론적으로 그 실체를 따질 필요가 없는 하나의 서술에 불과한 것이다. 오히려 인간은 끊임없이 재직조되는 신념과 욕망의 그물이다. 보편적인 인간의 본성이나 발견해야 할 자아와 같은 것이 존재하지 않는다고 할 때 내가 할 수 있는 일은 나를 구성하고 있는 우연적인 요소들을 독창적으로 재서술함으로써 스스로 나 자신을 만들어나가는 일이다.

로티가 프래그머티스트로의 전향을 꾀하면서 쓴『철학과 자연의 거울』에서 주로 비판하고 있는 거울 이미지는 객관적인 세계의 본질을 반영하는 주관적인 거울로서의 이성이 존재한다는 관점이었다. 이것은 인간의 본성을 세계의 본질을 아는 자로 인식하는 관점이다. 그러나 토마스 쿤이『과학 혁명의 구조』를 통해 잘 보여주었듯이 객관적인 자연 세계에 대한 과학적 지식조차 실재를 반영한다고 볼 만한 증거를 제시하기는 어렵다. 패러다임이 변하게 되면 우리가 참이라고 믿었던 모든 과학적 지식들은 무의미해지기 때문이다. 과학적 지식 역시 역사적인 맥락에 의존할 수밖에 없으며, 기존의 용어들은 새로운 메타포가 등장함으로써 대체된다.

로티의 관점에서 은유적인 것과 문자적인 것은 엄밀히 구분되지 않는다. 과학적 지식의 영역에서 은유적인 의미로 새롭게 사용된 용어는 시간이 지남에 따라서 문자적인 의미로 받아들여진다. 이것은 곧 사실과 가치의 영역이 명확히 구분되지 않는다는 이야기와 같다. 로티는 인간적인 것을 초월하는 저 바깥에 존재하는 진리는 사실상 허구라고 생각한다. 그는 과학적 객관성에 대한 욕구를 공동체에 대한 연대성의 욕구로 대체해야 한다고 여긴다. 과학자와 문화비평가의 차이는 전자는 자연 사물의 움직임에 대한 예측과 통제에 관심이 있는 반면 후자는 그렇지 않다는 것의 차이일 뿐이다.

프래그머티스트의 관점에서 볼 때 인간의 지식은 저 바깥에 있는 실재에 접근하는 문제와 관련된 것이 아니라 인간의 삶을 더 풍요롭게 해주는 것이냐 아니냐의 문제와 관련되어 있다. 그런 점에서 과학적 지식과 예술 작품의 유용성은 과거에 하지 못했던 것을 하게 해주는 것과 관련되어 있다. 말하자면 양자는 모두 인간의 실천 영역을 얼마나 더 확장시켜주느냐 하는 문제와 관련된 문화 정치의 한 영역으로서 이해되어야 한다. 로티는 다음과 같이 말한다.

"구체적인 것과 추상적인 것의 구분은 단순히 지각적 보고에 유용한 표현과 그렇지 않은 표현 사이의 구분이다. 표현은 상황에 따라 달라진다.

이런 관점에서 보면, '중력'이나 '양도할 수 없는 인간의 권리'와 같은 표현들은 신비한 본성을 가지고 있는 실재에 대한 이름으로 생각되어서는 안 되고, 여러 천재들이 더 크고 나은 사회적 실천을 만들기 위해 사용한 소음과 표지로 생각되어야 한다. 지적이고 도덕적인 진보는 선행하는 목표에 다가가는 문제가 아니라 과거를 넘어서는 문제다. 예술과 과학은 수천 년에 걸쳐 개선되어 왔다. 그 이유는 창의력이 풍부한 조상들이 씨앗, 점토, 광석 등만 아니라 소음과 표지를 가지고서도 새로운 일들을 해왔기 때문이다. 프래그머티스트의 관점에서 보면, 우리가 '증가된 지식'이라고 부르는 것은 실재에 더 접근한 것으로서가 아니라 인간의 삶을 더 풍요롭고 풍부하게 만드는 사회적 실천에 참여하게 하는 능력이 늘어난 것으로 생각되어야 한다"(R. Rorty, *Philosophy as Cultural Politics*, Cambridge University Press, 2007, p.108).

'증가된 지식'을 통해서 우리가 실재에 접근하는 것이 아니라 사회적 실천의 능력을 향상시키게 된다는 로티의 언급에서 우리는 그가 어떻게 자연을 이해하고 있는지 짐작할 수 있다. 우리는 독창적인 어휘를 통해 자아의 정체성을 스스로 창조해야 하는 존재인 동시에, 우리를 둘러싼 자연 세계를 이해할 때도 역사적인 맥락에 의해서 변화되는 언어를 통하지 않을 수 없는 존재다. 자연 세계를 객관적으로 서술하는 언어는 없다. 어떤 과학적 용어도 있는 그대로의 자연을 서술하지는 않는다. 다만 그런 용어들은 자연에 대한 예측과 통제를 용이하게 해줄 뿐이다. 그러한 작업을 하는 데 더 유용한 어휘가 창조된다면 과학적 용어는 얼마든지 교체될 것이다. 이것은 마치 상대주의나 언어적 관념론을 함축하는 주장으로 들리지만 로티는 이것을 실재에 대한 형이상학적 관점이라기보다는 인간 지식의 진보에 대한 낭만주의적 관점으로 이해해야 한다고 주장한다. 자연에 관한 우리의 지식이 인간의 삶을 풍요롭게 하는 유용한 지식인가 아닌가가 문제가 되는 한에서 그것이 실재를 반영하는가 그렇지 않은가 하는 것은 일차적인 문제가 아니다. 로티에게 자연이란 인간적인 것을 초월해서 객관적인 진리를 담고 있는 실재의 세계가 아니라 인간의 언어에 의해 다양하게 서술됨으로써 언제나 새롭게 이해되어야 하는 어떤 것이다.

독창적인 상상력을 통한 자연의 새로운 이해는 인간의 삶을 풍요롭게 하는 사회적 실천의 영역을 확장시킨다. 상상력이 적용되는 분야라는 점에서 자연적인 것과 문화적인 것은 본질적으로 차이가 없다.

4. 인간 해방이냐 자아 창조냐

보편적 진리의 가능성에 대한 하버마스와 로티의 논쟁은 근대적인 인간관과 자연관, 포스트모더니즘적인 인간관과 자연관의 대립으로 이해할 수 있을 것이다. 하버마스에게 자연은 객관적이며 보편적인 진리를 이끌어낼 수 있는 인식과 반성의 대상이며, 인간은 그와 같은 비판적 인식과 반성을 수행할 수 있는 이성 능력을 담지하고 있는 존재로 이해되고 있다. 한편, 로티는 인간의 보편적 본성으로 여겨져온 이성이라는 것이 자연 세계의 객관적인 진리를 반영하는 능력이라기보다는 힘보다는 설득을 통해 목표를 달성하려는 습관으로 이해하고 있다. 이성이란 인간에게 고유한 어떤 본성이라기보다는 인간이 환경에 적응하기 위해 발전시킨 적응의 도구일 뿐이다. 자연 세계 역시 고정된 본질을 가지고 있어서 우리가 그 본질에 접근할 수 있는 실재의 세계가 아니라 우리의 사회적 실천을 확장시키기 위해 다양하게 서술되어야 하는 환경 세계다.

하버마스와 로티의 논쟁은 근대와 탈근대의 대립 양상을 보여주고 있지만, 한편으로 이것은 '인간 해방'에 관한 마르크스주의적 담론의 가능성에 대한 논의라고 볼 수도 있을 것이다. 하버마스는 인간이 더 나은 사회를 만들기 위해서는 보편적 진리를 파악하고 그것을 바탕으로 사회적 실천을 지속시켜나가야 한다는 계몽주의적 이상을 포기하지 않고 있다. 하버마스는 자연 세계와 인간의 사회를 객관적으로 인식할 수 있는 이성이 존재하고, 그러한 이성에 의해서 보편적인 진리를 발견할 수 있기 때문에 우리가 궁극적으로 억압에서 자유로운 해방된 인간 사회를 꿈꿀 수 있다고 생각한다. 그러나 로티는 우리가 더 나은 사회를 만들어가는 문제와 보편적인 진리를 인식할 수 있느냐의 문제는 별개의 문제라고 생각한다. 니체를 따라서 우리가 진리에 대한 관점주의적 입장을 취하게 되면, 우리는 모든 인간이 합의할 수 있는 보편적 진리가 존재한다는 것에 대해 회의적인 태도를 취할 수밖에 없게 된다. 로티는 저 바깥에 있는, 즉 자연 세계에 존재하는 진리를 발견함으로써 우리가 올바른 실천에 나설 수 있다는 생각을 플라톤주의의 잔재라고 여긴다. 그는 진리에 관한 모든 담론을 사적인 영역에 한정시키고, 더 나은 사회를 위한 실천의 영역을 공적인 영역으로 분리시킨다. 철학 이론은 사적인 삶의 완성에 관한 문제며, 공적인 실천은 대화를 통한 연대와 타협에 관련된 문제다. 그는 후자의 영역에서 모든 사람이 합의할 수 있는 지점을 찾는 것은 불가능하다고 생각한다. 로티는 정치적 실천의 영역에서 그 누구도 중립적인 입장에 설 수 없으며, 그렇다고 해서 전체주의에 대해 자유주의 공동체를 정당화할 근거를 상실하게 되지는 않는다고 주장한다.

"우리가 진리에 관해 알고 있는 몇 가지 안 되는 것 중의 하나가 자유롭고 열린 대면에서 승리하는 것이라고 주장할 때, 우리는 '참'을 '우리 공동체의 기준을 충족시키는' 것으로 정의했다는 이야기를 듣게 된다. 그러나 우리 프래그머티스트는 이런 상대주의적 관점을 가지고 있지 않다. 우리는 '공동체 밖으로 나아가 중립적인 입장에 설 길이 없다'는 것에서 '전체주의 공동체에 대해 자유주의 공동체를 정당화할 합리적인 방법이 없다'는 것을 추론하지는 않는다. 왜냐하면 그런 추론은 프래그머티스트가 부인하는 몰역사적인 '합리성'의 개념을 포함할 뿐이기 때문이다. 우리가 사실상 추론하는 것은, 인류 공통의 전제에 호소함으로써 논증을 통해 전체주의자를 물리칠 수 없으며, 공통적인 인간 본성 때문에 전체주의자가 그런 전제를 무의식적으로 가지게 될 것이라고 생각할 근거가 없다는 것이다"(R. Rorty, *Objectivity, relativism, and truth*, Cambridge University Press, 1991, p.42).

로티는 하버마스가 우려하듯이 보편적 진리의 개념을 부정하고 '참'을 공동체의 합의로 대체하는 태도가 민주주의 프로젝트의 파산을 의미하는 것이 아니라고 주장하고 있는 것이다. 프래그머티스트인 로티는 해방되어야 할 인간의 본성 같은 것은 처음부터 존재하지 않는다고 생각한다. 그는 그런 거대 담론이 없이도 사회를 개선시켜나갈 수 있는 실천적 과제를 설정하는 데 문제가 없으며, 그런 과제는 구체적으로 현실의 고통과 잔인성을 감소시켜나가는 식으로 수행될 수 있다고 믿는다. 물론 하버마스는 이런 로티의 태도를 니힐리즘의 한 형태로 받아들이고 있다. 근대성의 계승자인 하버마스에게 보편적 진리의 가능성을 부정하는 것은 곧 인간의 합리성을 부정하는 것이며, 사회적 실천의 정당화를 포기하는 것으로 여겨지기 때문이다.

민주주의적이고 자유주의적인 공동체의 건설을 위해 지속적인 실천에 나서야 한다는 주장을 하고 있다는 점에서는 양자의 입장은 다르지 않다. 그러나 하버마스와 로티는 그런 실천이 어떤 근거에서 정당화될 수 있는가에 대해서는 입장이 다르다. 그리고 그 차이는 근본적으로 각자의 인간과 자연에 대한 이해의 차이에서 비롯되는 것으로 보인다.

□ 필자 소개

(가나다 순)

■ 김경호

고려대학교에서 박사 학위를 받았으며, 고려대학교 철학연구소 연구 교수로 있다. 논문으로는 「우담의 호발설 옹호와 율곡 비판」, 「성명과 형기 : 욕망 조절의 성리학적 도식」 등이 있으며, 저서로는 『인격 성숙의 새로운 지평 — 율곡의 인간론』 등이 있다.

■ 김용헌

고려대학교에서 박사 학위를 받았으며 한양대학교 철학과 교수로 있다. 논문으로는 「퇴계학파의 여헌 장현광 비판에 관한 연구」, 「최한기의 낙관주의적 서구 인식과 동서소통론」 등이 있으며, 저서로는 『21세기의 동양 철학』(공저) 등이 있다.

■ 김용휘

고려대학교에서 박사 학위를 받았으며 고려대학교 민족문화연구원 연구 교수로 있다. 논문으로는 「수운 최제우의 아국 의식과 동학의 어원적 의미」, 「동학에 나타난 도교적 의식 재검토」 등이 있으며, 저서로는 『우리 학문으로서의 동학』 등이 있다.

■ 김화성

독일 마르부르크대학교에서 칸트에 관한 연구로 박사 학위를 받았으며 건국대학교 교양학부 강의 교수로 있다. 논문으로는 「통각의 초월적 통일과 주관적 표상의 관계」, 「칸트의 초월적 주체성에 관한 고찰」 등이 있다.

■ 박원재

고려대학교에서 박사 학위를 받았으며 한국국학진흥원 수석연구위원으로 있다. 논문으로는 「후기 정재학파의 유교개혁론 연구」, 「유학과 자유주의 : 정치적 영역을 중심으로 한 비교적 검토」 등이 있으며, 저서로는 『유학은 어떻게 현실과 만났는가—선진 유학과 한대 경학』, 『근현대 영남 유학자들의 현실 인식과 대응 양상』(공저) 등이 있다.

■ 이유선

고려대학교에서 박사 학위를 받았으며 고려대학교 철학과 강사로 있다. 논문으로는 「헤겔과 프래그머티즘」, 「문화적 가치 판단의 기준과 문학적 문화」 등이 있으며, 저서로는 『아이러니스트의 사적인 진리』, 『실용주의』 등이 있다.

■ 이장희

미국 하와이대학교에서 박사 학위를 받았으며 경인교육대학교 윤리교육과 조교수로 있다. 논문으로는 「칸트와 순자」, 「순자 성악설의 의미」 등이 있으며, 저서로는 *Xunzi and Early Chinese Naturalism* 등이 있다.

■ 이진남

미국 University of St. Thomas에서 박사 학위를 받았으며 동덕여자대학교 교양학부 교수로 있다. 논문으로는 「스콜라철학에 있어서의 주지주의와 주의주의의 대립」, 「윤리 이론으로서의 신명론」 등이 있으며, 저서로는 『열린 사고 창의적 표현』 등이 있다.

■ 전인식

한국정신문화연구원에서 박사 학위를 받았으며 한국교육개발원 연구위원으로 있다. 논문으로는 「이간과 천지 만물의 미발 · 오상 논변 연구(未發·五常論辨 硏究)」, 「외암의 이기론」, 「외암과 남당 논변의 전개 과정과 쟁점」, 「외암의 미발심체본선설(未發心體本善說)」 등이 있다.

■ 편상범

고려대학교에서 박사 학위를 받았으며 고려대학교 철학과 강사로 있다. 논문으로는 「아리스토텔레스의 공통 감각과 통감」, 「아리스토텔레스에게 사유 대상이란 무엇인가」, 「프로타고라스의 인간척도설」 등이 있다.

■ 한명숙

고려대학교에서 박사 학위를 받았으며 가산불교문화연구원 수석연구원·한양대학교 강사로 있다. 논문으로는 「초기 불교의 자아관에 대한 심신가치론적 고찰 — 몸과 마음의 성격 및 지위에 대한 논의」 등이 있으며, 저서로는 『삼론학의 반야 사상 연구』 등이 있다.

■ 홍은영

고려대학교에서 박사 학위를 받고, 프랑스 파리 소르본대학교(파리1)에서 박사 과정을 수료한 뒤 DEA 학위를 받았으며 고려대학교 철학과와 중앙대 대학원 강사로 있다. 논문으로는 「성찰하는 주체는 미칠 수 없는가?」, 「푸코와 몸, 그리고 보이지 않는 권력」, 「푸코와 생물학적 성 담론」 등이 있으며, 저서로는 『푸코와 몸에 대한 전략』 등이 있다.

서양이 동양으로 걸어오다

초판 1쇄 인쇄 / 2009년 4월 25일
초판 1쇄 발행 / 2009년 4월 30일

■

지은이 / 외암사상연구소 편
펴낸이 / 전춘호
펴낸곳 / 철학과현실사
서울특별시 종로구 동숭동 1－45
전화 02－579－5908~9

■

등록일자 / 1987년 12월 15일(등록번호 제1－583호)

■

ISBN 978-89-7775-692-2 03160
*지은이와의 협의에 따라 인지는 생략합니다.
*잘못된 책은 바꾸어 드립니다.
값 18,000원